丛书主编／乔 力 丁少伦

WENHUAZHONGGUO YONGHENGDEHUATI

文　济南出版社　化　永恒的话题　中　（第五辑）　国

星汉灿烂

《史记》纵览新说

周锡山／著

《文化中国:永恒的话题》(第五辑)
编辑委员会

总　序

乔力　丁少伦

　　如果仅只一般意义上的泛泛之言，那么，文化，特别是较偏注于精神层面的历史—文化类，便容易让人生出些与现实中社会经济发展进程相疏离的印象，以至它们那份作为生命价值衡定和终极追求的根基，或者伴随原生点所特具的恒久坚持品格，就往往被世俗间浮躁浅陋的表层感觉相遮蔽误读。其实，庄子早就在尊崇着"无用之大用"的绝佳境界，而海德格尔（Heidegger）从另外角度着眼，也曾经说过"语言是存在的家园"的话头；如此看来，这种类型的人文——文化，很有可能会筑构起人类世界的精神家园，是极力追逐着速效与实用的现代人那匆促焦灼的人生之旅中的一片绿荫，是抚慰芸芸众生的缕缕清凉气息……

　　也许，简单推引东西方先贤高哲的理论来作譬喻依归，是强赋予它们过度严肃严重的功能，将使之疲于担当了；而新文学家朱自清《经典常谈》里的观点倒是颇有意思的参照了："在中等以上的教育里，经典训练应该是一个必要的项目。经典训练的价值不在实用，而在文化。有一位外国教授说过，阅读经典的用处，就在教人见识经典一番。这是很明达的议论。"此言诚不虚也！佐之以别样异类的眼光，则使我们更多元更宽阔地领略体会到"这一番"：那种智慧的激荡、视野的开张，所带给人心灵的愉悦舒畅。

所以，长时间来，读书界似乎总在期望着能够以广阔大文化视野去引领统摄，凭借知识门类的交叉综融而打通人为壁垒的割裂，借助畅达明朗消解枯涩僻奥，既有机随缘地化合学术于趣味之中，又仍然坚守高品味格调的那一种境界——也正是基于上述考量，从我们擘划构想大型丛书系列《文化中国》初始，便明晰了相关选题取向定位和通体思路走向，即"兼纳文史，综融古今"的开放性观照角度与充溢着现代发现目光的"话题"式结构形态；而二端皆出之以寓深以浅、将熟作新的"文化解读型"的活泼清新的叙述风格，是谓异质同构，若申言之，则兼纳综融者成就其框架，设定了特具的内容实体，解读者则属它那有机的贯通连接的具象方式、形态。故此，于遵循一般性历史史实文献叙述规则的同时，还须得特别注重大众可读性，凸现文字的充分文学性趋势。

顺便说明的是，总体上应该变换已经凝滞固型的惯常思维模式，而移果就因、将反换正，另由逆向方面重新审查中国社会历史中既然的现象、人物、事件，有可能寻找、开启别一扇不被熟知的门扉。那里面或许藏蕴了无限风光不尽胜境，等待被发现、辨识尚未迸发出的生命热情与现代活力，给予现在意义上的形态描述和价值评断。新月派诗人闻一多说："一般人爱说唐诗，我却要说'诗唐'——懂得诗的唐朝，才能欣赏唐朝的诗。"借鉴这种自我作古的论辩意味，我们引申出关于"文化"的终极关怀，充分确认了自己的独立研究发端和把握范畴，明晓这并非单纯的中国文学史、哲学史、政治史，或者相关历史、宗教、审美、教化等等所拼接装合的读本。

至于《文化中国》丛书之第一系列《永恒的话题》，我们则不曾有过任何张皇幽渺、搜剔梳罗早已被岁月尘埃堙没的碎琐资料、荒僻遗存以自诩自足的计划；我们之所多为注目留心者，只是那类于漫长的社会历史—文化演进行程中，曾经产生过推动、催变或滞碍、损毁等诸般巨大作用，拥具广泛深刻的影响力，又为民众乐感兴趣，每每引作谈资以伴晨夕诵读茶饭的"话题"。无论对其揄扬臧否，这里面都应当含蕴包纳了可供人们纵横反覆的探讨评骘、上下考量的丰繁内容，能够重新激荡起心灵波纹的感应——这些即是我们选择的参照系，对于"永恒"的理解和定义。

依前所述，虽然关注重点在于社会历史运动进程中，那起到支配主导作用的部分，阐释多种文化现象里的主流内容，力求明晰描绘出那些个关键环节与最璀璨绚丽的亮色；但不应忽略的是，造成它演变的原因、结果往往是多义性的，其运程经过更可能呈现出多元化的、一种异常纷杂繁复的构成形态，而极少见到的是那严格意义上的唯一性。故而，与其强调它的关系属于决定论，倒不如主张为概率式的，才更切合实际，也更需要一种远距离、长时间的"大历史"理念和宽视界、全方位的"大文化"框架去作重新检讨。两者其实是互补而相辅相成。如果将这个方法提升成范式，则很可能显示出同以往传统惯常的观点、结论并不总在趋同的独到之处。这也是我们所希望得到的东西。

以上已明了《文化中国·永恒的话题》丛书系列的缘起和总体立意命思，随后就它们的具体撰写旨趣与大致结构特点略予说明。

首先是关于丛书的：要求必以全面、凿实的史料文献作为立言根基，却主张采取清畅流丽而富于文采意趣的散文体笔调去表述，以实现对诸"话题"的多元考量与文化透视。也就是说，意味着从文化的特定视角来重新解读，并非简单直接地面对某些重大社会历史文化的主题，而给出的现代反思和阐释，折射了一定的时代文化精神。从这里出发，我们尽管极力求取更多的知识信息含量，但却不是一般化的知识读物；虽然倡扬以深厚谨严的学术品格作前提，但非同那种纯粹的学院派学术论著。我们力推有趣味的可读性，却绝对排斥、摒弃那种纯为娱乐而违背史实随意杜撰编排的"戏说"故事；强调现代发现和个人创见，又拒绝只求新异别调的无根游言及华而不实的浮夸笔墨。总归一句话，丛书所要的只是浓郁的文化观照、历史反思和新见卓识，即新的观点、视角和表述方式方法。

后者是关于本系列的。本次的 5 种为其第 5 辑。如果依然采用以类相从而归纳于同一范畴的方式的话，则这五种也是本系列已经出版面世的数十种书里，所未曾展现过的别样类型。换句话说，它亦不再像《永恒的话题》系列以前那样，择用某些历史文化事件、人物、现象或横断面作为关注题材，自拟书目以叙写我们的重新发现与特定的认知理解；却是依凭"筑构经典文化殿堂之路：'文学—史学'的兼纳交融"的总体构想作为题目，来进行解说阐发。

因为中国向有重史传统，代代持续不绝，产生出数量浩繁的历史著作。如果以宏通发展的目光来看，则萌芽于商周时期的《尚书》记言、《春秋》记事，只是其文学意味还相对幼稚浅薄。至战国时代遂臻达第一次高潮，取得空前繁荣，言事相兼的《左传》和分国记史格局的《国语》《战国策》具载了标志性意义，有实质突破。它们基础在历史的内涵，借助文学表现，实虚互会，兼容文史两端于一身。这种跨界的边缘性著作，同时拥具着历史与文学（散文、小说）的双重因素特征，开创了史传文学类型。其从先秦而至魏晋时代的生长、嬗变到终结，尽管生命轨迹既古老又相对短促，但影响却是非常深远巨大的，那种艺术精神也汇融、活跃在后世多个文学样式里，另外的一部分则分流到史学中。

要之，极具类型特殊化和重要文化标志意义的史传文学，在中国文学史、史学史上，都凸显出由混沌不自觉而渐进至自觉意识的苏醒、成熟、张扬的转化过程。这里固然坚守执着于历史真实，但也并不乏丰富绚丽的艺术想象力。是以，在真实历史事件的叙述中，关注到故事编排、情节渲染与细节描摹；在刻画固有

历史人物时，突出再现他的音容举止等鲜明个性特色。换句话说，史传文学强调录实求真的原则和现实主义的史学品格，但同时又引入了想象、联想、细微间虚构夸饰等一系列文学手法，力求生动形象，饶有趣味，使理性认知和感性激发兼具并存。所以，史传文学作为构建文化经典殿堂的一方重镇，也为后世所继承借鉴，遂得成为永恒。

汉代是史传文学的最后一个发达辉煌期，首先是缘由高耸极顶、横空出世的绝唱《史记》。它于结构形式锐意创新，颠覆先秦史书以事件叙述为中心的编年体模式，而另行以人物为核心去展开历史事件，就成熟的纪传体通史开辟新纪元，让高度典型的文学性和严谨的历史科学形成为完美有机的统一体。其次当推"包举一代"的纪传体断代史《汉书》，但它业已开始显露出了弱化、消解文学成分而朝着史学认同靠拢的倾向。此后，列朝正史无不沿循《汉书》的体制，几成惯例。魏晋二代或可视为史传文学的消歇衰退期，虽然也有《后汉书》《三国志》这样的佳作杰构面世，略可踪迹前贤之风韵文采，但文学与史学分割剥离的趋势愈强愈炽，已不可回转，乃至终成定局共识。结果便是文学自觉走向独立，史学也返原回归，两端歧途异道而各行其是，只不过之后千余年间，史传文学的余波不绝如缕，如杂传、散传文学随之继兴，皆沾溉浸润了其艺术传统和美学理想；尤其是在戏曲文学、小说等叙事文体的成长演化进程中，更始终隐显流贯着它的形影精神。

通过以上的纵览俯瞰，我们极简约地勾画出中国经典文化殿堂里，史传文学粗略的轮廓图卷，力图把握支撑其辉煌的根基柱梁——即下面所拟订的五种书目。借助其所开启的窗口，以我们现代人的新眼界，或得以再重新触摸了解那些壮观景况、美好风光，引发起深入体察的兴味。

下面即依次各略缀数语，聊以为具体而简要的提示发明：

《春秋绝唱：〈左传〉纵览新说》：关于史传文学第一次高潮中涌现的这种类型著作，不妨称之为情节与人物解绎的文史经典，而《左传》便标志了其灿烂开端。它是以故事耸立起来的一座丰碑，叙事详赡，情节曲折完整，人物形象描摹细腻生动。于春秋时期二百四十多年间激烈动荡的特定背景上，揭示出时代特征和历史面貌，尤注重战争、政治与军事的关系，反映了民本、崇礼、崇霸等思想倾向。要之，《左传》作为中国第一部成熟的编年史著作，"左氏之传，史之极也，文采若云月，高深若山海"，臻达了先秦史学的最高成就，向与后来的《史记》并称，被推尊为历史散文之祖，"文有左、马，犹书之羲、献"。

《纵横捭阖：〈战国策〉纵览新说》：颇有异于《左传》雍容徐迁的贵族气度，"敷张扬厉"的《战国策》则以人带事，放笔描写了战国纵横捭阖之世的时代风貌和人文精神。它倡导人的自觉主体意识，表现出强烈的反传统礼教思想，将历史视野转移到新兴知识阶层身上，以重士贵士为主流，鄙弃旧的价值观念和行为准则，凭借竞争奋发、高调昂扬又谲诈机变、工筹善画的举止面貌，伴和着挟霜裹电、智敏雄辩的说辞活跃在各国政治舞台上。虽然并非严谨的史学著作，有着不合史实之处，但《战国策》标志了先秦史传文学的新高峰。也正是缘由于它这种拥具文学与历史二重性质的亦真亦幻特色，故之对后代的历史叙事学和古代小说的发展都产生了长足的重大影响。

《星汉灿烂：〈史记〉纵览新说》：《史记》首创为纪传体，奇峰突起，肇起先端，由之奠定了中国两千年延绵接续的国家修史传统，即官修正史体制。它是自上古而及西汉当代宏伟广阔的百科全书，核心以人为主体的历史画卷，关注人物命运。从帝王将相、王公贵族直到出身地位微贱的社会下层人士，全景式地覆盖了各个阶层断面，于性格形象、情节设置、语言艺术等诸端皆卓越非凡。"究天人之际，通古今之变，成一家之言"。难能可贵的是，司马迁的笔端贯注着强烈的感情，"意有所郁结"，怨愤歌哭，发愤著书，终成此无韵之离骚，可谓空前绝后，遂得以成就中国传记文学的奠基之作，历史散文的巅峰之制。

《盛世遗响:〈汉书〉纵览新说》:《汉书》虽直承《史记》而来,但各自独立撰作成书,前后并无必然的继续关系。这是中国第一部官修断代史,记叙高祖起兵反秦到王莽新朝败亡,共二百三十年间事。它创新纪传,规范体例,蔚成大宗,后世官修正史率皆依此为典范。尤其武帝以后史系新撰,故详后而略前,于事件叙述、人物刻画等各方面自具特色,多有引人入胜处,每常为后世啧啧称道,并列"史汉"。但语言风格已开始走向艰涩古奥,整体上显示文学向史学的回归趋势。客观地看,两美分流,双峰对峙,并不宜强为甲乙。并且因为几百年岁月先后之差,出现《汉书》有而《史记》无的内容(包括传记与表志),故而实际上后者对前者还有所发展。

《鼎足威扬:〈三国志〉纵览新说》:《三国志》是古代二十四史中的"前四史"之殿军,记载了汉晋之交群雄逐鹿、诸侯争霸而战乱频仍,却最终是天下归心,达到江山一统彼岸的历史大趋势。它集聚儒家、兵家、道家、法家、墨家等传统学问于一体,讲求用势之道、用人之道、用兵之道、用笔之道,强调谋略与忠诚,充满着侠义英雄情结与奋发有为、建功立业的主动进取精神,这些都与那高扬的国家意识和坚定的大一统观念相为汇融,直接影响到后代戏曲及"四大奇书"之首《三国志演义》的诞生与叙事,被广泛运用于政治斗争、军事教育、人生智慧等社会各方面。

7

总括言之,《文化中国·永恒的话题》强调"可操作性与持续发展的张力",即足够的灵活性和巨大的包容性。作为一个长期的品牌选题,或将视具体情况,分为若干辑陆续推出,以期完成对"文化中国"的重大历史——社会文化主题的另样解读,自然希望能得到更多读者朋友的关注。倘蒙你们慨然指出不足谬误之处,相互切磋商酌,那便是传递出一份浓浓的友情,而我们的欢迎和感念之情,当是不言自明的。

2015 年季秋之月于济南

目 录

引　言

　　《史记》作为中国文化最重要的基本经典之一，是我们必修的文化素质经典教材。

　　《史记》是史学经典，又是文学经典。阅读和欣赏《史记》，不仅能够了解历史，还可以提高我们的文化修养、思维水平和写作能力。

　　《史记》"究天人之际，通古今之变，成一家之言"，记载了自中国远古的起源至汉武帝时代三千年的历史，是中国唯一完整而系统的上古、先秦至西汉前中期的历史著作。

　　《史记》横空出世于汉代。汉代是一个辉煌的朝代，汉人、汉字、汉文化，"汉"成为中华民族奠定的基础性标识。汉代是中国古代史传文学的最后一个发达辉煌期。《史记》于结构形式锐意创新，颠覆先秦史书以事件叙述为中心的编年体模式，而另行以人物为核心去展开历史事件，以成熟的纪传体通史开辟新纪元，让高度典型的文学性和严谨的历史科学形成为完美有机的统一体。

　　《史记》首创为纪传体，奇峰突起，肇起先端，由之奠定了中国两千年延绵接续的国家修史传统，即官修正史体制。它是自上古而及西汉当代宏伟广阔的百科全书，核心以人为主体的历史画卷，关注人物命运。从帝王将相、王公贵族直到出身地位微贱的社会下层杰出人士，全景式地覆盖了各个阶层断面，于性格形象、情节设置、语言艺术等诸端皆卓越非凡。难能可贵的是，司马迁的笔端贯注着强烈的感情，"意有所郁结"，怨愤歌哭，发愤著书，终成此"史家之绝唱，无韵之离骚"①，可谓高耸极顶、空前绝后。

《史记》成为中国文化标志性的典范著作。明代王世贞将《史记》列为宇宙四大奇书之一——清初李渔《古本三国志序》开首即云："昔弇州先生有宇宙四大奇书之目：曰《史记》也，《南华》也，《水浒》与《西厢》也。"金圣叹将《庄子》、《离骚》、《史记》、杜诗、《水浒传》和《西厢记》列为"六才子书"，认为是文学诸门类的代表作，《史记》是史传文学的最高代表，又是文学创作的最高代表作之一。

而作为学者和读者，"少小从事，皓首难穷"。终身陪伴、反复阅读的基本书籍必须严格选择。近代学术泰斗章太炎的第一高足黄侃先生在北京大学讲课时列出古近代学者学习国学最基础的八部书：《毛诗》《左传》《周礼》《说文》《广韵》《史记》《汉书》《文选》。（其原话为"八部书外皆狗屁"，周作人《知堂回想录》第四卷《北大感旧录·黄季刚》。）其中史学著作占有三部，《史记》是其中适用性最广、最重要的一部。

《史记》的书名：《太史公书》和《史记》

《史记》，司马迁所取的原名是《太史公书》，东汉桓帝和灵帝之际，才有《史记》这个专名。② "史记"原来泛指史书，此后就成为"二十四史"第一部《史记》的专名。

《史记》全书凡130篇：表10篇、本纪12篇、书8篇、世家30篇、列传70篇，共130篇。司马迁自己计算过《史记》的总篇幅，为526，500字（古时没有标点符号，因此是纯字数）。

① 鲁迅《汉文学史纲要·第十篇司马相如与司马迁》，《鲁迅全集》第九卷第435页，人民文学出版社2005年版。
② 据陈直《太史公书名考》，《文史哲》，1956年6月号。

《史记》的起点：创世神话"不雅驯"与三皇五帝为初祖

《史记》最后一篇是《太史公自序》，篇末为"太史公曰：余述历黄帝以来至太初而讫，百三十篇"。

司马迁自述《史记》从黄帝开始，因此以《五帝本纪》为全书第一篇。

中国远古史以传说中的三皇五帝开始。三皇是伏羲、神农（炎帝）、黄帝。三皇早于五帝，但司马迁《史记》没有《三皇本纪》，而是以《五帝本纪》作为全书的第一篇，直接从五帝开始记载。《史记》依《世本》《大戴礼》，以黄帝、颛顼、帝喾、唐尧、虞舜为五帝①。《史记》将黄帝列入五帝中，三皇就缺了一位。于是唐人司马贞作《三

伏羲像（三皇之一）（明刻《历代帝贤像》）

3

神农像（五帝之一）（明刻《历代帝贤像》）

黄帝像（五帝之一）（明刻《历代帝贤像》）

---

① 《史记·五帝本纪》篇首集解。

颛顼像（五帝之一）（明刻《历代帝贤像》）

帝喾像（五帝之一）（明刻《历代帝贤像》）

尧（明刻《历代帝贤像》）

舜（明刻《历代帝贤像》）

皇本纪》，补入《史记·五帝本纪》之前，将女娲补入三皇的名单中，即以包牺（伏羲之别名）、女娲、神农为三皇。

《史记》从五帝开始，不记载三皇，因为在司马迁的时代，三皇也只是传说，已无可靠记载。唐人司马贞补做《三皇本纪》，首次将女娲列入三皇的名单中，首次以史书形式撰写女娲的事迹，并将他写的《三皇本纪》补在《史记·五帝本纪》之前，得到后代史家的认可。

三皇以伏羲为首，伏羲是龙文化的起源。他的最大贡献是"观象画卦"，《易·系辞传》："古者庖羲氏之王天下也，仰则观象于天，俯则观法于地，视鸟兽之文，与地之宜；近取诸身，远取诸物；于是始作八卦，以通神明之德，以类万物之情。"创造了影响中国文明进程的"八卦"文化，后来演变为"五经"之一的《易经》，成为中华文化的基本经典之一。

女娲，中国神话传说中人类的始祖，是神话中的创世女神。也即她是中华民族的共同人文始祖，是中华民族伟大的母亲。她是伏羲之妹，与伏羲兄妹相婚，她用黄土造人①，产生人类。

神农，即炎帝。炎帝是"农业专家"，传说为古代农业的最早创始人，所以又称"神农氏"。在传统的农业大国的中国，他的地位要高于黄帝，因此两人合称为"炎黄"。

《史记》的记载以《五帝本纪》为开端，中经夏商周三代；周代分为西周和东周，东周又分春秋和战国两个时期；周朝还有众多诸侯国，《史记》都做了规范而完整的记叙。然后是统一中国的秦朝，接着是西汉。作为生长和生活在西汉武帝时代的史学家，司马迁只能以汉朝的汉武帝时代作为《史记》的终点。

《史记》的终点：汉朝、汉人、汉字、汉文化与汉武辉煌

司马迁生活在西汉武帝时期，他记叙中国历史，从远古至西汉，以武帝时期为终点。

从生命的条件来说，司马迁生活在武帝时代，大致与武帝同时告辞人世，《史记》只能到武帝时期结束。

但是作为史家记叙整部中国史，《史记》也可以到项羽灭亡、西汉建立结束；司马迁可以不写西汉，也即当代史。

司马迁以强烈的历史责任感和时代责任感，记叙汉高祖君臣创立西汉的战争史、西汉统一天下至武帝时期的汉朝史，赞颂西汉前中期的伟大政治、经济、军事和文化成果，并总结西汉的伟

---

① 《太平御览》引《风俗通》："俗说，天地开辟，未有人民，女娲抟黄土作人，剧务，力不暇供，乃引绳于泥中，举以为人。"

大成功之原因是做到了孔子的德治标准。司马迁引孔子的观点："治理国家必须经过三十年才能实现仁政。善人治理国家经过一百年，也就可以克服残暴免除刑杀了。"认为此话千真万确。汉朝建立，到孝文皇帝经过四十多年，德政达到了极盛的地步。

拙著《流民皇帝——从刘邦到朱元璋》第二章《汉高祖刘邦——中国第一成功的皇帝》指出：

> 西汉立国初，以经济来说，经过八年战乱，已全面崩溃，大臣只能乘牛车，皇帝御车用的四匹马也配不齐一种毛色。仅半个世纪后的文、景时代，经济繁荣已超过了战国时代。库里装满铜钱，朝廷所藏的钱有好几百亿，烂了钱串子的散钱还无法计算。地方官府的仓库里装满了粮食，朝廷所藏的粮食，新旧堆积，一直堆到露天地上。朝廷有六个大马苑，养马三十万匹。管里门的小卒都吃好饭肥肉。汉武帝即位时，接受的便是这么丰厚的经济遗产。武帝执政初期大约又经过近十年的经济积累，国力空前强大，终于具备了打垮强敌匈奴的经济基础。[①]

秦末大乱和战乱，将中国三千年创造的财富全部打光，人口进入最低数。西汉大治，创造了后世无可比拟的盛世。西汉盛世，成为千古第一榜样。西汉的伟大业绩，体现了中华民族古代的最高辉煌。因此华夏民族作为主体族群名，因汉朝的建立而自然命名为汉人，文字称为汉字，文化主

取像鳥跡始作文字
辨治百官領理萬事

倉頡

汉字的传说的始创者仓颉
（明刻《历代帝贤像》）

<hr>

① 周锡山《流民皇帝——从刘邦到朱元璋》，上海锦绣文章出版社，2004、2012。

体为汉文化。吕思勉先生说:"汉族之名,起于刘邦称帝之后。昔时民族国家,混而为一,人因以一朝之号,为我全族之名。自兹以还,虽朝屡改,而族名无改。"① 两汉的繁荣期超过迄今为止世界史上所有的其他国家。

阅读和欣赏《史记》的正确态度

阅读《史记》,要有正确的态度。正确的态度从哪里来?首先是从儒道两家的经典中来。

因为《史记》的文化根基是儒道两家的先进文化,因此我们作为后世的阅读者也必须以此作为自己的根基。

例如儒家崇尚仁信礼义、德治,如果抛弃或解构这样的精神和标准,便会误入歧途。例如,有学者指出:"王立群讲'史记',对正直之士(在今天就是知识分子)的仗义执言、光明磊落、不畏权势,一口一个'傻'、'笨'、'憨'相贬,而对于那些指鹿为马、见风使舵、混淆黑白的奸佞小人则以聪明、智慧、灵活相叹,这样的叙述和演讲怎能不使人怀疑其学术品格呢?"②

王立群对《史记》的误读和错误发挥还表现在人们所批评的:对那些卓文君与司马相如感情动机的解说完全以自我心态去解构,而且不合常理,这样的创新不但有哗众取宠之嫌,而且让人感到其人文品位很低!

其次是努力提高自己的古文水平,不懂的地方要勤查辞典,不能望文生义。也可参考当今可靠的现代汉语译文。

阅读和研究《史记》的方法

一,在通读全书的基础上,掌握主要内容。

主要内容:夏商周三代、春秋战国、秦国和秦朝、楚汉战争、

---

① 吕思勉《先秦史》第 22 页,上海古籍出版社,1982。
② 《"知识越多不一定越不反动"》,张宝明《书屋》,2008 年第 6 期。

禹（明刻《历代帝贤像》）

商汤王（明刻《历代帝贤像》）

西汉时期的重要历史发展线索；重要历史人物和重大历史事件。

正确掌握主要内容，真正读懂原作。例如鲁迅说刘邦是流氓无赖，就是没有读懂《史记》。

二，仔细、反复阅读，掌握历史的细节；体会《史记》文字的雄深雅健和生动优美。

仔细阅读原文和注解，以此作为正确理解的基础。

历史、社会、生活由细节组成。历史细节精彩、有趣，增加读书的趣味和情调。这也使我们增广见识，而避免少见多怪。

二十四史以《史记》最精彩，其次是《汉书》，还有《后汉书》。《三国志》裴松之的注，有一些精彩的细节。以上是"前四史"，此后的二十史，缺乏细节，所以枯燥乏味。

阅读《史记》要仔细，不少名家也因读书不细而没有读懂，错解《史记》。

阅读《史记》要善于掌握历史和文字的细节。司马迁喜欢"奇"，记录的奇人奇事，世界罕闻。

第三，尊重前人的研究成果，不要随便否定前人的正确观点和评价。

自班固起，前人都一致赞美《史记》是信史。但现当代有些著名学者认为《史记》的记载不真实，例如钱钟书说《史记·廉颇蔺相如列传》用小说的虚构笔法杜撰"渑池之会"的历史场面，还虚构不少人物的对话和细节，等等。

古代人很少误读《史记》，但也有少数人误解《史记》，形成阅读史的共同错误，例如汉高祖取天下皆功臣谋士之力：

清褚人获"韩彭报施"："汉高祖取天下，皆功臣谋士之力。天下既定，吕后杀韩信彭越英布等，夷其族而绝其祀。传至献帝，曹操执柄，遂杀伏后而灭其族。或谓献帝即高祖也；伏后即吕后也；曹操即韩信也；刘备即彭越也；孙权即英布也。故三分天下而绝汉。"虽穿凿疑似之说，然于报施之理，似亦不爽（《坚瓠九集》卷四《通鉴博论》）。

《五代史平话》叙述梁、唐、晋、汉、周五代史事，开端说："刘季杀了项羽，立着国号曰汉。只因疑忌功臣，如韩王信、彭越、陈豨之徒，皆不免族灭诛夷。这三个功臣，抱屈啣冤，诉于天帝。天帝可怜见三功臣无辜被戮，令他每三个托生做三个豪杰出来：韩信去曹家托生，做着个曹操；彭越去孙家托生，做着个孙权；陈豨去那宗室家托生，做着个刘备。这三个分了他的天下：曹操篡夺献帝的，立国号曰魏；刘先主图兴复汉室，立国号曰蜀；孙权自兴兵荆州，立国号曰吴。"①

在现当代，鲁迅说刘邦是"无赖"，郭沫若说刘邦大杀功臣，全靠韩信打天下。

鲁迅在多篇文章讽刺和嘲笑"没出息的"刘邦敬羡秦始皇，汉高祖的父亲并非皇帝，刘邦并非好种等等②，后来索性说：

汉的高祖，据历史家说，是龙种，但其实是无赖出身③。

---

① 参见周锡山编著《中国小说史略汇编释评》第131页，上海书店出版社2015年版。按，韩王信不是韩信，而是另一人，《五代史平话》写错了。

② 《热风·随感录五十九"圣武"》（1919，《鲁迅全集》第一卷372页，人民文学出版社2005版）、《华盖集·忽然想到五》（1925，《鲁迅全集》第三卷第44页）、《花边文学·运命》（1934，《鲁迅全集》第五卷466页）等。

③ 《且介亭杂文·关于中国的两三件事》，1934，《鲁迅全集》第六卷第10页，人民文学出版社2005年版。

郭沫若则批判刘邦大杀功臣：

> 大凡一位开国的雄略之主，在统治一固定了之后，便要屠戮功臣，这差不多是自汉以来每次改朝换代的公例。自成的大顺朝即使成功了（假使没有外患，他必然是成功了的），他的代表农民利益的运动早迟也会变质，而他必然也会做到汉高祖、明太祖的藏弓烹狗的"德政"，可以说是断无例外。①

我在应征"中国文联第五届当代文艺论坛"征稿的论文《论历史题材的文艺作品的价值趋向》中说：

> 鲁迅、郭沫若等人，虽然是 20 世纪的文化大家，但也常有失误。他们因古文水平的限制和读书粗心，误读《史记》和《汉书》的原著和古注，错误地将刘邦批作"流氓无赖"，乱说刘邦"大杀功臣"。这个错误论点，跟随者众多，包括学术大师季羡林和近年风行大陆的台湾史家黎东方等等。他们无视被誉为"信史"的《史记》极度歌颂刘邦的公正记载和评价，误导了……一批作者，反而将虽有军事天才，却因政治上的无赖、无德而成为汉廷公敌的韩信作为品德高尚的英雄吹捧，误导观众和读者。②

批评当代作家接受鲁迅和郭沫若的误导，在电影《王者归来》、京剧《成败萧何》、话剧《韩信》等，贬低刘邦，拔高韩信，歪曲史实。

文化中国·永恒的话题（第五辑）

10

---

① 郭沫若《甲申三百年祭》，1944，《历史人物》第 204 页，人民文学出版社 1979 年版。
② 周锡山《论历史题材的文艺作品的价值趋向》，中国文联理论研究室编《文艺繁荣与价值引领》（中国文联"第五届当代文艺论坛文集"）第 145 页，中央文献出版社 2011 年版。

第四，正确识别和认识《史记》的失误。

天下无十全十美的事物。因此任何伟大的经典著作，都必有失误。《史记》当然不能例外。冯友兰说："凡研究一家哲学，总要能看出这一家哲学的不到之处，才算是真懂得这一家。"[①] 凡阅读、学习和研究经典著作，总要能看出其不到之处，才算是真懂得此书。

《史记》的重大失误，本书在最末，即最后一章最后一节专作探讨。

《史记》这本书，张文江归纳为三种读法。一种是文学的读法，就是看看其中的人物故事，项羽打过些什么仗，以及鸿门宴之类。文学的读法主要读本纪、世家、列传（尤其是列传），注意的是人物形象的栩栩如生。另外一种是史学的读法，这就不单单要了解本纪、世家、列传，还需要了解十表和八书。史学的读法在人物之外，还要注意人物的社会关系，以及典章制度等。还有一种是哲学的读法。文学的读法理解怎么说，史学的读法理解说什么，哲学的读法理解为什么这么说，或者到底想说什么，这就牵涉《史记》本身的象数结构，需要理解十二本纪、三十世家、七十列传和十表八书之间的关系。《史记》是一本有志之书，司马迁本来就是易学的传人，他开创了纪传体来表述他的思想，以后的二十四史基本都是承袭《史记》。现在一般人读《史记》用的是文学的读法，也有一部分人用的是史学的读法，用哲学的读法的人很少。[②]

《史记》西汉（包括楚汉战争）部分的阅读，最好与《汉书》一起读。《汉书》记载西汉前期的历史，照抄《史记》，仅有个别文字或语句略有不同。《汉书》接写《史记》中断的武帝后期至西

① 冯友兰《三松堂全集》第十卷第 456 页，郑州：河南人民出版社2000 年版。

② 张文江《〈史记·货殖列传〉讲记》。

汉末年的历史。其中最重要的是"昭宣中兴"，即汉昭帝和汉宣帝时期的精彩历史。

《汉书》也取得了极高的成就，研究家甚至认为和《史记》可以并列，因此两书合称"《史》《汉》"，作者合称"马班"甚或"班马"。阅读《汉书》，我们对汉朝就能得到完整的了解，并领略其精湛雅美的语言。

第五，研究《史记》的方法。

有的读者在阅读《史记》的基础上，还想开展研究。关于《史记》研究，王国维指导学生说：

> （王国维的学生姚名达）颇欲研究《史记》，……先生谓曰："治《史记》仍可用寻源工夫。或无目的的精读，俟有心得，然后自拟题目，亦一法也。大抵学问常不悬目的，而自生目的。有大智者，未必成功；而慢慢努力者，反有意外之创获。"
>
> 当 1926 年 9 月 22 日，名达复见静安先生于清华园。翌日，再问研究《史记》之法，仍谓寻源工夫，必有所获。①

王国维先生的以上教导，字字珠玑，是所有好学青年的指路明灯。姚名达先生听了王国维先生的教导，领悟到"先生治史，无往不为穷源旁搜之工作，故有发明，皆至准确"。

---

① 姚名达《哀余断忆》，《国学月报》第二卷第八、九、十号合刊，周锡山编校《王国维集》第一册。

第一章 究天人之际，通古今之变
——司马迁与《史记》综述

作为中国第一大史家，司马迁有着千年悠远的漫长史学家世。他本人的成长道路，对后人有着示范意义。《史记》"究天人之际，通古今之变，成一家之言"的宏大旨向，更是历史著作的典范。

第一节　太史公的身份嬗变与上古史学发展

1

司马迁祖先是巫史，代代相传。巫史是巫兼管历史记载的职务。巫在远古具有崇高的地位，到周之后，巫的地位降低，并失去了记载历史的职能。巫退出历史记载职能后，司马迁的祖先，中间除了少数几代改变身份，一直担当史官。其父司马谈为西汉皇朝的官方史学家，任职"太史令"。司马迁继承了这个职务，并在《史记·太史公自序》中介绍了自己的历代祖先和任职情况。

司马迁在《报任安书》中说："仆之先人，非有剖符丹书之功，文史星历，近乎卜祝之间，固主上所戏弄，倡优畜之，流俗之所轻也。"

因为殷商、西周的历史记载是巫承当的，所以后世的史家，就像当时的巫一样，地位很低。司马迁话说得很沉痛，但确是事实。东汉以后，史家的地位提高了，是因皇帝任命他们修著国史。而司马迁撰写《史记》却是私人的业余著作。

创世神话，开天辟地和始作八卦

《开天辟地》（民国连环画封面）

中国古代传说，最早是共工开天辟地。后又传说天有裂口，女娲补天，女娲用黄土造人。司马迁认为这些神话都不"雅驯"，没有可靠的证明，一律不采用。

《史记》以《五帝本纪》开始，以炎黄为开端。神农以前发生了什么呢？《史记》说"神农以前，吾不知已"①。神农之前发生的事情，由《易经·系辞》介绍。

《易经·系辞下》第二章，就是伏羲或者庖牺的制作："古者庖牺氏之王天下也。仰则观象于天，俯则观法于地。观鸟兽之文，与地之宜。近取诸身，远取诸物。于是始作八卦，以通神明之德，以类万物之情。"

这里介绍中国人从开天辟地以来，做的最重要的事情是"始作八卦"，即中华文化的起源。"始作八卦"的基础是对当时人们认识到的整体知识的分类，总共分成了六大类："仰则观象于天"，天文学；"俯则观法于地"，地理学；"观鸟兽之文"，动物学；"与地之宜"，植物学和矿物学；"近取诸身"，医学和生理学；"远取诸物"，物理学。目的是什么？"以通神明之德"，了解、认识你自己。"以类万物之情"，对万物有一个掌握。而对六大类的知识贯通在王，王就是所谓天地人的贯通。

八卦，依据的是辩证和阴阳原理，具有哲学的基础，反映了

---

① 《史记·货殖列传》。

2

古人的哲学观。

中国最早的时候，即在炎黄之前，开天辟地等，这些都讲得简单。而详细叙述的是基本文化建设。这个文化建设，阴阳辩证，成为中国文化的最早基础。因是基础，所以贯穿万物，通贯古今。

《系辞下》第二章接着说："庖牺氏没，神农氏作。斫木为耜，揉木为耒。耒耨之利，以教天下，盖取诸益。日中为市，致天下之民，聚天下之货。交易而退，各得其所，盖取诸噬嗑。"炎黄时期，发生和完成两件大事：第一件，制作了耕田的工具，由畜牧社会转变成了农业社会，从黄河流域发展到长江流域，把农业社会推广到所有地区，就是神农氏的以教天下。第二件，最早的市场产生了。伴随着农业生产的出现，市场交换也同时产生了。"日中为市"，有一个时间，再有一个地点。"致天下之民"，有各式各样的人。"聚天下之货"，有各种各样的货。"交易而退"，完成了交易，"各得其所"，达成了最佳的配置。于是人的生活变化了。

中国的传说时代，从开天辟地到三皇五帝。中国的史学记载，《史记》起自五帝，然后夏商周。《史记》参照的是《易经》的古史系列：伏羲、神农（炎帝）、黄帝，尧舜，夏商周三代，然后春秋战国，最后汉代。《史记》的这些记载，主要是根据上古史学著作进行的。

巫和巫史

巫史文化是殷商周文化的主流。

《说文》："巫，祝也。女能事无形，以舞降神者也。"最早的巫，都是男子，男巫后有专称"觋"，而男巫时代则称"巫"。《国语·楚昭王问于观射父》："古者民神不杂。民之精爽不携贰者，而又能齐肃衷正，其智能上下比义，其圣能光远宣朗，其明能光照之，其聪能听彻之，如是则明神降之，在男曰觋，在女曰巫。"

夏代缺乏记载，今知殷商西周时期，中华民族进入文明时代，社会分工日趋细密。专司人神交通的巫逐渐职业化，在当时社会享有崇高的地位。

《说文》："史，记事者也。"

巫史，古代从事求神占卜等活动的人叫"巫"，掌管天文、星象、历数、史册的人叫"史"。这些职务最初往往由一人兼任，统称"巫史"。

殷商西周时期巫史的勃兴，是中国文化史上的独特现象。

巫通鬼神，巫史占天卜地、祭祀神、代表天意，所以地位极高，有权训御君王的言行。

余英时的最新著作《论天人之际——中国古代思想起源试探》① 对此做了精要的论述。余英时先生在此书中指出，中国古代文化的来源是礼乐传统，而礼乐来源于祭祀，祭祀则从巫觋信仰中发展而来。"礼乐是巫的表象，巫则是礼乐的内在动力。""天人合一"和"绝地天通"是互相冲突的，但由于"巫"有特别技能，彼此隔绝的"天"与"人"之间就有了联系。《国语·楚语》指出，"巫"是古代社会中具有智（能上下比义）、圣（能光远宣朗）、明（能光照之）、聪（能聪彻之）特征的人，只有他们可以"降神"。"巫"是一批超越寻常，有特别知识、道德和能力，可以沟通神与人、天与地之间的精英，这些天赋异禀的巫，不仅成为中国古代轴心时代文化转型的中坚力量，也逐渐在后世转变为负担着精神世界的知识阶层"士"。（锡山按：*所以古代医是巫医，史是巫史，即医生和史家都是由巫担任的。司马迁的祖先就是巫史。*）沟通天地人鬼之间的"巫"，需要"受命于天"，得到"天命"，托庇"鬼神"。

巫史垄断神坛、把持政坛，不仅造就了中华文化的繁荣局面，而且对后世的文化发展产生了深远的影响。中华传统学术的一系列特点，都与巫史有关。

---

① 余英时《论天人之际——中国古代思想起源试探》，中华书局2014。

李泽厚《论巫史传统》《"说巫史传统"补》和《说儒法互用》认为，中国文明有两大征候特别重要，一是以血缘宗法家族为纽带的氏族体制，一是理性化了的巫史传统。两者紧密相连，结成一体，并长久以各种形态延续至今。《论天人之际》专题论述了"理性化了的巫史传统"是如何源起、如何成为中国古代文化的重要特质，以及如何构成我们传统的基本文化范畴。这些相互关联、发展的重要论述，从源头上探寻了中华文化的奥秘。

巫记载的书史，举凡先公先王的世系，当代君王的言行，军国要务，祸福灾祥均在巫史的记载之列，为后人留下宝贵的历史资料。

司马迁的祖先就是巫史，《史记·太史公自序》历述了太史公世谱家学之本末，从重黎氏到司马氏的千余年家世。司马迁所作《史记》就享用了巫史的资料，还坚信占卜的有效和准确性，在《史记》中常有记载和描绘。

上古史学

上古史学著作，今存最早的是《尚书》，其次是《春秋》及其阐释之作《左传》。

《尚书》是中国汉民族第一部古典散文集和最早的历史文献，儒家经典之一，又称《书》或《书经》。"尚"即"上"，《尚书》就是上古的书，以记言为主。它是中国上古历史文献和部分追述古代事迹著作的汇编。《尚书》绝大部分应属于当时官府处理国家大事的公务文书，也即是一部体例比较完备的公文总集。李学勤指出："《尚书》本为古代《历书》，是我国历代统治者治理国家的'政治课本'和理论依据。"

《左传》等引《尚书》文字，分别称《虞书》《夏书》《商书》《周书》，战国时总称为《书》，汉人改称《尚书》，意即"上古帝王之书"（《论衡·正说篇》）。

汉初，《尚书》存29篇，为秦博士伏生所传，用汉时隶书抄写，被称为《今文尚书》。

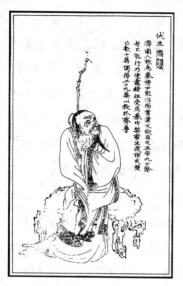

伏生（清初金古良《无双谱》）

一般认为《今文尚书》中《周书》的《牧誓》到《吕刑》十六篇是西周真实史料，《文侯之命》《费誓》和《秦誓》为《春秋》史料，所述内容较早的《尧典》《皋陶谟》《禹贡》反而是战国编写的古史资料。

西汉时期，相传鲁恭王在拆除孔子故宅一段墙壁时，发现了另一部《尚书》，是用先秦六国时的字体书写的，人们称之为古文《尚书》。古文《尚书》经过孔子后人孔安国的整理，篇目比今文《尚书》多16篇。

六经皆史

六经，又称"六艺"，是《诗》《书》《易》《礼》《乐》《春秋》的合称。

按时间序列，《易》始伏羲，《书》始尧舜，《诗》始文王（也包括《商颂》），《春秋》始鲁隐公。六经所牵涉的时代，从伏羲开始，中经尧舜和夏商周三代，至东周的春秋止。

"六经皆史"说认为六经皆为中国古代史书。明代王世贞和清代章学诚的有关论述影响最大。

明王世贞《艺苑卮言》中提出："天地间无非史而已。三皇之世，若泯若没；五帝之世，若存若亡。噫！史其可以已耶？六经，史之言理者也。"并具体区分六经各文体，有的是"史之正文"，有的是"史之变文"，有的是"史之用"，有的是"史之实"，有的是"史之华"。

清代章学诚在《文史通义·内篇·易教上》正式提出："六经

皆史也。"他认为六经乃夏商周典章政教的历史记录，并非圣人为垂教立言而作。

"六经皆史"说认为六经中有着大量重要的史料，司马迁也已经认识到，所以他在《伯夷列传》一开首就强调："夫学者载籍极博，犹考信于六艺。"

这反映了司马迁的时代，董仲舒独尊儒家的思想已经深入人心，儒家学说已经成为西汉士人知识系统的主干部分，视六经所载为信史的观念，当时已颇流行。

六经中的可信资料，从伏羲到春秋，约有两千五百年的历史。

史传文学

《春秋》是经，即《春秋经》，儒家六经之一。第一部华夏民族编年史兼历史散文集。作为鲁国的编年史，由孔子修订而成。

现存《春秋》，从鲁隐公记述到鲁哀公，历12代君主，计244年（依《公羊传》和《谷梁传》载至哀公十四年止，为242年，《左传》多2年），它基本上是鲁国史书的原文。

《春秋》经书中用于记事的语言极为简练，然而几乎每个句子都暗含褒贬之意，被后人称为"春秋笔法"，"微言大义"。

《孔子著春秋》（民国连环画《孔夫子画意》选页）

由于《春秋》的记事过于简略，文字过于简质，后人不易理解，因而出现了很多对《春秋》所记载的历史进行补充、解释、阐发的书，被称为"传"。其中最权威的是成于先秦的"春秋三传"，即左丘明《春秋左氏传》，公羊高《春秋公羊传》，谷梁赤《春秋谷梁传》，简称《左传》《公羊传》《谷梁传》。

《公羊传》和《谷梁传》解释"微言大义"，试图阐述清楚孔子的本意。《左传》以史实为主，补充了《春秋》中没有记录的大事，但有些记录和《春秋》有出入。

《春秋》一般合编入《左传》；《春秋》原文作为"经"，《左传》新增内容作为"传"。

《左传》共30卷，全称《春秋左氏传》，儒家十三经之一。司马迁《史记·十二诸侯年表》记载："鲁君子左丘明惧弟子人人异端，各安其意，失其真，故因孔子史记具论其语，成左氏春秋。"

《左传》既是古代汉族史学名著，是中国古代最早一部叙事详尽的编年史，也是文学名著。相传是春秋末年鲁国史官左丘明（司马迁和班固都证明是左丘明，这是目前最为可信的史料）根据鲁国国史《春秋》编成，记叙范围起自鲁隐公元年（前722），迄于鲁哀公二十七年（前468）。

《左传》传文比《春秋》经文多出13年，实际记事多出26年（最后一件事为略提三家灭晋），以《春秋》记事为纲叙事，其中有说明《春秋》笔法的，有用实补充《春秋》经文的，也有订正《春秋》记事错误的。全书绝大部分属于春秋时事件，但全书的完成已经进入战国时期。

《左传》发展了《春秋》的编年体的同时，还引录保存了当时流行的一部分应用文，仅据宋人陈骙《文则》中所列，就有命、誓、盟、祷、谏、让、书、对8种之多，实际还远不止于此，后人认为檄文也源于《左传》。并且，本书在我国的文学界也有极高的艺术价值，对史学也有巨大的贡献。

《国语》是中国最早的一部国别体著作，记录了周朝王室和鲁国、齐国、晋国、郑国、楚国、吴国、越国等诸侯国的历史。上起周穆王十二年（前990）西征犬戎（约前947年），下至智伯被灭（前453年）。全书21卷，《周语》3卷，记载了西周穆王、厉王直至东周襄王、景王、敬王时有关"邦国成败"的部分重大政治事件，反映了从西周到东周的社会政治变化的过程。《鲁语》2卷，则着重记载鲁国上层社会一些历史人物的言行，反映了春秋时期这个礼义之邦的社会面貌。《齐语》1卷，主要记载管仲辅佐齐桓公称霸采取的内政外交措施及其主导思想。《晋语》9卷，篇幅占全书三分之一强，它比较完整地记载了从武公替晋为诸侯，献公之子的君权之争，文公称霸，一直到战国初年赵、魏、韩三家灭智氏的政治历史，从公元前678年到公元前453年，时间长，分量重，所以有人把《国语》称为"晋史"。《郑语》1卷记周太史伯论西周末年天下兴衰继替的大局势。《楚语》2卷，主要记灵王、昭王时的历史事件。《吴语》1卷、《越语》2卷，记春秋末期吴、越争霸的史实，包括各国贵族间朝聘、宴飨、讽谏、辩说、应对之辞以及部分历史事件与传说。

《国语》的作者，司马迁在《报任安书》中说："左丘失明，厥有《国语》。"此后东汉史学家班固在《汉书·艺文志》中也记载："《国语》二十一篇，左丘明著。"但今人认为《国语》并非出自一人、一时、一地，是春秋时期至战国初期各国史官的记述，是根据当时周朝王室和各诸侯国的史料，经过整理加工汇编，大约在战国初年或稍后编纂完成。

《国语》在内容上有很强的伦理倾向，弘扬德的精神，尊崇礼的规范，认为"礼"是治国之本。非常突出忠君思想，但是反对专制和腐败，重视民意，重视人才，具有浓重的民本思想。

《国语》记录了春秋时期的经济、财政、军事、兵法、外交、教育、法律、婚姻等各种内容，对研究先秦时期的历史非常重要。

从史学和文学成就看，《国语》也有较为明显的艺术特色：一、长于记言，语言上质朴；二、有虚构故事情节。例如，《晋语》所记骊姬深夜向晋献公哭诉进谗的事，早在秦汉之际就被人怀疑其真实性。《孔丛子·答问》记陈涉读《国语》至此处，问博士道："人之夫妇，夜处幽室之中，莫能知其私焉，虽黔首犹然，况国君乎？余以是知其不信，乃好事者为之词。"博士说宫廷之中有女性的内史旁听记录，为《国语》回护，唐柳宗元《非〈国语〉》一文批评："尝读《国语》，病其文胜而言庞，好诡以反伦。"并说《国语》"务富文采，不顾事实，而益之以诬怪，张之以阔诞"。《国语》善于虚构，故事生动，如越王勾践忍辱负重，蓄积力量，准备复国的故事等，极为生动传神。

《战国策》是一部国别体史书，又称《国策》。《战国策》是汇编而成的历史著作，按国别记述，计有东周一，西周一，秦五，齐六，楚四，赵四，魏四，韩三，燕三，宋、卫合为一，中山一。记事年代大致上接《春秋》，下迄秦统一，约有240年的历史。分为12策，33卷，共497篇，主要记述了战国时期的策士游说的政治主张和言行策略，也可说是游说之士的实战演习手册。本书亦展示了东周战国时代的历史特点和社会风貌，以及各国政治、外交的情状，是研究战国历史的重要典籍。

《战国策》是游说辞总集，记录了几乎所有纵横家谋士的言论和事迹，展示了这些人的精神风貌和思想才干，另外也记录了一些义勇志士的人生风采。

作者并非一人，成书并非一时，作者大多不知是谁。全书没有系统完整的体例，都是相互独立的单篇。西汉刘向编定为33篇，书名亦为刘向所拟定。宋时已有缺失，由曾巩作了订补。

《战国策》作为历史著作，有许多记载是不可信的。如《魏策》中著名的"唐雎劫秦王"，写唐雎在秦廷中挺剑胁逼秦王嬴政（即秦始皇），就是根本不可能发生的事情。

《战国策》的思想观念比较复杂，就其主流来说，与《左传》等史书也有截然不同之处，体现了纵横家的思想倾向。刘向"序"说："战国之时，君德浅薄，为之谋策者，不得不因势而为资，据时而为画。故其谋扶急持倾，为一切之权，虽不可以临教化，兵革救急之势也。"战国时代，是春秋以后更激烈的大兼并时代，不适用实际的仁义礼信之说已被抛弃，国与国之间，以势相争，以智谋相夺。那些活跃在政治舞台上的策士，也只是以自己的才智向合适的买主换取功名利禄，朝秦暮楚，以此为常。但同时也反映出了战国时期思想活跃、文化多元的历史特点，其进步的政治观体现了重视人才的政治思想。

《战国策》取得颇大艺术成就，其特色可总结为一智谋细，二虚实间，三文辞妙——善于述事明理，大量运用寓言、譬喻，语言生动，富于文采。

1973 年，在长沙马王堆三号汉墓出土了一批帛书，其中一部类似于今本《战国策》，整理后定名为《战国纵横家书》。该书共 27 篇，其中 11 篇内容和文字与今本《战国策》和《史记》大体相同。

历史著作分三种：记事、记人和记言。《春秋》记事，《国语》和《战国策》记言，《左传》三者俱全。

《左传》《国语》《战国策》是古代史传文学的名著，其中以《左传》的成就最高。

其他重要史著

记载内容与《史记》重叠，司马迁之前，可以互相印证和补充的有《竹书纪年》《世本》《逸周书》等书，《竹书纪年》是司马迁未见之书。司马迁之后有《越绝书》和《吴越春秋》。

《竹书纪年》是春秋时期晋国史官和战国时期魏国史官所作的一部编年体通史，亦称《汲冢纪年》，记录了从夏朝到魏襄王（一说应为魏哀王）之间的重要历史事件，对研究先秦史有很高的史料价值。

《竹书纪年》是中国古代唯一留存的未经秦火的编年通史，它的历史价值和社会价值皆在古代经史之上，早在汉代时就已经散佚。今日河南省的魏安釐王（一说应为魏襄王）的墓里埋藏了一部，于西晋咸宁五年（279 年）被盗墓者不准（fǒu biāo）所发现。

全书凡 13 篇，开篇是以君主纪年为纲目，起于黄帝，叙述夏、商、西周和春秋、战国的历史，按年编次，上下记载了 89 位帝王、1847 年的历史。周平王东迁后用晋国纪年，战国时期三家分晋后用魏国纪年，至"今王"二十年为止。《竹书纪年》多记晋国与魏国之事，一般将此书看成是魏国的史书。

《竹书纪年》记载和描述从夏朝到战国时期历代所发生的血腥政变和军事冲突。此书对史学界的震撼，不仅因其与《史记》的价值取向相异，更在于它所记录的史料所描述的内容不同。此书的出现，可以从另一角度审视《史记》内容，如"昔尧德衰，为舜所囚也"，"舜囚尧于平阳，取之帝位"。就跟《史记》等正史所载的有德之君舜的形象大为不同。"夏启杀伯益"、"太甲杀伊尹"、"文丁杀季历"、"共伯和干王位"，与《史记》有极大差异。另如"（殷）祖乙胜即位，是为中宗"，与《史记·殷本纪》等以中宗为太戊不同，但与甲骨文"中宗祖乙"的称谓却完全相合，可见竹书纪年的史料价值甚高。

《竹书纪年》后又散佚，清嘉庆年间，朱右曾辑录《竹书纪年》的佚文，加以考证，编成《汲冢纪年存真》。王国维据此辑成《古本竹书纪年辑校》，又辑《今本竹书纪年疏证》。范祥雍进一步编成《古本竹书纪年辑校订补》。1981年，方诗铭综合清代朱、王、范三家著述，重加编次，广为搜集，细致考证，与王修龄等人辑录成《古竹书纪年辑证》，随书收录王国维的《今本竹书纪年疏证》，是现今较为完备的本子。

《竹书纪年》第1卷追记黄帝、颛顼、帝喾三帝之史事，有明确的在位年数，于是可以得出数据：黄帝元年，公元前2394年（丁卯年）；颛顼元年，公元前2294年（丁未年）；帝喾元年，公元前2216年（乙丑年）；帝挚元年，公元前2153年（戊辰年）；帝尧元年，公元前2145年（丙子年）；帝舜元年，公元前2042年（己未年）；夏禹元年，公元前1989年（壬子年）。

第2卷记帝尧、帝舜二帝之史事；自帝尧元年丙子即公元前2145年开始了干支纪年的信史时代，把中国有确切年代的历史由前841年上推了1305年。

第3、4卷记夏代即前1989—前1559年凡431年之史事，与《史记·夏本纪》略有不同。

第 5、6 卷记商代即前 1558—前 1051 年凡 508 年之史事，与《史记·殷本纪》略有不同，和殷墟甲骨卜辞所记世系基本相同。

第 7、8、9 卷记西周即前 1050—前 771 年凡 280 年之史事。自汉以来，考证"武王灭殷"的确切年代的有 43 家之多，唯独《竹书》一家所记最为真实可信，其他推算皆误。

第 10、11、12 卷记东周时期晋国、魏国即前 770—前 229 年凡 472 年之史事，终于今王即魏襄王 20 年、周隐王 16 年。对于这一时期的史事，战国史家皆认为《竹书》所记是真实的，因为《竹书》为他们解答了一些古籍解决不了的难题。

《逸周书》，先秦史籍，原名《周书》，晋代始称此名。相传乃孔子所删百篇之余，故不入六经。作者不详。此书经后代学者考定为先秦古籍，与《尚书》相类，是一部周时诰誓辞命的记言性史书。《隋书·经籍志》误题为《汲冢周书》（实际并非汲冢所出）。今本全书 10 卷，正文 70 篇，其中 11 篇有目无文，42 篇有晋五经博士孔晁注。各篇篇名均赘"解"字。又序一篇，各本或在卷端，或附卷尾。"序"与《尚书》"序"相类，分言各篇之所由作。正文基本上按所记事之时代早晚编次，历记周文王、周武王、周公、成王、康王、穆王、厉王及景王时事。内容庞杂，体例不一，性质各异，如前 3 篇皆以王者师的口吻，讲为政牧民之道；第 5 篇和第 11 篇讲救助灾荒的措施与制度；第 6—10 篇等均类兵家言；而自第 11 篇以下，各篇又多以"维（王）某祀（或某月）"的形式开头，记事或言；第 30—50 篇，主要记伐商前后事；第 51、52 篇是有关天文历法的文字，等等。其中不少事实，可以和《史记》《礼记》《周礼》等典籍中的记载相互印证。然此书文字多误脱，还间杂有后人窜补、更动之作。清人注本颇多，以朱右曾《周书集训校释》流传最广，另有王念孙《读逸周书杂志》、俞樾《周书平议》、刘师培《周书补正》和陈汉章《周书后案》，均可参考。

先秦典籍《左传》《国语》称引《周书》多次，《墨子》《战国策》也称引《周书》多次，与今《逸周书》同。而《左传》引今《逸周书》之文，或曰"周志"或曰"书"。

《世本》，又作世或世系。世是指世系，本则表示起源。《汉书·艺文志》："世本十五篇，古史官记黄帝以来迄春秋时诸侯大夫。"但可考的只有《帝系》、《王侯》（又称王侯世、王侯谱）、《卿大夫（世）》、《纪》、《世家》、《传》、《氏姓》、《居（篇）》、《作（篇）》和《谥法》这 10 篇。是一部由先秦时期史官修撰的，主要记载上古帝王、诸侯和卿大夫家族世系传承的史籍。

司马迁作《史记》时曾采用、删定《世本》。韦昭的《国语注》、杜预的《春秋经传集解》、司马贞的《史记索隐》、张守节的《史记正义》、林宝的《元和姓纂》和郑樵的《通志》都曾引用和参考书中内容。南朝时，《世本》已缺《谥法》一篇，到唐朝又有更多篇目散佚，直至南宋末年全部丢失。后世的学者们根据其他书籍所引内容进行辑补，清代共有 8 种不同辑本，商务印书馆曾于 1959 年将辑本集合而印成《世本八种》。

《世本》的作者不见于史，书中所记载的时代，在古人的记载中有三种说法：始于黄帝，不知止于何时；始于黄帝，止于春秋；楚汉之际好事者所作，录自古帝王公诸卿大夫之世，终于秦末。

司马迁之后，有两种史书，可以与《史记》的有关内容相印证和做补充。

《越绝书》又名《越绝记》，全书一共 15 卷，是记载古代地方史的杂史。

书名"越绝"，首篇《外传本事》说："越者，国之氏也。绝者，绝也，谓勾践时也。""贤者，所述不可断绝，故不为记明矣。"清代的俞樾对此作了解释，这是说《春秋》绝笔于获麟之绝，其意在记吴、越之事以续补《春秋》，而重点更在于越，故曰，"越绝"。

此书原为 25 篇，所谓"旧有内记八，外传十七"；北宋初亡佚了 5 篇，现今只剩 19 篇。其中首尾两篇是序跋，中间 17 篇有内经、内传和外传，体例杂乱。《外传本事》解释说："经者论其事，传者道其意，外者非一人所作，颇相覆载，或非其事，引类以托意说之者。"说明其材料来源是多方面的，而作者著书的意图，每篇都有其特定的目的，所谓"观乎太伯，能知圣贤之分"，"观乎九术，能知取人之真，转祸之福"，等等。

此书以春秋末年至战国初期吴越两国争霸的史实为主干，上溯夏禹，下迄两汉，旁及诸侯列国，对吴越地区的政治、经济、军事、天文、地理、历法、语言等多有所涉及，被誉为"地方志鼻祖"。其中有些记述，保存有吴、越地区东汉以前的许多史料，不见于现存其他典籍文献，而为此书所独详；有些记述，则可与其他典籍文献互为发明，彼此印证。现代不少学者，从不同角度、在不同程度上利用《越绝书》，来考察中国古代史、中国文学史、汉语语言学史、中国民族史、中国历史地理中的一些具体问题，并取得了不少重要成果。

《越绝书》特别注重伍子胥、子贡、范蠡、文种、计然（计倪）等人的外交军事活动；有的为《史记》所采用，如勾践行计倪、范蠡之术，其道在富米贵谷。这些史料可以和《左传》《国语》及《史记》互相印证，补充其不足。

另有《外传记宝剑》一篇，记述欧冶子、干将二人为越王铸了五口宝剑，又为楚王铸了三口宝剑，都锋利无比。后来考古发掘证明其真实性。还有篇中所谓"以石为兵"、"以玉为兵"、"以铜为兵"、"以铁为兵"的记载，大体上反映了今天考古学所说的的旧石器、新石器、铜器和铁器时代依次发展。

《吴越春秋》是一部以记述春秋时期吴、越两国史事为主的史学著作。著录于《隋书·经籍志》和《唐书·经籍志》，皆云东汉赵晔撰，12卷。然而今本只有10卷。

赵晔（？—约83），字长君，会稽山阴（今浙江绍兴）人，东汉史学家、文学家。赵晔少为县吏，奉命迎接督邮，他感到非常耻辱，就丢弃了迎接督邮的车马逃走了。他远赴犍为资中（今四川资阳），找到经师杜抚传习《韩诗》，得到其真传。他在资中20年，既不回家，也不去信，家里人都以为他死了，为他举行了葬礼。后来杜抚死了他才回家。州刺史要任命他为从事，被他拒绝了。后被州里举荐为"有道"（汉代举荐贤才的一个名目），终老于家中。

赵晔著有《吴越春秋》《韩诗谱》《诗细历神渊》《诗道微》等。后来蔡邕至会稽，读到《诗细历神渊》，大为感叹，以为远优于《论衡》。蔡邕回到京师洛阳，开始传授《诗细历神渊》，当时的学者都向他学习。赵晔的著述后来都已失传，今仅存《吴越春秋》一种。

《吴越春秋》是主要记述春秋末期吴越二国（包括部分楚国）之事的杂史。前五篇为吴事，起于吴太伯，迄于夫差；后5篇为越事，记越国自无余以至勾践，注重吴越争霸的史实。

该书钞撮古史，编年记事，以补《国语》《左传》《史记》不足之处，如吴兵破楚入郢之役、孙武为吴军之将等记载较详。但其史料价值却不如《越绝书》，一些传闻异说故事性强而真实性差，甚至以后人想象之词加于春秋末年吴、越之事。如记伍子胥的言论，有"胡马望北风而立，越燕向日而熙"这种春秋时不可能有的语言；又有越军伐吴，伍子胥显灵以阻越兵，后又托梦给范蠡和文种，示以进军之路。近于小说家言。人物的刻画，故事情节的描写，启示了后世的演义体，对后世的文学有一定影响。唐代俗讲中的《伍子胥变文》，宋元话本中的《吴越春秋连像评话》，明清以后的许多剧目，都是以此书为依据改编的。

但其史料价值和价值取向也颇受后人重视。如清朱彝尊《经义考·拟经》认为："若胥之忠，蠡之智，种之谋，包胥之论策，孙武之论兵，越女之论剑，陈音之论弩，勾践臣吴之别辞，伐吴之戒语，五大夫（计倪、扶同、向垣、苦城、曳庸）之自效，世亦何可少哉？"

第二节　史家泰斗的人生境遇

史家泰斗司马迁，出生名门，他的一生，与雄才大略的汉武帝波澜壮阔的治国生涯相始终。汉武帝刘彻（前156—前87），于公元前140—前87年在位。司马迁生于公元前145年，与汉武帝大致同时逝世。

幼少年："迁生龙门"，"耕牧河山之阳"，"年十岁则诵古文"

根据王国维《太史公行年考》的研究，司马迁出生于公元前145年，即西汉景帝中元五年丙申，属猴。这已成为当今学术界的定论。

司马迁降生于夏阳县高门里，今属陕西省韩城市嵬东乡东高门村。今在东高门村南洞门楼上，嵌着石刻"太史故里"四个大字。在东、西高门村之间，有清代立的司马迁祖茔双碑，此地原有司马迁祖茔墓冢。

司马迁《太史公自序》自称"迁生龙门"。但此文又说祖籍闾里在汉夏阳县华池、高门。《汉书·地理志》："龙门山在冯翊夏阳县北。"《后汉书·郡国志》："夏阳县北有龙门山。"《魏书·地形志》："夏阳县有龙门山。"唐《元和郡县志》和宋《太平寰宇记》都说："龙门山在县（韩城县）北五十里。"《山海经》《括地志》《三秦记》和《名山记》等都记载大禹治水时，此山因"禹凿龙门"而得名。《山海经》说禹门凿成后，有神龙来察看，故称龙门。乾隆

司马迁（清初金古良《无双谱》）

《韩城县志》卷一引《名山记》："河水至此山""两岸皆断山绝壁，相对如门，惟神龙可越，故曰龙门。"司马迁不说自己出生于高门故宅，而说"龙门"，表现了他对故乡雄伟山川的热爱和自豪。

《太史公自序》说："迁生龙门，耕牧河山之阳。"河山之阳，即河之北、山之南。此指韩原。韩原在大河（黄河）之西，泛指在北，与龙门山之南的"南"字南北相对，是为了字句典雅而作的变通。王国维说："固指山南河曲数十里间矣。"司马迁的故乡，地势高敞，山势雄浑，风光优美，土地肥沃。在父辈的安排下，司马迁少年时期一面苦读，一面躬耕陇亩，放牧牛羊，备尝艰辛。他目睹周围农民的困苦，深深体会《孟子》"故天将降大任于斯人也，必先苦其心志，劳其筋骨"的人生磨炼的重要。

司马迁自幼年开始接受严格的教育，刻苦读书。《汉书·艺文志》记载："古时八岁（古人指虚龄，下同）入小学"，汉代规定小儿学习，"教之六书，谓象形、象事、象意、象声、转注、假借，造字之本也。"背诵并能书写九千字以上，每一个字要能写出六体：古文、奇字、篆书、隶书、缪篆（篆刻印章）和虫书（草书），通知古今文字。

司马迁经过如此严苛的精英教育，10岁就可进入诵习古文和阅读古书的阶段，故而自豪地宣称"年十岁则诵古文"①。

自10岁到19岁，共10年，司马迁诵读古书，即《诗经》《尚书》《春秋》《左传》等经书和《论语》《孟子》《老子》《庄子》《管子》《墨子》《孙子》《韩非子》等诸子学说。十年寒窗，学成满腹经纶。

---

① 古文：指古文经籍，用先秦古文字书写的古书。汉代称当时通行的隶书为今文，凡用隶书抄录的经书就叫今文经；称春秋战国文字（篆文）为古文，凡用篆文抄录的经书就叫古文经。这里的"古文"，《索隐》以为是指《五帝德》和《帝系姓》。有人以为是指《尚书》。

青年：二十壮游，读万卷书和行万里路，得江山之助

司马迁年甫二十，即在父亲的安排下，游历天下：

> 二十而南游江、淮，上会稽，探禹穴，窥九疑，浮（行船，航行）于沅、湘；北涉汶、泗，讲业（研讨学问）齐、鲁之都，观孔子之遗风，乡射（古代的射礼）邹、峄；厄困鄱、薛、彭城，过梁、楚以归。于是迁仕为郎中，奉使西征巴、蜀以南，南略（巡行）邛、笮、昆明，还报命（复命）。

司马迁（清上官周《晚笑堂竹庄画传》）

司马迁青年壮游，共连续经历了两三年的时间。他深入祖国大地，亲历壮丽山河，亲炙四方民俗和生活，听闻和记录古代流传至今的历史传说和故事，搜集流散于民间的史料，即"网罗天下放失旧闻"，为后来撰写《史记》做好坚实的准备。

不仅如此，苏辙《上枢密韩太尉书》中说："以为文者，气之所形，然文不可以学而能，气可以养而致。孟子曰：'我善养吾浩然之气'，今观其文宽厚宏博，充乎天地之间，称其气之小大。太史公行天下，周览四海名山大川，与燕赵间豪俊交游，故其文疏荡，颇有奇气。"

苏辙将孟子的浩然之气，用"充乎天地之间"来形容；又将天地之气分解为四海名山大川和人间豪俊二者，前者得江山之气，亦即刘勰"得江山之助"，后者为得豪俊英杰之气，得精神之熏

陶。苏辙又点出"行"和"周览"、"交游",强调司马迁不仅有静养功夫,且赖"行"而得江山和豪俊之气而产生"奇气"。

第一次壮游,全部在南方,是一种深谋远虑的安排;接着才到中原各地。司马迁终身难忘早年的这次游历,在《史记》十余篇论赞中,他回忆和论及自己的游历经过和收获:

《五帝本纪赞》:余尝西至空桐,北过涿鹿,东渐(到达)于海,南浮江、淮矣,至长老皆各往往称黄帝、尧、舜之处,风教固殊焉。

《河渠书赞》:余南登庐山,观禹疏九江,遂至于会稽太湟,上姑苏,望五湖;东窥洛汭、大邳、迎河,行淮、泗、济、漯、洛渠;西瞻蜀之岷山及离碓;北自龙门至于朔方。

《魏世家赞》:吾适故大梁之墟(故城,废址)。

《孔子世家赞》:适鲁,观仲尼庙堂、车服、礼器,诸生以时(按时)习礼其家,余祗(敬)回留之不能去云。

《孟尝君列传赞》:吾尝过薛,其俗(风俗)闾里(乡里,民间)率多(大多)暴桀(凶暴)子弟,与邹、鲁殊。问其故,曰:"孟尝君招致天下任侠(打抱不平,负气仗义的人),奸人(乱法犯禁的人)入薛中盖六万余家矣。"世之传孟尝君好客自喜,名不虚矣。

《魏公子列传赞》:吾过大梁之墟(废墟),求问其所谓夷门。夷门者,城之东门也。天下诸公子亦有喜士者矣,然信陵君之接岩穴隐者(居在深山野谷的隐士,此泛指住在不被人注意的各个角落的隐士),不耻下交,有以(有道理)也。名冠诸侯,不虚耳。高祖每过之而令民奉祠不绝也。

《春申君列传赞》:吾适楚,观春申君故城,宫室盛矣哉!

《屈原贾生列传赞》:适长沙,观屈原所自沉渊,未尝不垂涕,想见其为人。

《淮阴侯列传赞》:吾如淮阴,淮阴人为余言,韩信虽为布衣时，其志与众异。其母死，贫无以葬，然乃行营（四处寻找、谋求）高敞地，令其旁可置万家。余视其母冢（坟墓），良然。

《樊郦滕灌列传赞》：吾适（到，往）丰沛，问其遗老，观故萧、曹、樊哙、滕公之家，及其素（平素，此指平素的为人），异哉所闻！

《龟策列传》：余至江南，观其行事，问其长老，云龟千岁乃游莲叶之上，著百茎共一根。

司马迁的游历，通过以上的分散介绍，可以连接成一幅完整的地图。

中年：接任太史令，两代史家的抱负和名山之业

元封元年（前110），汉武帝在泰山上筑坛祭天，司马迁之父司马谈未能参与，留在周南，为此心中愤懑，不久病故。司马迁适逢出使归来，在黄河、洛水之间见到了临终的父亲。司马谈握着司马迁的手哭着说："我们的先祖是周朝的太史。远在上古虞夏之世便显扬功名，职掌天文之事。后世衰落，今天会断绝在我手里吗？你继做太史，就会接续我们祖先的事业了。……如今汉朝兴起，海内统一，明主贤君忠臣死义之士，我作为太史都未能予以论评载录，断绝了天下的修史传统，对此我甚感惶恐，你可要记在心上啊！"司马迁低下头流着眼泪说："儿子虽然驽笨，但我会详述先人所整理的历史旧闻，不敢稍有缺漏。"

司马谈去世三年后司马迁任太史令，开始缀集历史书籍及国家收藏的档案文献，准备论述编次所得文献和材料，为撰写《史记》作准备。到了第七年，太史公遭逢李陵之祸。

晚年：李陵之祸，惨遭腐刑和发愤著书

汉武帝时代，是汉匈生死决战的艰难时世。第一阶段，卫青

和霍去病自公元前129年至公元前119年，十年中十战十胜。第二阶段，卫青和霍去病已经去世，汉武帝重用李广利，令他率军在西域攻打匈奴，大败。天汉二年（前99），骑都尉李陵击匈奴，北上至浚稽山被围，苦战力竭而降。接连的失败，使汉武帝的心情大坏，尤其是错用外戚、宠妃之兄李广利，更是令汉武帝恼恨，此时，天汉三年（前98），太史令司马迁还为李陵辩护，所以汉武帝大怒，给以严厉惩处。司马迁于48岁时，获李陵之祸——因言陵事，于次年得罪下狱，受宫刑。

司马迁在囚禁狱中时，身残志坚，想到"周文王（西伯）被拘禁羑里，推演了《周易》①；孔子遭遇陈蔡的困厄，作有《春秋》②；屈原被放逐，著有《离骚》③；左丘明双目失明，才编撰了《国语》，孙子的腿受了膑刑，却论述兵法④；吕不韦被贬徙蜀郡，世上才流传《吕览》⑤；韩非被囚禁在秦国，才写有《说难》《孤愤》⑥；《诗》三百篇，大都是圣人贤士抒发愤懑而作的。"于是终于下定决心记述自黄帝、陶唐以来直到武帝元鼎五年（元鼎五年，公元前112年，汉武帝至雍，捕获一头白麟）的历史。

他在《报任安书》一文中向任安表示："草创未就，会遭

司马迁像（明刻《历代帝贤像》）

---

① 详见《史记·周本纪》。
② 详见《史记·孔子世家》。
③ （详见《史记·屈原贾生列传》）。
④ 见《史记·孙子吴起列传》。
⑤ 吕不韦主持编著此书远在迁蜀以前，事见《史记·吕不韦列传》。
⑥ 《史记·老子韩非列传》谓在入秦以前。

文化中国·永恒的话题（第五辑）

此祸，惜其不成，是以就极刑而无愠色。仆诚已著此书，藏之名山，传之其人，通邑大都，则仆偿前辱之责，虽万被戮，岂有悔哉！然此可为智者道，难为俗人言也。"

司马迁为李陵辩护而遭祸，李陵是怎样的一个人？事件的经过如何？大致情况是：

李陵（？—前74），字少卿，他是李广长子当户的遗腹子，少年时即任侍中建章监。汉武帝认为他有李广的风度，派他带领八百骑兵，深入匈奴二千余里，过居延，观察地形，不见敌人的影子，才撤回。接着，拜骑都尉之职，率领五百勇士，在酒泉、张掖一带训练射箭，备战抗敌。

星汉灿烂 《史记》纵览新说

天汉二年（前99年），正好是他祖父李广逝世20年后，贰师将军李广利率三万骑兵出酒泉，在天山攻击右贤王。武帝召见李陵，想派他为贰师将军管理军队装备等后勤工作，李陵叩头请求说："我所带领屯边的战士，都是荆楚剑客奇才和勇士，力能扼虎，射箭则百发百中，我愿单独自成一军，到兰干山以南作战，分散单于的兵力，使单于无法全力对付贰师将军的军队。"皇帝说："将军不肯附属于别人啊！我发出去的军队多，没有骑兵和战马可以分配给你。"李陵回答："用不着，我愿以少击多，只带五千步兵冲入单于的大本营。"武帝嘉许李陵的勇气，同意他的请求，于是诏令强弩都尉路博德带兵在半路接应李陵军。可是路博德原是伏波将军，他也羞为李陵的后援，他上奏说："现在正当秋天，匈奴马肥，不可与他们接战，我愿李陵留待明年春天，我与他一起率领酒泉、张掖的五千士兵，东西并击，必可擒拿单于。"武帝看到奏书，非常恼火，他怀疑李陵不想出兵了，就教博德上书，找理由推托。武帝发怒，责问他们两人。在这样的情况下，李陵只能立即率领五千步兵出居延，北行三十日，到浚稽山安营扎寨，画好行军所过的山川地形，派部下中骑马的军官陈步乐回朝廷报告。陈步乐受召见时报告说，李陵善于将兵，得到士兵的死力报效，武帝很高兴，就任陈步乐为郎。

李陵在浚稽山与单于相逢，匈奴军约有三万骑兵围住李陵军。李陵军居于两山之间，首战即以少胜多，杀敌数千人。单于大惊，召集近处的兵力共达八万多骑兵，围攻李陵。李陵且战且退，南行数日，不断杀伤敌军。匈奴恶战不利，正要退兵，恰巧一个叫管敢的军候受到校尉的凌辱，逃往匈奴军内投降，详细告密说："李陵军并无后援，箭将射完，只有李陵将军麾下和成安侯的军校各八百人为先行部队，这两支部队以黄旗和白旗为标志，如果集中精锐的骑兵猛射他们，就可攻破了。"单于大喜，以优势兵力漫山遍野地急攻李陵。汉军不断杀敌，已经退到长城附近，李陵叹道："再有数十支箭，就足以脱险了。如今没有兵器作战，天亮就只有坐以被俘了！"他遣散剩余部队，让他们分散撤退，自己和韩延年带着壮士十余人抵挡敌军。数千匈奴骑兵追击他们，韩延年战死。李陵只好投降了。李陵军剩余的士兵终于脱险到达边塞的也还有四百余人之多。

可是汉武帝听说李陵投降，勃然大怒，群臣都看皇帝的脸色行事，大家墙倒众人推，纷纷投井下石，一致怪罪李陵。武帝要听太史令司马迁的意见，只有司马迁一人仗义执言："李陵极其孝顺父母，待人有信义，经常奋不顾身地急国家之急，他过去的所作所为有国士之风。如今做事一遇不幸，那些全躯保妻、子的臣子立即诋毁、怪罪他，这是非常令人痛心的！况且李陵提带的步兵不满五千，深入对方骑射重兵之地，扼制对方数万之师，打得敌方救死扶伤都无暇顾及，只好集中全部军民合力围攻。李陵军辗转千里，弓箭射完，无路可逃，士兵依旧赤身空拳地与手握利器的敌人作誓死战斗，能得人死力相拼，虽是千古名将，也及不上他。"

司马迁还分析李陵是暂时投降，以后会再找机会报效汉朝。

李陵在战斗中的英勇表现，《史记》未予记载，是班固《汉书》作以上详尽记载。从以上的战绩看，司马迁的赞誉和辩护是符合事实的。后人都同情司马迁，甚至认为司马迁为李陵仗义执言一事，最是豪侠。①

司马迁遭受腐刑后，大约于天汉四年49岁时出狱。出狱后，武帝任命他为中书令。他继续撰写《史记》，直到生命的终结之前，终于完成全书。

司马迁除了《史记》外，《汉书·艺文志》还记载他有赋8篇，今存《全汉文》辑录的《悲士不遇赋》一篇。另有《报任安书》，书信一封。

结局：神龙见首不见尾，太史公的人生结局之谜

司马迁何时完成《史记》，他何时逝世，他的晚年生活和结局，皆无人知，成为千古之谜。但是史家泰斗挂念的身后之事——伟作《史记》要"藏之名山，传之其人"，做到了。《史记》基本内容流传至今，《史记》成为中国文化的基本经典，阅读、欣赏、研究者众多，足可告慰太史公的在天之灵。

后裔：司马迁的女儿、女婿和外孙、重外孙

关于司马迁的夫人是谁，他们有几个子女，无明确记载。有的说他有司马临和司马观二子，后皆改冯姓。《汉书》卷六十六《杨敞传》记载司马迁有一女，其婿即杨敞："敞子忠，忠弟恽，恽母，司马迁女也。"此女有二子，杨忠和杨恽。

杨敞，华阴人。在大将军幕府任军司马，霍光爱厚之，逐渐升迁至大司农。元凤中，稻田使者燕仓获悉上官桀等谋反，他将此事报告杨敞。敞素谨畏事，不敢言，乃移病卧。他报告谏大夫杜延年，杜延年奏告昭帝。两人事后都因此封侯，杨敞身为九卿听到谋反的消息却不及时上奏，所以没有封侯。后升为御史大夫，代王欣为丞相，封安平侯。

第二年，昭帝驾崩。昌邑王受公卿大臣征召来京即位，淫乱

---

① 木心《文学回忆录》第357页。

无道，大将军霍光与车骑将军张安世密谋，打算废黜昌邑王重立皇帝。商议既定，让大司农田延年报知杨敞。"敞惊惧，不知所言，汗出洽背，徒唯唯而已。"

田延年起身到更衣室更换衣服，此时，杨敞夫人，也就是司马迁的女儿，急忙从东厢房出来对杨敞说："你不赶快答应，与大将军同心协力，犹豫不决，就会先遭诛杀。"

田延年从更衣室回来，杨敞、夫人与延年参语许诺，请奉大将军教令，遂共废昌邑王，立宣帝。宣帝即位月余，敞薨，谥曰敬侯。子忠嗣，以敞居位定策安宗庙，益封（增加食邑）三千五百户。

杨敞胆小庸碌，遇事畏缩。而其妻即司马迁之女有胆略，敢担当，危难时主动出手，指点丈夫，立下大功，杨敞得以享受高官厚禄。

他们的长子杨忠因父荫得到官爵，继承封户，但也碌碌无为，史书无可记载。而其弟杨恽，字子幼，以忠任为郎，补常侍骑。霍氏谋反时，恽先闻知，因侍中金安上以闻，召见言状。霍氏伏诛，恽等五人皆封，恽为平通侯，迁中郎将。杨恽似其母，有魄力，有智慧，所以关键时刻立功升职。

杨恽认真阅读外祖父留下的《史记》巨著，懂得这部著作的巨大价值，他及时上书汉宣帝，献出《史记》，公开发行，从此天下人才得以共享这部伟大的史著。

杨恽升任中郎将后，革除郎官弊政，荐举郎官中工作优异德才兼备者加官，有的升迁到郡守、九卿。郎官因此受到教化，无不激励自己勤于职守，令行禁止，朝中的郎官们同心协力。因此宣帝提拔杨恽为诸吏光禄勋，成为亲信大臣办理政事。

当初，杨恽继承父亲的钱财五百万，他封侯后，就把这笔钱财全部分给同宗族的人。他的继母也有几百万钱财，却无子息，死后都留给了杨恽，杨恽又全分给了继母的兄弟。杨恽两次共继承钱财一千多万，全都分给了别人。

杨恽在朝中做官，廉洁无私，郎官都称颂他公平。但杨恽常夸耀自己的德行和办事能力，又生性刻薄，喜欢披露别人的隐私，同事中有违逆自己的，必定想法加害他，仗恃自己有才能高傲凌人，因此在朝中得罪了许多人。他无视太仆戴长乐是宣帝在民间时的知交，是宣帝擢升的亲信大臣，与之失和。有人告发戴长乐言语不当，戴长乐怀疑是杨恽告发他，也反告他。杨恽平时的确也随便发表不当或不当公开发表的言论，甚至拿皇上开玩笑，颇有言论不妥的把柄。他终于被人告发而陷入罪案，宣帝不忍心判他死罪，下诏把杨恽、戴长乐都免为平民。

"恽既失爵位，家居治产业，起室宅，以财自娱"，其友人安定太守孙会宗写信劝他说：大臣免官退居以后，应该闭门思过，诚惶诚恐，做出让人哀怜的样子，不该经营产业，交结宾客，有受人称赞的名声。他写下了著名的回信《报孙会宗书》，颇有牢骚，也即不服。

杨恽哥哥杨忠之子安平侯杨谭任职典属国，他安慰杨恽说："西河郡太守建平人杜延年，以前因罪丢官，现在被征召为御史大夫。您罪轻，又立过功，还会被重新起用的。"杨恽说：

"有功有什么用？皇上不值得我为他尽力。"杨谭随即说："皇上的确是这样，盖司隶、韩冯翊都是为朝廷效忠尽力的官员，都因为小事被杀了。"这时正碰上日食天变，一个管车马的下等小吏名叫成，上书举告杨恽"骄奢不悔过，日食灾祸就是他招来的，杨恽平素与盖宽饶、韩延寿交好"。宣帝把这个奏章交给廷尉审讯查验，审讯中搜到杨恽写给孙会宗的信，宣帝看了深感憎恶。廷尉判杨恽大逆不道罪，处以腰斩。他的妻子儿女流放到酒泉郡。杨谭不劝杨恽悔过，反而与他互相应和，有怨恨言论，免去官职，贬为平民。宣帝召见并任命成做郎官，那些在位为官与杨恽交情深厚的人，如未央宫卫尉韦玄成、京兆尹张敞及孙会宗等人，都被免去了官职。

杨恽言论不慎，不能识透宦海险恶，终遭大祸，做了无谓的牺牲。

从此传可知，司马迁的第四代有女儿的孙子杨谭；杨恽的儿女受父连累，流放酒泉，但没有留下姓名。司马迁后裔——女儿和外孙杨恽，是难得的两个人才。

有人称司马迁的女儿为司马英，小名妹娟，并估计她在其父司马迁受宫刑的前 15 年出生，不知何据。清何焯《义门读书记》卷四提出，这位司马夫人大约早逝了，因此杨敞又续娶了一位夫人。这位夫人就是上面言及的杨恽的没有子息的继母。杨敞在拥立汉宣帝即位一个月后即去世，劝诫杨敞一事发生在其去世仅数月前，这位夫人只可能是《汉书》中杨恽的"无子"的后母，不可能是司马夫人。

而王国维在其名著《太史公行年考》中，在引录《汉书·杨敞传》拥立宣帝的密谋之后说："按恽为敞幼子，则《敞传》与延年参语之夫人，必公女也。废立之是非，姑置不论，以一女子而明决如此，洵不愧为公女也。"①

第三节　究天人之际：《史记》的历史哲学

两千年前的西汉，由地主阶级建立的中央集权的封建专制制度，是当时全世界最先进的制度。整个欧洲那时还处在奴隶制社会，甚至原始社会。汉代的文化、哲学，也是当时世界最为发达的。②

司马迁的历史哲学既继承了诸子百家尤其是儒家的精华，更以其师董仲舒的哲学为指导。

董仲舒哲学是西汉的时代精神的精华，是求善的政治哲学，因此独尊儒学。

---

① 周锡山编校《王国维集》第四册第 326 页，中国社会科学出版社 2008 年版。

② 周桂钿《董仲舒，今天来看董仲舒》，《光明日报》2015 年 05 月 18 日。

三策醇正不尚浮夸
邪臣当国卒老于家

董仲舒

董仲舒像（明刻《历代帝贤像》）

统一国家，必须有统一的意识形态，古今各国都如此，这是历史的必然。董仲舒强调要统一到儒学上，即六艺和孔子之术，即以此为最高指导。后人概括为"独尊儒术，罢黜百家"，但罢黜并非消灭，独尊不是独存。以孔子为代表的儒家，以仁义为宗旨，"己所不欲，勿施于人"，胸怀宽广，得到独尊的儒家又能够容忍道家和佛教的存在和发展，并努力吸收其精华，中国文化得以形成了儒道佛三家鼎立和互补的宏伟格局。

司马谈《论六家要旨》，尊黄老道家。《史记》接受汉武帝独尊儒术思想，于是《史记》将孔子列入《世家》，与诸侯并列；孔子的弟子有专门《仲尼弟子列传》，儒家宗师有《孟子荀卿列传》，汉代儒者也专列《儒林列传》，而其他思想家仅有《老子韩非列传》，是道家和法家的祖师的合传。

29

春秋战国时期，百家争鸣，形成各种学术发展、繁荣的大好局面。各种理论主张得以充分发表，各种理论所指导的发展道路也得到一定的实践。秦吞并六国，结束分裂割据局面，统一了天下，建立起中央集权的郡县制国家。无比强盛的秦王朝，不施仁义，以"法"治国，迅即灭亡，有力证明了孟子的说法：得民心者得天下。

说元之祖太清之尊
五千言言足辟乾坤

老子

老子像

大一统的历史观

汉朝自觉地以秦为戒，既继承了秦朝的郡县制，又提倡道德教化，纠正了秦朝强调以法治国的偏颇。董仲舒概括为"德教为主，刑罚为辅"。以此为指导，中国文明形成了儒家为体、道法为用，外儒内法，寓封建于郡县的新的天下秩序——在两千多年中，中国一直实行的制度，从而极大地丰富和扩展了华夏文明秩序。此后，中国文明秩序虽然因外族入侵甚而受到压制，更受到了佛教在精神层面的挑战，但儒家思想成功地吸纳了佛教思想，从而在精神层面形成儒释道互补，促使中国文明秩序进行第二次提升和扩张，使之扩展到整个东亚，不仅形成了多元帝国的格局，而且使天下体系发展为独特的东亚朝贡秩序。

司马迁《史记》以儒家和董仲舒哲学为指导，儒家和董仲舒政治哲学的核心是大一统论。董仲舒在《贤良对策》的最后说："《春秋》大一统者，天地之常经，古今之通谊也。今师异道，人异论，百家殊方，指意不同，是以上亡以持一统，法制数变，下不知所守。臣愚以为诸不在六艺之科，孔子之术者，皆绝其道，勿使并进。邪辟之说灭息，然后统纪可一，而法度可明，民知所从矣。"由于儒家是提倡大一统的，所以要独尊儒家。

大一统的理念，包括领土完整、政治统一和意识形态的统一。秦汉建立的中央集权制度，是当时世界上最先进的制度。《史记》记载和宣扬秦汉大一统的先进史实，歌颂推进大一统的汉武帝、司马相如等，弘扬和宣传了董仲舒的大一统历史观，此后的中国，国家的统一成为全民族的共识。

天人合一、天人感应、天道轮回与天命天意

中国历来尊奉天人合一的思想。王学泰先生归纳其产生的渊源：

中国远古时期即五帝到西周的"天"通指鬼神世界，"天"是

主宰整个世界的人格神，他是高踞天上的帝王（殷人称这个人格神为"帝"），也像人一样有好恶，而且这种好恶会支配其行为。因此人们就要通过祭祀，使他降福给下土，主持这些事的就是巫。巫是人神之中介，最早的巫就是部族的领袖，那时神权、王权是一体的。后来随着社会分工的细密和事神一套技艺越来越复杂，巫遂由一些专业人士担任，而王仍是众巫之首，因为一般的巫只有沟通神、人的能力，而真正受到上天眷顾的仍然是"王"。王之所以是"王"，并非由于众人拥戴，而是上天授命的结果。正如司马相如的《封禅文》中所说，自上古以来，所有"列辟"（历代诸王）都是"颢穹"（天）"历选"的结果（中国的"选"都是指自上而下的挑选），用现在的话说"天命"是"人王"合法性的来源。"人"亦非单个的人，而是指"人王"。天人之间所面临的问题都是关涉国家大事的。

"天人合一"是董仲舒正式提出的，他用天的自然属性比附人的生理功能，其目的是使至高无上的皇帝有所敬畏。①

董仲舒的核心观点是："屈民以伸君，屈君以伸天。"② 周桂钿认为，"屈民"之民，主要指的是诸侯国君。老百姓没有权力，无法与封建统治势力对抗。只有那些地方诸侯国君有实力与中央政权相对抗。董仲舒曾经亲见景帝时代的吴楚七国之乱，屈民而伸君，可能就是从这一事实中总结出来的教训。屈民而伸君，实际上是为了维护统一，反对分裂而提出的口号。③ 因此前一句强调天下统一，必须加强皇帝的权威和地位，不容割据或动乱；后一句强调君必须顺从民心，民为贵君为轻，否则天降灾难，惩罚君王，继承和发展了孟子的民贵君轻思想。

《孟子》说："民为贵，社稷次之，君为轻，是故得乎丘民而

---

① 王学泰《重新认识"天""人"关系》。

② 《春秋繁露·玉杯》。

③ 周桂钿《董仲舒天人感应论的真理性》，《河北学刊》2001 年第 3 期。

为天子。"最后一句强调，只有赢得民心，才可统一天下，成为天子。孟子提出"民贵君轻"，强调的是"得民心者得天下，失民心者失天下"。无论是赢得天下还是治理天下，必须重视民，必须重民、贵民、安民、恤民、爱民；强调民是社稷的根本。

"董仲舒所言'天志'是以安乐民众为内容的。君主顺从'天志'而治，就是要让民众能过上安居乐业的生活。"[①] 董仲舒在维护皇权的同时，又强调"'屈君以伸天'，包含了允许臣民起来进行汤武式的革命，并讨伐无道昏君的权力，也就包含了'民本'思想"[②]。李存山先生认为，秦以后，当儒家思想与秦汉制度相整合时，董仲舒提出"屈民而伸君，屈君而伸天"。此中虽有"三纲"之说，但也仍继承了先秦儒家的民本思想。董仲舒所谓"道"与"德"，同先秦儒家一样，都贯彻了"以民为本"的思想。从先秦到秦以后，儒家的民本思想一直延续。其间，董仲舒作为汉代的群儒之首，起了重要的传承作用。[③]

西汉开始提出天人合一，在先秦时期，则强调"天人之分"。如《郭店楚简·穷达以时》："有天有人，有人有分。察天人之分，而知所行矣。"认为弄清"天人之分"是士人立身行事的基础。荀子甚至认为："明于天人之分，则可谓至人矣。"[④]

西汉董仲舒、司马相如、司马迁等人则称"天人之际"，并认为"天人之际，合而为一"[⑤]。余英时在《论天人之际》中借用德国哲学家雅斯贝尔斯"轴心突破"的理论，考察了天、人思想（这也是古人思想意识的核心）从巫文化到诸子文化的演变，论述

---

① 吴怀祺主编、汪高鑫著《中国史学思想通史》秦汉卷第170页，黄山书社2002。

② 王永祥《董仲舒评传》第351页，南京大学出版社1995。

③ 李存山《董仲舒在中国思想文化史上的地位与影响》，《河北学刊》2010年第4期。

④ 《荀子·天论》。

⑤ 《春秋繁露·深察名号》。

了两者之"分"，最后归结于"合"。①

司马迁《报任少卿书》提出"天人之际"，是因为司马迁一生的最大困扰是历史宿命与个人修为的矛盾，是人事与天意（宿命、天命）的挣扎。只能"尽人事"而"听天命"；"谋事在人，成事在天"。

《史记·秦楚之际月表》赞誉汉高祖并无学问根基，却能赤手空拳起家，短短数年，平定天下："岂非天哉，岂非天哉！非大圣孰能当此受命而帝者乎？"

董仲舒创立"天人感应"说，显示了儒家的一个重要政治原则：地震、旱涝、瘟疫，还有日蚀等，是天对君王的言行不满造成的灾害。

汉武帝《举贤良策问》说："善言天者必有征于人，善言古者必有验于今。"

司马迁信奉这个政治原则，例如《史记·天官书》说："秦始皇时，十五年彗星四见，久者八十日，长或竟天。其后秦遂以兵灭六王，并中国，外攘四夷，死人如乱麻，因以张楚并起，三十年之间兵相骈藉，不可胜数。"天象预示了人事。

汉武帝时经学大师公孙弘认为当时的诏书律令，都能"明天人分际，通古今之义"，《史记·儒林列传》对此进行了肯定。

古近代中西都重视"天意"，认为推动历史发展的力量有天意、命运和人的性格。

英国学者 E. M. W. 蒂利亚德说："对伊丽莎白时代的人来说，推动历史发展的力量有天意、命运和人的性格。"②"莎士比亚和其他历史剧的作者均把历史的发展和变迁看成是天意，马洛显然没有接受基督教的这一观点。……在马洛的笔下，朝代的更迭和君

① 王学泰《读余英时：轴心突破之后如何应对世俗社会》，《新京报》2014 年 9 月 28 日。

② 《伊丽莎白时代的世界图像》第 52 页，转引自王佐良、何其莘《英国文艺复兴时期文学史》第 166 页，外语教学与研究出版社 1996。

主的沉浮取决于人的性格和机遇这两大要素，而不是什么超人的力量。"① 除了个别人如马洛，莎士比亚和众多历史剧作者都"把历史的发展和变迁看成是天意"。

中国古代将天意归结为天道。老子说："天道无亲，常与善人。""天地不仁，以万物为刍狗。"② 孔子说："获罪于天，无所祷也。"③ "天何言哉？四时行焉，百物生焉。天何言哉！"④

同时，孔子和孔门都是相信命运的，其"死生有命，富贵在天"⑤ 成为千古名言。

钱钟书指出，司马迁不信天道，但信天命。司马迁在《伯夷列传》中质问"天道无亲，常与善人"："若伯夷、叔齐，可谓善人者非耶？积仁洁行如此而饿死！且七十子之徒，仲尼独荐颜渊为好学。然回也屡空，糟糠不厌"，而那些丧尽天良、干尽坏事的人，生前作威作福、骄奢淫逸，死而寿终正寝。

钱钟书指出，《庄子·骈拇》以"伯夷死名"与"盗跖死利"相提并论，《楚辞·天问》谓"天命反侧，何罚何佑？"，马迁兼之。

接着他说："按此篇记夷、齐行事甚少，感慨议论居其泰半，反论赞之宾，为传记之主。马迁牢愁孤愤，如喉鲠之快于一吐，有欲罢而不能者；纪传之体，自彼作古，本无所谓破例也。"《伯夷列传》记载伯夷和叔齐的事迹很少，而感慨议论占了全篇的大半，这是司马迁骨鲠在喉，一吐为快，欲罢而不能。这篇记传不像记传文章，但记传的体裁本是司马迁创立的，所以他这样写，不算"破例"。后来陶渊明也理解司马迁的用意，所以陶潜《饮酒》诗之二曰："积善云有报，夷叔在西山，善恶苟不应，何事立

---

① 王佐良、何其莘《英国文艺复兴时期文学史》第191—192页。

② 《老子》第五章。

③ 《论语·八佾》。

④ 《论语·阳货》。

⑤ 《论语·颜渊》。

空言?"正此传命意。

钱钟书认为:

> 马迁唯不信"天道"(divine justice),故好言"天命"(blind fate);盖信有天命,即疑无天道,曰天命不可知者,乃谓天道无知尔。天道而有知,则报施不爽,人世之成亏荣悴,应各如其分,咸得所当,无复不平则鸣或饮恨吞声矣。顾事乃大谬不然,理遂大惑不解。①

司马迁不信"天道",因为如果真有"天道","天道"有知,即有知觉的话,就应该清楚明白地给以报应,人世间的成功和损失、兴旺(茂盛)或衰败(憔悴),就应该恰如其分,而无"不平则鸣"或"饮恨吞声"这样的冤屈。但是事实是大谬不然,于是这种不符合道理的情况,就令人"大惑不解",真正令人想不通了。

人世间种种不平之事,"又比比皆是焉","非理所喻,于心不怿,若勿委诸天命,何以稍解肠结而聊平胸魁(kuǐ,积在胸中的不平之气)哉?"这种到处都发生的不公平的事情,不是道理可以解释的,对此心里很不快活,如果不解释成"天命",如何能"解肠结"(解开心里的郁结、郁闷)而"平胸魁"(散发胸中的不平之气)?

钱钟书列举《史记》多篇传记中的感慨,说:

> 孔子因公伯寮之惑而曰"命何"②,孟子因臧氏子之沮而曰"天也"③,与《史记·项羽本纪》羽之言"天亡我",《伍

35

---

① 《管锥编》第一册第306—307页。
② 《论语·宪问》。
③ 《孟子·梁惠王》。

孔子像（明刻《历代帝贤像》）

左侧图中文字：状桓天之师范圣王 六经宗祖为世纲常

子胥列传》申包胥之言"天定亦能破人"，《外戚世家》之言"无如命何"，皆没奈何而诿诸莫须有尔。《李将军列传》之言"数奇"，《卫将军、骠骑列传》之言"天幸"，自王维《老将行》撮合俪属，已成熟语。《魏世家》："说者皆曰：'魏以不用信陵君，故国削弱至于亡。'余以为不然；天方令秦平海内，其业未成，魏虽得阿衡之佐，何益乎？"《田敬仲完世家》："故周太史之卦田敬仲完，占至十世之后。及完奔齐，懿仲卜之，亦云。田乞及常所以比犯二君，专齐国之政，非必事势之渐然也，盖如遵厌兆祥云"。二节尤质直道之，不纤婉其词。《论衡》之《逢遇》、《累害》、《命禄》、《幸偶》、《命义》诸篇所长言永叹者，勿外乎此。《游侠列传》再以夷跖相较："伯夷丑周，饿死首阳山，而文、武不以其故贬王；跖、蹻暴戾，其徒诵义无穷"，"鄙人之言所谓：'何知仁义，已飨其利为有德。"是匪仅天道莫凭，人间物论亦复无准矣。然马迁既不信天道，而复持阴德报应之说①，既视天梦梦，而又复以为冥冥之中尚有纲维主张在；圆枘方凿，自语相违。盖析理固疑天道之为无，而慰情宁信阴骘之可有，东食西宿，取熊兼鱼，殆人心两歧之常欤②。

上面所引《田敬仲完世家》最后的太史公的话，其前面说："盖孔子晚而喜《易》。《易》之为术，幽明远矣，非通人达才孰能注意焉！"

司马迁不信天道，相信天命，所以非常相信占卜预测。

---

① 见前论《陈相国世家》。

② 《管锥编》第一册第306—308页。

文化中国·永恒的话题（第五辑）

36

总之，天命、天意之"天"，是宇宙间各种力量的总和，这种力量，人不仅无法控制，也无力改变，即使努力修德也是枉然。

帝王和人之婚姻天命观

司马迁认为不仅国家大事、大人物的大事业有天命的关照，而且婚姻也有天命的制约。他在《史记·外戚世家》中对事业和婚姻议论道：

> 自古受命帝王及继体守文之君，非独内德茂也，盖亦有外戚之助焉。
>
> 夏之兴也以涂山，而桀之放（放逐）也以末喜。殷之兴也以有娀（sōng），纣之杀也嬖（bì，宠爱）妲（dá）己。周之兴也以姜原（或作"嫄"）及大（同"太"）任，而幽王之禽（同"擒"）也淫于褒姒。

这里列举了夏商周三代开国和末代君主的婚姻，其史实是：

夏朝，传说禹娶涂山氏之女炎妻，生启，启建立夏朝。涂山，古国（部落）名。这里指涂山氏女。

夏桀（夏朝末代君主）暴虐，宠爱末喜，商汤灭夏，桀被流放于南方。

商朝，神话传说：简狄吞燕卵有孕，生契，为商的始祖。娀，远古氏族名。这里指有娀氏之女简狄。

商纣王（商朝末代君主）宠爱妲己，荒淫暴虐，周武王伐纣，商军倒戈，纣自焚于鹿台。

姜原（嫄），周始祖后稷之母。大任：周文王之母。

西周幽王（西周末代君主）宠爱褒姒，荒淫昏乱，申侯联合犬戎攻周，幽王逃至骊山被杀，褒姒被俘。西周亡。

司马迁认为，夏、商、周三代之兴在于后妃，三代之亡也在于后妃；婚姻是人道之大伦，所以必须谨慎；婚姻的后果如何是命里注定的。

　　把三代兴的原因归之于女人，是很有道理的，因为母亲的遗传因子、品德、性格、智慧和情商，对子女非常有影响，其子当上开国君主，其品德、性格、智慧和情商，与母亲的遗传因子很有关系。

　　但是说三代之亡，与末喜、妲己和褒姒有关，司马迁的意思实际是，这些女子的极度美貌和妖媚，使君王痴迷，这就影响了他们的从政。这些君王为了讨好美女，或者与她们一起沉溺在骄奢淫逸和日夜荒嬉之中，荒淫误国，走向灭亡。这里也有一定程度对美人的谴责，但更倾向于表达君王如果在命运中没有机会得到这样的尤物，身边没有令他痴迷的美人，他也不会堕落到这样的程度。这段言论告诫当朝天子不要重蹈历史的覆辙。

　　可是后世产生了"女祸"论，将亡国的罪责都怪在美女身上，认为是她们的美色迷惑了君王，"自此君王不早朝"，耽误了政事，祸国殃民而走向灭亡。"女祸"论认为夏、商亡国的原因是桀与纣被女色迷恋，以致"蔽"于情欲，终至于惑心乱行，丧志失德；而褒姒，则天命褒姒亡周。女祸论只讲美女的害处，还不承认女子也可兴国，对女子的贡献视而不见。

　　　　故《易》基《乾》《坤》，《诗》始《关雎》，《书》（《书经》，又称《尚书》）美釐降（下嫁），《春秋》讥不亲迎。

　　《易经》共有六十四卦，《乾》《坤》是头两卦。乾为阳，坤为阴，乾坤象征天地，又象征君臣、父母、夫妻等。所以《乾》《坤》两卦是《易经》诸卦的基础。而夫妇是家庭、社会的基础。

　　《关雎》是《诗经》的第一篇诗。《毛诗序》认为，这首诗是赞美后妃之德的。这里说尧听说舜有贤德，就把两个女儿下嫁给他为妻。

　　《春秋》讥不亲迎：按照古代婚礼规定，不论贵族平民，在迎亲时夫婿都应亲自到女家迎娶新娘，以表郑重。鲁隐公二年（前721），国大夫裂繻到鲁国为其国君迎娶鲁隐公之女。《春秋》的记载是"纪裂繻来逆（迎接）女"。《公羊传》认为《春秋》这样记载是"讥始不亲迎也"。

> 夫妇之际，人道之大伦也。礼之用，唯婚姻为兢兢（小心谨慎的样子）。夫乐调（和谐）而四时和，阴阳之变，万物之统也。可不慎与？

古人认为人道（社会的伦理等级关系）中，婚姻最重要，是最大的人际关系。

古人认为音乐与自然和社会现象有密切的关系，所以这里说"乐调而四时和"。因此又将婚姻的美满比喻为"琴瑟和谐"。

> 人能弘（扩大）道（《论语·卫灵公》语），无如命何。甚哉，妃（通"配"）匹（配偶）之爱，君不能得之于臣，父不能得之于子，况卑乎！即欢合（夫妇的欢爱）矣，或不能成（繁育）子姓（子孙）；能成子姓矣，或不能要（求，取）终（结局，归宿）：岂非命也哉？孔子罕称命，盖难言之也。非通幽明（阴阳），恶能（哪里，怎么）识乎性命哉（人的性和天命）？

司马迁说："秦以前尚略矣，其详靡得而记焉。"所以《史记》只有西汉至武帝为止的《外戚列传》，此前没有专门的记载。

《外戚列传》记载了高祖、惠帝、文帝、景帝和武帝的后妃。惠帝因其母吕后的硬加干涉，没有后世朝廷承认的皇后；其他的几位皇后都是出身微贱，而她们能当上皇后又都有一段不寻常的经历，有的是阴差阳错，有的则事出偶然，有的更是因祸得福。

一个微贱女子，甚至没有美色，却因命运的拨弄而变成了皇

汉景帝（明刻《历代帝贤像》）

后这样天下最尊贵的妇人，实在令人不可思议。司马迁则用了一个"命"字来作答案，并且还记载了一些异梦、占卜等，加强其命运色彩。同时，用一个"命"字贯穿全篇，使文章骨节通灵，显出了写作章法的高妙。

褚少孙在篇末补写了一些，并评论说："浴不必江海，要之去垢；马不必骐骥，要之善走；士不必贤世，要之知道；女不必贵种，要之贞好。《传》曰：'女无美恶，入室见妒；士无贤不肖，入朝见嫉。'美女者，恶女之仇。岂不然哉！"

又引用谚曰："美女入室（进屋，嫁进门），恶女之仇。"再次强调，美女受到丑女、恶女、相貌一般的女子、虽也是美女但不及她美的女子、其他未得宠的美女的仇恨，是所有女子的仇人，是妃嫔群中的众矢之的。

那么《外戚列传》中这几位出身低贱、毫无背景的女子，能够入宫，入宫后在这么险恶的环境中，能够青云直上，绝非易事，没有命运的保佑，是不可思议的。

因此，钱钟书指出《史记》记叙西汉四帝的婚姻有命，并因此推衍历史人物的婚姻有命，更指出即使一般人，也是婚姻有命。

《管锥编》第一册《一五　外戚世家》首先引《史记》说：

> 《史记·外戚世家》："人能弘道，无如命何。甚哉妃匹之爱，君不能得之于臣，父不能得之于子，况卑下乎？既欢合矣，或不能成子姓；能成子姓矣，或不能要终：岂非命也哉？孔子罕称命，盖难言之也。非通幽明之变，恶能识乎性命哉？"

马迁言男女匹配，忽牵引幽明性命，疑若小题大做，张皇其词，如为辙鲋而激西江之水；故《滹南遗老集》卷一二讥之曰："夫一妇人之遇否，亦不足道矣！"不识此正迁之深于阅历、切于事情也。

钱钟书接着评论史公将男女婚事牵出去大谈阴阳性命，似乎小题大做，讲得绝端，难怪金朝著名学者、文学家王若虚在其名著《滹南遗老集》中给以讥评，不识这正是司马迁深于阅历，切合实际，才特作阐发的。接着钱先生作了阐发：

> 马迁因夫妇而泛及天命，殊非迂阔。前贤唯龚自珍为解人；《定庵文集》补编卷一《尊命》谓："《诗》屡称命，皆言妃匹之际、帷房之故。……汉司马迁引而申之，于其序外戚也，言命者四，言之皆累欷。"然龚氏谓佛法"因缘"、"宿生"之理，"诗人，司马迁惜乎皆未闻之"，则又一言以为不知。"因缘"、"宿生"不过巧立名目，善为譬释，苟穷根究柢，乃无奈何之饰词，不可晓之遁词，与"命"祇是唯阿之间尔。《宋书·顾觊之传》载顾愿《定命论》谓"天竺遗文，……无怨鄙说"；徐陵《孝穆集》卷三《在吏部尚书答诸求官人书》言"内典谓之为'业'，外书称之为'命'"；皆已知华梵"命"、"业"之名异而实同也。

41

钱先生认为司马迁将夫妇成双，扩大至"天命"，绝对不是迂阔之论。前贤只有龚自珍是真正懂得其深意的人。他的文集中《遵命》一文说《诗经》中多次谈及"命"，都是谈后妃、夫妇。引申到司马迁的《外戚列传》，谈到"命"的有四处，谈到时都感慨系之。钱先生接着说，龚自珍相信和深研佛学，他说的佛法中的"因缘"、"宿生"一套理论，司马迁可惜闻所未闻（**因为佛教是在东汉初年才开始传入中土**）。但是"因缘"、"宿生"不过巧立名目、善于论说而已，是"无奈"、"不可知"的另一种说法，实际就是"命"的意思。

博古通今、学贯中西，看透世事、博闻强记的文化昆仑钱钟书先生，旁征博引，论证司马迁"婚姻有命"的论说是普世真理，值得我们深长思之，感慨系之。要珍惜啊，爱情和婚姻，都来之不易！

《史记》"究天人之际"的历史哲学，还体现在记载春秋战国诸子百家哲学的历史实践（尤重兵家兵法与军事哲学）；体现在汉初高祖、吕后、文帝、景帝，都重黄老，以黄老治国与道法一体，取得天下大治的记载；还有张良和曹参式的道家精英群体的描写和记叙；更体现在自高祖到文帝，崇尚儒家仁义、以德治国与"德至盛"① 的气象和风范。本书在有关章节中结合具体人物和事件，再作梳理和评说，避免抽象、枯燥的叙说。

第四节　通古今之变：《史记》的内容与体例

《史记》是中国自三皇五帝至西汉武帝三千年的历史的记载和评论。

《史记》梳理和叙写了中国三千年的政治、军事、经济、社会、民族史。

尤其写出了从汉高祖到汉武帝，大汉辉煌与威武——汉高祖的最高军事指挥水平，文景之治，汉武帝文治武功的辉煌事业。

三千年的政治史

《史记》记载三皇五帝的战争与融合，尧舜禹的禅让，夏商周三代发展与更替史，春秋战国史（东周史和春秋战国时期的国别史），秦代史，西汉前期史。《史记》完整叙述了历代全部帝王和政权更迭的过程及其原因、后果等。

---

① 《史记·孝文本纪》。

例如春秋是个大变革的时代，政治动荡，仅《春秋》一书记载的约三百年历史中，就有"弑君三十六，亡国五十二"的频繁君权更替。《史记》以此为根据，完整而生动地记载了春秋各国的历史。

《史记》记载的夏商和西周前期的历史，在 20 世纪初期受到疑古派的否定。此时，在龙山文化发现后，又发现了安阳殷墟的甲骨文。王国维以两重证据法研究历史，即用地下的考古发现引证古代典籍的研究，将商代从只有零星记录的传说时代，论证为一个真实存在，并据此推断《史记》记载的夏朝的真实性。《史记》的权威性得到重新确定。

三千年的战争史

自三皇五帝到汉武帝的中国三千年历史，充满了战争。

《左传》共约 18 万字，记载春秋时代 242 年中的动乱和战争 550 余次。春秋之后的战国时代，无岁不战。孟子认为"春秋无义战"[1]。

《史记》记叙战争的历史更为广阔。《史记》记载黄帝时期部落战争至汉武帝兵征大宛，大小战争共 500 余次，涉及 82 个篇目，字数达到 10 余万，约占全书四分之一篇幅[2]。

期间最精彩的有春秋战国战争史、秦灭六国战争史、秦末农民战争史、楚汉战争史、西汉内战史、（汉高祖消灭异姓王、汉景帝和汉武帝消灭同姓王），汉匈战争史（上古至汉武帝时期），充分显示了中国统一的艰难历程。

秦高级军吏俑（将军俑）

---

① 《孟子》卷十四《尽心下》。

② 《史家绝唱：〈史记〉与中国文化》第 119 页—112 页；张大可《司马迁评传》第 322 页。

《史记》中的《律书》即《兵书》，众多史家如梁玉绳《史记志疑》、王元启《三书正伪》、赵翼《廿二史札记》皆作如是观。

司马迁给战争的定义和作用是《史记·律书序》所说的："兵者，圣人所以讨强暴，平乱世，夷险阻，救危殆。""行之有逆顺。"

司马迁认识到武备和军队的重要性，《太史公自序》："非兵不强，非德不昌，黄帝、汤、武以兴，桀、纣、二世以崩，可不慎欤？"班固说："凡兵，所以存亡继绝，救乱除害也。"[①]

三千年的英雄史及其兼顾的社会、经济、民族史

《史记》记载三千年中的优秀人物，是著名人物的传记汇编，是三千年的英雄史。

其中有夏商周的全部君王，秦、晋、齐、楚各诸侯国的全部国君，重要的将相人物。

《史记》兼顾社会、经济、民族史，将有关的杰出人物作分类记叙和赞誉。

如《货殖列传》是简要的经济史，其中着力描写了陶朱公、卓王孙等杰出商界人物。

《史记》中的滑稽、游侠、日者和扁鹊等列传，表现了社会多方面的杰出人物和事件，汇成古代社会的生动画面。

中国古代各少数民族的历史：匈奴、西域（**大宛、乌孙、月氏等 36 国**）诸族、当时属于中国的朝鲜和越南。《史记》记载了少数民族中的杰出和重要人物，歌颂统一国家的民族英雄和杰出人物。

《史记》的体例结构

《史记》130 篇，分 5 个部分，称为五体（体裁）：本纪、表、

---

① 《汉书》卷二十三《刑法志》。

书、世家、列传。

这五个部分的篇数是十二本纪，十表，八书，三十世家，七十列传。

本纪是皇帝级别的人，世家是诸侯级别的人，列传是大臣级别的人或者其他有特色的人。表是世系，书是典章制度。

本纪是按年代次序编写的帝王简史或系统的编年大事记。本纪排在全书的最前头，记载和梳理天下时势的变迁，是全书的纲。

本纪是"王迹之兴"的记载，十二本纪自黄帝至汉武帝，以历史年代发展顺序，即采用编年的形式记事，依次记叙了他们的言行政迹，同时也记载了各个时代政治、经济、军事、文化、外交等方面的重大事件。

十二本纪分为3组：

第一组，《五帝本纪》1篇，主要取材于《世本》《大戴礼记·五帝德》和《尚书》等，记载中华民族五千年悠久历史的开端——远古传说中相继为帝的五个部落首领——黄帝、颛顼（zhuān xū）、帝喾（kù）、尧、舜的事迹，同时也记录了当时部落之间频繁的战争，尤其如黄帝与蚩尤的涿鹿之战、与炎帝的阪泉之战；部落联盟首领实行禅让的过程；远古初民战猛兽、治洪水、开良田、种嘉谷、观测天文、推算历法、谱制音乐舞蹈等多方面的情况。

黄帝和炎帝两个部落联合、战争，最后融为一体，在黄河流域定居繁衍，从而构成了华夏族的主干，创造了我国远古时代的灿烂文化。同时也埋下了伏笔，其中黄帝"北逐荤粥（xūn yù，部族名，即匈奴）"的记载，指出炎帝部落的一部分即匈奴，被黄帝驱逐到北方；《史记·匈奴列传》记载："唐（陶唐氏，即尧）虞（虞舜）以上，有山戎、猃狁、荤粥，居于北蛮。"后又有夏桀之子在夏朝灭亡后带领一些人北逃融入荤粥，匈奴也有了黄帝的子孙。

第二组，《夏本纪》《殷本纪》《周本纪》《秦本纪》4篇，是夏商周三代（周代包括春秋战国）和秦国的历史。

第三组为帝王本纪，又可分为两部分：

《秦始皇本纪》《项羽本纪》，既是秦始皇和楚霸王项羽个人的传记，也是秦朝和张楚的历史。

《高祖本纪》《吕太后本纪》《孝文本纪》《孝景本纪》《孝武本纪》西汉五君的传记，同时也涵盖了西汉前期历史的大局。

十二本纪中，秦占有两篇，既有《秦本纪》，又有《秦始皇本纪》。有些权威的评论家却不理解，批评司马迁"自乱其例"。如刘知几根据"以天子为本纪，诸侯为世家"的标准，批评《周本纪》记文王以前和《秦本纪》设立不当。司马贞的《史记索隐》也有类似指摘："秦虽嬴政之祖，本西戎附庸之君，岂以诸侯之邦，而与五帝三王同称'本纪'，斯必不可。可降为《秦世家》。"陈其泰认为，刘知几、司马贞等拘于"本纪"只能用于天子、表示至尊这一"史例"，要求削足适履，让内容去迁就形式。司马迁创立"本纪"，固然用以代表帝王处于封建政治等级结构的顶端，而更重要的是，"本纪"在全书中起到史事总纲的作用。他在《太

46

秦始皇

史公自序》中论《秦本纪》撰述义旨时说："维秦之先，伯翳佐禹；穆公思义，悼豪之旅；以人为殉，诗歌《黄鸟》；昭襄业帝。作《秦本纪》。"这就点明昭襄王时秦之帝业已成，这是作《秦本纪》的原因所在。《秦本纪》又一撰著意图，是以秦逐步奠定统一中国的雄厚基础为主线，这正预示着中国历史由各国并立向实现统一方向发展的客观趋势。总之，在《秦始皇本纪》之前设《秦本纪》，是司马迁基于认识历史进程复杂性和确切把握历

史发展走向而独具匠心的安排，是根据表达实质性内容的需要而对体例的有意突破，绝非"自乱体例"。在十二本纪中，秦占了两篇，唯有这样做，才与秦在中国历史上的重要地位相称。分析这些问题，对于我们认识通史著作中如何体现"通古今之变"，对于认识《史记》是卓越史识和完善体例的有机统一体，以及了解历史思想与编纂体例的辩证关系，都是极有意义的①。

世家之后是十表，《太史公自序》说："并时异世，年差不明，作十表。"南宋郑樵《通志》"总叙"说："《史记》一书，功在十表。"

司马迁以清晰严谨的表格形式，将《史记》所涉及的几乎全部历史时间中出现的重要人物，与所发生的重要事件，都简要系统地反映在了纵横相关的文字之中。

《史记》十表，详近略远，分世表、年表和月表三种。

十表大致依照原书排列之次，分为两大部、三大类：第一部分是汉代建立以前漫长的中国史的简述，以《三代世表》《十二诸侯年表》《六国年表》和《秦楚之际月表》四表统括。其中表的类别，由远古用粗阔的世代表，进而为比较精致的年岁表，时间最近的是颇为严密的月份表，三类相联，时间跨度愈短，则谱叙愈详。第二部分是汉代立国之后的贵族政治史的综览，包括《汉兴以来诸侯王年表》等六表。所谱皆诸侯王与将相功臣的出处大概，方式均为年表，而各表断限明晰，其中不时还隐含寓意，故颇引人入胜。

司马迁制表的形式来源，东汉桓谭《新论》说："太史《三代世表》，旁行邪上，并效周谱"②。"周谱"当指周代的谱牒，现已无从看到。汉人所谓的谱，是历法与谱牒结合的"历谱"，历法关

---

① 陈其泰，《中国史学优于西方史学历史编纂是最具特色之所在》，中国社会科学网，2015年03月31日。

② 《梁书》卷五十列传第四十四"文学下"刘杳传引。

乎天文，谱牒谱系人事，二者原不相关，《史记》十表则予以综合运用。司马迁《十二诸侯年表》"太史公曰"感叹："历人取其年月，数家隆其神运，谱牒独记世谥，其辞略，欲一观诸要难。"司马迁作为太史令，上及天官，下兼历史，都是他的职掌范围。《史记》十表，当是司马迁综合"历""谱"而创制的一项成果，以表格的形式，按年月国别纵横谱系历史事件。

表格的详略，根据史料的详略，并结合内容的需要。例如《六国年表》虽以"六国"题名，实际谱系的，是秦、魏、韩、赵、楚、燕、齐这"战国七雄"的史迹；七雄之中，又尤详秦国。此因六国史书已几乎被秦烧光，只有《秦记》尚保存完整；更何况一部战国史，某种程度上其实可以说是秦的发迹史，则详表秦国史事，便于厘清线索，纲举目张。

《史记》共有"书"8篇。"礼乐损益，律历改易，兵权山川鬼神，天人之际，承敝通变，作八书。"书八篇为《礼书》《乐书》《律书》《历书》《天官书》《封禅书》《河渠书》《平准书》，统称"八书"。开创了典志体之先河。而且书中许多篇章记述史事也明显具备事件的起因、发展、高潮、结局等基本要素。

"书"记一事的制度及其变迁，前人多以为出自《尚书》，或以为源于《礼经》，其意则专指有一定系统的叙录。

本纪、表、书，本纪记人，表记时间，书记制度，三者综合，是全书的总纲。

世家和列传也都记人，世家记载"辅拂肱骨之臣"，列传为"扶义俶傥，不令己失时，立功名于天下"之人。

《世家》为《史记》五体之一。《太史公自序》说明他创立《世家》体例的目的："二十八宿环北辰，三十幅共一毂，运行无穷，辅拂股肱之臣配焉，忠信行道，以奉主上，作三十世家。"

《史记》中共有《世家》30篇，以编年和传记相结合的形式记载了自西周至西汉初各主要诸侯国的兴衰历史。因记载"王侯开国，子孙世袭"，即诸侯爵位封邑世代相传，故名《世家》。"公侯传国则为世家"①，"世家以纪侯国"②。

司马迁《史记》以维护国家统一、中央集权的统一为宗旨，将各诸侯国作为辅佐中央政权的地方政权或政治力量，以"忠信行道"为标准，来记载和评论各诸侯国。

三十世家中，有《吴太伯世家》《齐太公世家》《鲁周公世家》《燕召公世家》《管蔡世家》《陈杞世家》《卫康叔世家》

克商興周元功辅翼
傳世三十歷年八百
太公

齐国始祖姜太公（明刻《历代帝贤像》）

《宋微子世家》《晋世家》《楚世家》《越王勾践世家》《郑世家》《赵世家》《魏世家》《韩世家》《田敬仲完世家》16 篇，记载了吴、齐、鲁、燕召公、卫、宋、晋、楚、越、郑、赵、魏、韩，诸家诸侯的历史。

《世家》的叙事方法，大体与《本纪》相同，即以编年之体记载列国诸侯之事。刘知几《史通》："司马迁之记诸国也，其编次之体与《本纪》不殊。盖欲抑彼诸侯，异乎天子，故假以他称，名为《世家》。"梁启超说："其《世家》《列传》，既综雅记，亦采琐语，则《左传》《国语》之遗规也。"③

《世家》除了记载开国传家的诸侯，还有其他 5 组重要人物：

第一组，有 2 篇，表彰有重大历史贡献，因而历史地位特殊的人物：

《孔子世家》，儒家宗师孔子的传记。此是《史记》中唯一列

────────

① 《后汉书·班彪传》。
② 赵翼《廿二史札记》。
③ 《中国历史研究法》。

49

入世家的文化大家的传记，显示了独尊儒术的思想。

《陈涉世家》，陈涉身死国除而且无后，但曾号为陈王，"秦失其政、而陈涉发迹，诸侯作难，风起云蒸，卒亡秦族。天下之端，自涉发难"，有其"首发难"、开创反秦事业的巨大历史功绩，故而列入《世家》。

第二组，1篇：

《外戚世家》，是后妃合传，记载西汉汉高祖、文帝、景帝、武帝的后妃及其重要亲属；首创了帝王的后妃传记。

第三组：

《楚元王世家》《荆燕世家》《齐悼惠王世家》。

第四组，是西汉开国功臣，有：

《萧相国世家》《曹相国世家》《留侯世家》《陈丞相世家》《绛侯周勃世家》5篇。

第五组：

《梁孝王世家》《五宗世家》《三王世家》。

《世家》一体，《汉书》等取消，并入《列传》。欧阳修《新五代史》撰有《世家》10卷，《宋史》有《世家》6卷。《晋书》之《载记》、《辽史》之《外记》，虽改名目，其体例依然。

梁启超说："太史公首创纪传体，为史界不祧之祖"①。

在史书中专列"列传"一体以记古今人事，是司马迁的创举。"传"而又加称"列"，章学诚《文史通义》考释，是由于"排列诸人为首尾，所以标异编年之传也"②。历史从纵向说是事件的时间性推移，而作为事件主体的个人的趋向与作用是历史推移的动力，其中包含了历史人物处事处世的人生哲学和智慧经验。

《史记》的七十列传，在纵向时间上，上起三代，下讫汉世，形成通史的构架；在横的内在叙事性质方面，分为以人为纲与以

---

① 《中国历史研究法》。

② 《文史通义》内篇四"繁称"。

事为统两类，织成网络结构。

七十列传之中，汉朝人物的传记超过了三分之一，而他同时代的著名人物，诸如《魏其武安侯列传》《卫将军骠骑列传》等篇的主人公，还为司马迁所亲见，体现了贯古通今、重视当今的历史观。

七十列传的时代分布和人物性质为：

商周之际的传记 1 篇，《伯夷列传》；

春秋时期的传记 6 篇，《管晏列传》《老子韩非列传》中的老子传，《司马穰苴列传》《孙子吴起列传》《伍子胥列传》《仲尼弟子列传》。记载 8 人，还有孔门弟子多人。另有《扁鹊仓公列传》中的扁鹊。

战国时期的传记篇：

儒家宗师 1 篇，《孟子荀卿列传》，记载 2 人。另有《老子韩非列传》中的韩非传。

诗人和赋家 1 篇，《屈原贾生列传》，记载 2 人。

列国有《孟尝君列传》《平原君虞卿列传》《魏公子列传》《春申君列传》《范雎蔡泽列传》《乐毅列传》《廉颇蔺相如列传》《田单列传》《鲁仲连邹阳列传》《苏秦列传》10 篇，记载 14 人。

秦国有《商君列传》《张仪列传》《樗里子甘茂列传》《穰侯列传》《白起王翦列传》5 篇，记载 7 人。

秦朝有 3 篇，《吕不韦列传》《李斯列传》《蒙恬列传》《刺客列传》（谋杀秦始皇等），将相 3 人和刺客 5 人。

楚汉相争时期，《张耳陈馀列传》《魏豹彭越列传》《黥布列传》《淮阴侯列传》《韩信卢绾列传》《田儋列传》6 篇，记载 9 人。

西汉开国功臣《樊郦滕灌列传》《张丞相列传》《郦生陆贾列传》《傅靳蒯成列传》《刘敬叔孙通列传》《季布栾布列传》6 篇，13 人。

文景时期，《袁盎晁错列传》《张释之冯唐列传》《万石张叔

秦高级军吏俑彩色复原图

列传》《田叔列传》《扁鹊仓公列传》（扁鹊为春秋时代）《吴王濞列传》6篇，10人。

武帝时期，《魏其武安侯列传》《韩长孺列传》《李将军列传》《卫将军骠骑列传》《平津侯主父列传》《司马相如列传》《淮南衡山列传》《汲郑列传》8篇，10人。

特殊人物，《循吏列传》《儒林列传》《酷吏列传》《游侠列传》《佞幸列传》《滑稽列传》《日者列传》《龟策列传》《货殖列传》9篇。

周边民族，《匈奴列传》《南越列传》《东越列传》《朝鲜列传》《西南夷列传》《大宛列传》6篇。

序言1篇《太史公自序》。一般全书的序都是在完成以后写的，古代的序也都是放在最后面，到唐宋之后，序放到了书前。

《太史公自序》是《史记》七十列传也是全书的最后一篇。所谓"自序"，一是自道身世，二是撰述缘由，三是序说《史记》全书的梗概。也是《史记》一书的目录。[1]

司马迁的列传贯通古今，而其中的"今"，也包括他本人及其家族的历史。班固《汉书》的《司马迁传》大半，就是根据《太史公自序》略加删节而成的。

———————————

[1] （清）卢文弨《钟山札记》卷四《史汉目录》："夫《太史公自序》，即《史记》之目录也。"

古书早期的目录样式，置于全书最后，各篇目下有叙录。而篇目罗列之前，还有作者的绪言。现在《史记》书前的目录，是后人为方便阅读而制作的。

《史记》为丰富而庞大的内容，设计了立体交叉的网状结构：

《史记》篇目次第，赵翼认为随得随编，"皆无意义"。朱东润说："史迁作传，共分五组"——先秦以上，秦，楚汉，高惠文景，今上等五个单元。①

张文江认为"也可以把本纪、世家、列传（*所谓帝王的家谱*）看作人，表看作时，书看作空。《史记》描述时、空和人的关系，是一部整体性的通史"②。

因此《史记》记叙中国自开端到汉武三千年的历史，这是时间长度；在这个时段中，包含了天、地、人；记载了制度、思想、创作，以网状结构构成一个立体交叉、纵横交织、互相呼应的历史叙述文本。

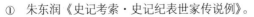

① 朱东润《史记考索·史记纪表世家传说例》。
② 张文江《〈史记·货殖列传〉讲记》。

第二章 成一家之言

——《史记》中的历史经验

《史记》的任务是"继《春秋》，述往事，思来者"。

"述往事"，以古为鉴，可知兴替；以人为鉴，可明得失。

"思来者"，是表达理想，探索国家、社会发展的正确道路。

这是《史记》"成一家之言"的内容。

"成一家之言"的写作方法，顾炎武总结为两条："太史公胸中固有天下大势"和"于序事中寓论断"。在叙述事实中暗寓或推出评论和结论。

司马迁的大一统的历史观，既是"成一家之言"中的内容，也是"究天人之际"的内容，所以本书在第一章第三节"究天人之际：《史记》的历史哲学"中已专作论述。

"究天人之际"，牵涉到宇宙本原、天意天命等等，也在第一章论述。

本章主要探讨司马迁总结的历史经验，其中饱含着政治哲学。政治哲学的主要议题是治与乱，仁政与暴政，王道与霸道，文明与野蛮，道义与功利，以及人才的培养、选拔、任用与监督诸问题。关注的主要是社会治理问题以及与之有关的民族、军事、经济和人才问题，是求善的政治哲学。

第一节　以良史之忧忧天下

司马迁对中国以往的历史和当今现实以及今后谋求发展的社会理想，都有着清醒的认识。

司马迁以良史之忧忧天下，有三个内容：维护天下统一，推行爱民政策，重视文化发展。

对于儒家推崇的大一统的历史观和天下观，司马迁非常拥护，在《史记》中，对推动中国大一统的事件，做了详尽记载，歌颂了为大一统做出贡献的杰出人物。

促进和维护天下统一的大局

《史记》对春秋、战国时期的记载，充分展示了华夏统一的漫长而曲折的过程；期间发生的杀戮、并吞和种种谋略，《史记》站在公正、客观的立场上，记录了多方势力和众多人士的卓绝努力。

但是司马迁清醒地认识到，天下统一是大势，促进和维护天下统一是大局。

因此，司马迁在《史记》中清晰表达，秦国统一全国，是顺应历史发展的壮举。秦国并吞六国，六国咒骂秦为虎狼之国，尤其是秦统一全国后，秦始皇的暴政，臭名昭著。可是《史记》赞赏秦始皇"皇帝登基即位，创立昌明法度，臣下端正谨慎"①。秦朝建立一系列统一天下的体制：建立郡县制，规划全国交通和统一文字、度量衡等等，司马迁都给予了肯定的

秦始皇像

---

① 《秦始皇本纪》。

评价。

在秦统一六国的过程中，促使秦国强大的诸君和穰侯、名相等，以及在消灭六国战争中立下盖世功勋的白起，都被郑重立传。

秦的负面，《史记》予以揭示，揭示的目的是希望后世避免，所以在《秦始皇本纪》的最后抄录贾谊的《过秦论》，探寻秦朝的统一及灭亡的原因。《过秦论》把秦朝灭亡的原因归结为"仁义不施，攻守之势异也"，这样的归结，是大体确切的。

《太史公自序》说："始皇既立，并兼六国；销锋（兵器）铸鐻（古代悬挂钟的架子两旁的柱子），维偃（停止，停息）干革（兵器，此指战争），尊号称帝，矜（夸耀）武任力；二世受运，子婴降虏。作《始皇本纪》第六。"前面赞扬秦始皇统一天下的功勋，中间谴责他只凭武力，不尚仁义从而造成二世败亡的结局。

孟姜女（民国连环画选页）

《太史公自序》评论项羽："秦失其道，豪桀并扰；项梁业之，子羽（即项羽）接之；杀庆救赵，诸侯立之；诛婴背怀，天下非之。作《项羽本纪》第七。"固然肯定项梁与项羽反秦起义的功绩，同时也谴责项羽杀降犯上，是背信弃义的劣迹。

更是谴责"子羽暴虐"，然后"汉行功德；愤发蜀汉，还定三秦；诛籍业帝，天下惟宁，改制易俗。作《高祖本纪》第八。

汉高祖刘邦领导的楚汉战争，《史记》给以不遗余力的详尽记载和极力歌颂，而其重大意义在于，对于天下百姓和各方势力，"子羽暴虐"和"汉行功德"的重大差别。《史记》反复盛赞汉初功臣的阵容强大故能战胜项羽之同时，更强调"形势虽彊（强），要之以仁义为本"①，"笃于仁义"②。并在这个基础上盛赞自高祖刘邦至文帝"四十有余载，德至盛也"。

爱民德治的仁义观

西楚霸王项籍

项羽（清初金古良《无双谱》）

因此对于秦始皇、楚霸王和汉高祖三巨头，《史记》以天下观和仁义观结合的帝王观，做了公正的记载、比较和评论。

其中贯穿司马迁史学思想的是心忧天下的历史观。心忧天下，一是主张天下统一，二是希望天下大治——推行德治，政治清明，制度先进，百姓安居乐业。

出于同样的立场，太史公评论吕后曰："孝惠皇帝、高后之时，黎民得离战国之苦，君臣俱欲休息乎无为，故惠帝垂拱（垂衣拱手，形容无所事事，不费力气，这里用作形容和颂扬无为而治），高后女主称制，政不出房户，天下晏然（安定的样子）。刑罚罕用，罪人是希。民务稼穑（种植和收获，泛指农业生产），衣食滋殖（滋长，增加）。"

当时要保持天下大治，必须"无为"。无为，是古代道家学派的一种哲学思想。汉初"黄老之学"直接承继、

汉高祖

如人善任秦降楚正 规模处远图祚灵长

汉高祖（明刻《历代帝贤像》）

---

① 《史记·汉兴以来诸侯王年表》。
② 《史记·高祖功臣侯者年表》。

发展了道家的"无为"思想，表现为汉初统治者崇尚无为而治，为政清简，使百姓得以休养生息，奠定了汉世之盛。吕太后虽然晚年沦落为野心家，妄图篡权，司马迁却给她做了以上的盖棺定论。这充分体现了司马迁忧国爱民的仁义观。忧国，他反对吕后篡权，赞成和歌颂西汉重臣和忠臣周勃、陈平、陆贾摧毁吕氏集团；爱民，他充分肯定吕后使百姓安居乐业的治国能力和业绩。

他又同时揭露、谴责吕后残害戚夫人和赵如意母子，同情惠帝的善良仁慈。

秦始皇、楚霸王和吕太后，都是凶残蛮狠的恶人，可是秦始皇促成天下统一，楚霸王打垮暴秦的主力，吕太后推进无为而治、发展农业生产、改善百姓的生活，《史记》公正地评价了他们的历史功绩。

同时，司马迁特作《刺客列传》和《游侠列传》，歌颂谋刺暴君的刺客和维护社会正义的游侠，更赞赏治病救人的良医扁鹊等人。

认识到文化发展乃立国之根本

为孔子、屈原和贾谊、司马相如立传，反映了司马迁的文化观。

《孔夫子画意》（民国连环画选页）

孔子还被列入世家，与列国和王侯并列；其他都入列传，和杰出将相并列，可见文人在司马迁心目中的地位。

《史记》记载了诸子百家在春秋战国的战乱时期艰难创立、发展和高度繁荣的历史步伐，正确弘扬儒道两家的光辉思想和法家的合理成分。

司马迁认识到，汉朝建立后，在和平环境中，及时有力发展文化的伟大意义。他认为汉朝的伟大文化建设成果，是汉朝成为盛世的不可或缺的坚实基础之一。《史记》记载的西汉前期文化事业有了长足的发展，给后世显示了极好的榜样。于是，《史记》记载的汉朝的文化建设，后世继续推进，取得了巨大成果：

> 汉代自武帝始，将文化建设视为治国之重，"今礼崩乐坏，朕甚闵焉"，"故延天下方闻之士，咸荐诸朝。其令礼官劝学，讲议洽闻，举遗兴礼，以为天下先。"（《汉书·武帝纪》）武帝时，常年备博士五十人。"为博士官置弟子五十人，复其身（免徭役）"，昭帝、宣帝、元帝、成帝延续这项制度，并扩而大之。五代帝王不懈推进文化建设，打下了扎实的文明国家的基础。昭帝增为100人，宣帝增为200人，元帝时扩为1000人，到成帝末年，增到3000人。遥想当年的长安城里，汇集着来自全国的3000《五经》研习专家，那时的政府，真的可称作重视文化工作。
>
> 汉代重视文化建设，重视《五经》的研究和学习，并不是停留在理论层面，也不搞"形象工程"，是以《五经》作为基础材料，建筑社会公共文明的大房子。古代人不讲"学雷锋"、"五讲四美三热爱"、"八荣八耻"这样的话，而是以《五经》为抓手，并且深入解剖《五经》，整理出看得见摸得着的东西，作为行为规范，用以指引人们的日常生活。中国

的"礼教"就是这么出台的。①

中国的"礼教",曾被加上"封建礼教"的恶名而遭到全盘否定。实际上这是以儒家思想为指导,以道德为核心的文化和社会公共文明建设的宏大工程。当初建成这个文明体系非常不易,而予以毁坏则祸害无穷。

"五四"以来批判"封建礼教"的恶果,是造成一代比一代更严重的道德滑坡的主要原因之一,其教训必须记取。而道德建设,不能用空洞说教,必须制定一系列明确的规范和制度,自觉和强制相结合地执行。

本章的以下各节,分别叙述司马迁心忧的天下大治,以及与天下大治有密切关联的民族融合、军事谋略与经济思想、人才选拔与人才自律诸多重大问题。对此,司马迁都有精彩的记载和高明的见解。

不仅如此,司马迁的高明见解,取得的历史性领先成果,至今仍有指导作用和现实意义。

例如,《货殖列传》所反映的经济思想,其中"天下熙熙,皆为利来;天下攘攘,皆为利往"和"夫用贫求富,农不如工,工不如商;刺绣文不如倚市门",这样赤裸裸的观点,揭示千古真理,班固批评为"述货殖则崇势力而羞贫贱",指责司马迁把经济的地位放得过于高了。而司马迁清晰认识到,普通人都是这样的,对他们不能用"贫贱不能移"的标准来要求。张文江说:"班固的批评是由于他的境界不够,也就是在这些方面《汉书》比不上《史记》。"这个观点非常精辟。可是社会和生活又是极其复杂的。《货殖列传》说"刺绣文不如倚市门",至今各国或开放"红灯"区域,或禁娼不绝,过去虽有"逼良为娼"一说,现在还有这类现象,而且至今还有一些好逸恶劳的女子从事此业,她们的"服

① 周桂钿《董仲舒,今天来看董仲舒》,《光明日报》2015 年 05 月 18 日。

务"对象亦趋之若鹜。这种复杂的社会现象和文化观念，司马迁大胆写出，供大家思考，其忧虑性的远见直射今日和明日。

第二节　天下大治与民族融合

中国人的"天下"观念，《礼记·礼运》表达为："以天下为一家，以中国为一人。"天下是一家，中国是一个人，中国人的胸襟极其宽广。

天下大治和夷夏一家

因此，中国古代一贯认为夷夏一家，这是中华民族的核心价值观之一。

《尚书》第一篇《尧典》是关于中华民族凝聚力的纲领性文献。《尧典》说所有的蛮、夷、戎、狄，这些少数民族，都是炎黄子孙，本是一家。黄帝部落和炎帝部落曾发生战争，后来两个部落和好、统一了，这是由文化来统一的。《尧典》又说"百姓昭明，协和万邦"。万邦包括所有的华夏民族，其中包括了所有的少数民族。

《左传》和《史记·五帝本纪》记载，舜"慎徽五典，五典克从"。五典就是"父义，母慈，兄友，弟恭，子孝"，舜派一些人去蛮、夷、戎、狄中间宣扬，做父亲要慈，做母亲要爱，做儿子要孝，等等。共同遵守这些道理，就可获得"内平外成"的结果。"内平"，是和谐社会；"外成"，是和谐世界。

"内平外成"，"协和万邦"，是古代天下大治的政治观、社会观和民族思想，极其重视民族凝聚力——各民族融合到一起，成为一家。

《春秋》学中的公羊派，将华夏民族和少数民族的关系，说成"华夷之辨"。"华"主要就是中原地区，是华夏族；"夷"主要就是周围地区，是少数民族。公羊学派有一个重要观点：不是按照

星汉灿烂　《史记》纵览新说

地区，按照肤色、血统来区分华、夷，而是按文化来区分。文化先进的就是华人，文化落后的就是夷人。哪一天汉民族落后了就是夷，哪一天少数民族进步了他就是华。这是流动、变化的"华夷之辨"。公羊学派的华夷观，没有种族歧视，不会歧视外来者。

余敦康还把汉朝和同时的罗马帝国做对比：罗马帝国是靠什么来统治的呢？它是靠法，罗马法。它的道德污七八糟，可是法很发达，有公法、私法，对现在还有影响。可是它没有道德，缺乏一个精神的凝聚力。后来罗马之所以灭亡，就是孟德斯鸠所说的，整个统治阶层毫无道德可言了，没有一个精神凝聚力了，勉强把一个基督教请过来，作为国教，可是很短暂。中国的汉朝，从董仲舒开始"罢黜百家，独尊儒术"，搞经学，搞五经博士，搞教育，有太学，还有下面的地方学校，是用道德、用经学将国家凝聚在一起，建立起一个道德共同体。当然，汉朝也有法，但和罗马法不是一回事。所以两汉灭亡以后，到了南北朝还是能慢慢走向稳定，最终出现了唐、宋的统一。而罗马帝国崩溃后，就再没有统一过，变成了蛮族的时代。法国、德国过去是蛮族。从这个角度也可以看出经学的作用。中国之所以形成一个统一的文化，和汉代是分不开的，也和董仲舒是分不开的。①

少数民族历史的完整系统记载

司马迁将儒家五经中的民族观，运用到《史记》的写作中，系统记载了当时所有少数民族的历史：卷一一〇《匈奴列传》，卷一一三《南越列传》、卷一一四《东越列传》、卷一一五《朝鲜列传》和卷一一六《西南夷列传》，卷一二三《大宛列传》，是世界上唯一的古代诸族史的记载，弥足珍贵。

匈奴在中原的正北和西北，大宛在正西，朝鲜在东北；南越

---

① 余敦康等《儒家经学的历史作用——中华民族的核心价值观》，《中华读书报》2009 年 3 月 4 日。

在正南，东越在东南，西南夷当然在西南。《史记》这6篇民族史，包罗了中原周边的诸民族。

司马迁以极其宽广的胸怀和高远的眼光，写出了中国自远古五帝至西汉武帝时期的民族融合史，表达和歌颂了天下大治的大一统的天下观。

在篇幅顺序的安排上，卷一一〇《匈奴列传》夹在卷一〇九《李将军列传》和卷一一一《卫将军骠骑列传》中间，不少学者和读者感到奇怪，觉得如此顺序难以理解；认为《匈奴列传》应该和后面的两越和朝鲜史排在一起。李广是文景时期成名的旧将，而且屡战不利；卫青和霍去病是当朝崛起的名将，百战百胜，威震塞外，匈奴的历史记载，夹在两者之间，颇有意味。

《匈奴列传》记述匈奴与中国关系的文字共四段：

第一段记述匈奴自炎黄时期、夏商周三代至秦末汉初的历史演变及其同中国的历史关系，以及他们的民族风俗、社会组织形态和发展为强大的"百蛮之国"的历程；第二段写汉朝初年，匈奴与汉朝和亲关系的建立和其反复无常的表现；第三段是本文的中心，记述汉武帝时代，汉朝与匈奴之间长期的以战争为主的紧张关系；第四段记述太史公对武帝同匈奴战争的看法。

同匈奴战争是汉武帝政治生涯中的一件大事，从元光二年（前133）到征和三年（前90）的44年当中，汉与匈奴始终处于时战时和、战多于和的敌对状态。作者在叙述中，对匈奴奴隶主的不守信义，不遵礼法、侵扰边境，破坏和平、好杀成性等，都做了含蓄的批评和指责。在赞同汉武帝面对"自夏、商、周三代以来，匈奴常为中原祸害"和匈奴不断侵犯汉朝的形势，奋力抗击匈奴的同时，也对汉武帝不停地进行征战，耗费人力物力的负面影响，特别是他后期不知择贤、任人失当等，做了含蓄的讥讽，显示了作者对汉武帝这位雄才大略的政治家公允的态度和对历史的深刻认识。

因为本文涉及对当时政治的评述，论述的又是一些敏感的政

63

治问题，所以作者采用了寓论于叙的写法，又在"太史公曰"中连用两句"唯在择任将相哉"，"隐然言外"，"微旨实寓讥"[①]，使本文在《史记》中显示出不同的叙事言志的特色。

《匈奴列传》较详细地记述了匈奴的起源和发展历史、世俗风情和军政制度，很有文献史料的价值，是《史记》的名篇，更是世界史学史上唯一完整记载匈奴早期历史的著作，梁启超还将之列入《史记》的十大名篇之一。

《史记》中有关汉匈战争的传记有《李将军列传》《卫将军骠骑列传》，还有《大宛列传》。

《大宛列传》不是单记大宛，而是记述西域诸国史实。其中详记大宛、乌孙、康居、奄蔡、大小月氏、安息、条枝、大夏8国之事；附记扜罙、于窴、楼兰、姑师、黎轩、身毒、驩潜、大益、苏薤9国之事；偶涉西南夷駹、冉、徙、邛、棘氏、笮、巂、昆明、滇、越10国之事，而以大宛、乌孙事为主，且以大宛事开篇，以大宛事终篇，故名曰《大宛列传》。

全文分三个部分。

第一部分是张骞通西域的记载。

第一部分又分为三大段。

第一大段记叙张骞第一次出使西域，在被匈奴抓获、扣押十余年后逃出，来到大宛，然后到达月氏。回来时又被匈奴抓获，一年多后逃出，回到长安，前后长达13年。

张骞出使西域的史实，是《大宛列传》记载的。大宛是由张骞发现的，因此本传着重写了张骞两次出使西域的经过。张骞奉命寻找和联合月氏，

张骞（清初金古良《无双谱》）

---

① 《史记评林》引余有丁语。

在通过匈奴统治区后，进入大宛。穿过大宛后，张骞到达月氏。

大宛在匈奴西南，在汉朝正西面，离汉朝大约一万里。它的北边是康居，西边是大月氏，西南是大夏，东北是乌孙，东边是扜罙、于窴。于窴的西边，河水都西流，注入西海。于窴东边的河水都向东流，注入盐泽。盐泽的水在地下暗中流淌，它的南边就是黄河的源头，黄河水由此流出。那儿盛产玉石，黄河水流入中国。楼兰和姑师的城镇都有城郭，靠近盐泽。盐泽离长安大约五千里。匈奴的右边正处在盐泽以东，直到陇西长城，南边与羌人居住区相接，阻隔了通往汉朝的道路。

大宛的风俗是定居一处，耕种田地，种稻子和麦子，出产葡萄酒。有很多好马，马出汗带血，所以称为"汗血马"，它的祖先是天马之子。那里有城郭房屋，归它管辖的大小城镇有 70 多座，民众大约有几十万。大宛的兵器是弓和矛，人们骑马射箭。

第二大段记述了西域诸国的物产风情，它们的地理位置和相互关系。

第三大段记叙张骞第二次出使西域，在乌孙国的活动。张骞回国后不久去世。

第二部分记载汉朝大批使者来往西域各国，当时交往的情况。

第三部分记载汉武帝太初元年（前104）起，四年中，贰师将军李广利奉命为征求大宛汗血马，两次征战大宛，第一次惨败，第二次惨胜。

后来汉朝派了十多批使者到大宛西边的一些国家，去寻求奇异之物，顺便晓谕和考察讨伐大宛的威武和功德。敦煌和酒泉从此设置了都尉，一直到西边的盐水，路上往往设有亭障。而仑头有屯田士卒几百人，于是汉朝在那儿设置了使者，以保护田地，积聚粮食，供给出使外国的使者们。

《大宛列传》展示了汉王朝同西域各国的曲折微妙关系，记载了中国与西域诸国悠久的经济和文化交流的历史，政治和人员的往来关系。

司马迁在叙述李广利征伐大宛时，对汉武帝晚年连年用兵和好大喜功含蓄地表达了讥讽与感叹。

但是，《大宛列传》所记载汉武帝坚持派张骞打通西域之路，努力控制河西走廊的史实，有力显示了此举对于汉朝和中亚诸国间的经济文化交流，对维护中国的统一和强大所发挥的作用。张骞首次打通的这条通道，经过汉匈三百年决战，成为东西各国和平发展的大动脉，被后世命名为"丝绸之路"。

《南越列传》记述了南越王赵佗建国的史实及其四位继承者同汉王朝的关系，描述了汉武帝出师攻灭南越，将南越置于汉王朝直接统治下的过程。本传详写赵佗建国和武帝兴师，余者略述。

南越，一作"南粤"，是越人的一支，又是南越王赵佗所建国的名称。其地在今广东与广西一带，南至今越南中部，北至今湖南南部。秦国兼并了六国，攻取并平定了扬越（**南越人所居住之地属古九州之一的扬州，故称扬越**），设置了桂林、南海和象郡，把犯罪而被迁徙的百姓安置到这些地方，同越人杂居。

南越王尉（**都尉**）佗是真定（今属河北）人，姓赵，秦朝时被任命做了南海郡的龙川县令。秦时在南越设立的桂林、南海、象郡三郡长官不称守，而称尉。

到秦二世时，南海郡尉任嚣得病将死，把龙川令赵佗召来，并对他说："听说陈胜等发动了叛乱，秦朝推行暴虐无道的政策，天下百姓对此感到怨恨，项羽和刘邦、陈胜、吴广等，都在各自的州郡，同时聚集民众，组建军队，像猛虎般地争夺天下，中原地区扰攘动乱，不知何时方得安宁，豪杰们背叛秦朝，相互对立。南海郡偏僻遥远，我怕强盗的军队侵夺土地，打到这里。我想发动军队切断通往中原的新修大路，自己早作防备，等待诸侯的变化，只是我的病重了，我想让你担当此任。"任嚣当即向赵佗颁布任命文书，让他代行南海郡尉的职务。

任嚣死后，赵佗借此机会，杀了秦朝安置的官吏，而用他的亲信做代理长官。秦朝灭亡后，赵佗就攻击并兼并了桂林和象郡，自立为南越武王。汉高帝十一年（前196），派遣陆贾去南越，命令赵佗因袭他的南越王的称号，同他剖符定约，互通使者，让他协调百越，使之和睦相处，不要成为汉朝南边的祸害。南越边界与北方的长沙接壤。

建元四年（前137），赵佗去世。赵佗的孙子赵胡当了南越王。过了十多年，赵胡病重而死，太子婴齐代立为南越王。婴齐到长安做宿卫时，取了邯郸樛家的女儿做妻子，生了儿子叫赵兴。婴齐死后，太子赵兴代立为南越王。南越丞相吕嘉杀死南越王、王太后和汉朝使者后叛乱，汉武帝派韩千秋去征伐，却全军覆没。元鼎五年（前112）秋，卫尉路博德作为伏波将军，主爵都尉杨仆作为楼船将军，率大军前往镇压，于次年消灭叛军，平定南越。从赵佗最初称王以后，传国五世，共93年，南越国就灭亡了。

此传肯定"佗能集杨越以保南藩"[①] 的功劳，把南越视为汉王朝的一部分，视其民为汉王朝的同等臣民，把南越统一和南越归汉，视为各民族走向统一的必然趋势。

《东越列传》记述东越的变迁史实。上半段写秦末汉初时，东越以郡县之地，乘中原大乱，无人管辖而变为闽越国和东海国，句践的两个姓驺后裔，无诸成为闽越王，摇成为东海王。汉景帝三年（前154），东海王助汉诛杀叛乱诸侯王吴王濞，于汉武帝时率民众迁往江淮间。馀善杀闽越王郢而得立东越王。下半段写元鼎六年（前111）秋，馀善谋反而于次年被杀，东越国重新变为郡县，其民迁往江淮间。

文中揭示了东越与中原的历史渊源和密切关系，表现了中华民族这个大家庭逐渐走向统一的历史趋势，反映了作者维护中央政权的大一统思想。

《西南夷列传》记述了我国西南（包括今云南以及贵州、四川西部）地区在秦汉时代数量繁多的部落国家的地理位置和风俗民

---

① 《太史公自序》。

情，以及同汉王朝的关系；记述了汉朝的唐蒙、司马相如、公孙弘和王然于等抚定西南夷的史实，以及夜郎、滇等先后归附汉王朝，变国为郡，设官置吏的过程；揭示了中国不同地域，不同民族，最终将形成一个和睦的多民族国家的必然趋势，反映了司马迁民族一统的历史观念，表现了他的维护中央集权和国家统一的思想。

《朝鲜列传》记叙西汉初至武帝时期朝鲜的历史。朝鲜最早是商纣王诸父箕子于殷末周初所建。《朝鲜列传》记叙卫满原是燕国人。最初，燕国在全盛的时候，曾经攻取真番、朝鲜，让它们归属燕国，并为它们设置官吏，在边塞修筑防御城堡。后来秦国灭掉燕国，卫满率民进入朝鲜，乘机割据朝鲜，在今平壤一带统治了近百年。《朝鲜列传》主要写卫满及其孙子右渠凭险割据，分裂为私之事，着重记述朝鲜变为汉朝四郡的过程，显示了朝鲜与中国不可分割的密切历史关系。

其中乐浪郡是汉武帝于元封三年（前108）平定卫氏朝鲜后，在今朝鲜半岛设置的四郡之一，乐浪郡郡治位于朝鲜城，朝鲜县是其下辖县之一，即今朝鲜平壤市区。

《史记》以上诸传，行文中表现了司马迁尊重史实和其民族一统的思想。他没有把边疆的少数民族视为"种别域特"① 的野蛮低贱民族，而是一律都视为炎黄子孙。尤其是对匈奴，指出他们是炎帝的后裔，夏朝君主的后裔淳维也是匈奴的祖先。

第三节　军事谋略与经济思想

《史记》记载了三千年的战争史。中国自古战争不断，自远古起即用战争统一部族、统一邦国；自远古起就有凶横的民族如匈奴不断发动侵略汉族的内战，四五千年不断。整个春秋战国漫长的五百年，连绵的战争演出了众多雄壮的活剧，直到西汉统一天

文化中国·永恒的话题（第五辑）

---

① 班固《汉书·叙传》。

下。西汉统一天下之后，诸侯国不断叛乱，直到汉武帝时才彻底平定，但汉匈战争延续到司马迁逝世，还远未见尽头。

战争篇目与名将传记

《史记》记载战争内容的篇目达 82 篇，字数达 10 万余言，约占全书的四分之一篇幅，这些篇目记载擅长兵略战阵的帝王将相 60 余人，记述战阵 500 多次，其中重大战争从黄帝涿鹿之战到汉武帝兵征大宛共 70 余次。《十二诸侯》《六国》《秦楚之间》三表之序，《律书序》，以及各兵家传记篇末之"太史公曰"，则构成了司马迁系统的战争论[①]。顾炎武说："秦楚之际，兵所出入之途，曲折变化，唯太史公序之如指掌，以山川郡国不易明，故曰东曰西曰南曰北，一言之下，而形势了然。盖自古史书兵事地形之详，未有过此者。太史公胸中固有一天下大势，非后代书生之所能几也。"[②]

司马迁《史记》全书弘扬正义，《史记·律书序》给战争的定义是："兵者，圣人所以讨强暴，平乱世，夷险阻，救危殆。"提出了正义的战争观。《史记》肯定正义力量，反对非正义战争，如《太史公自序》说："自三代以来，匈奴常为中国患害；欲知强弱之时，设备征讨，作《匈奴列传》第五十。"并撰写李广、卫青、霍去病等名将列传，高度肯定汉武帝发动的反击匈奴的战争。又在《匈奴列传赞》强调，战争的胜负取决于正确使用人才，"唯在择任将相哉！唯在择任将相哉！"因此《史记》中专门记载军事家的篇章有 18 篇。

春秋时期《司马穰苴列传》《孙子吴起列传》《伍子胥列传》，记载了司马穰苴、孙武、孙膑、吴起、伍子胥 5 人，还兼及庞涓等人。

---

① 张大可《司马迁评传》第 322 页，南京大学出版社 1994。
② 《日知录》卷二十六《史记通鉴知兵事》。

战国时期，秦国有《穰侯列传》《白起王翦列传》《蒙恬列传》，记载了魏冉、白起、王翦、蒙恬，兼及李信、王离等。燕、齐、赵国有《乐毅列传》《田单列传》《廉颇蔺相如列传》，记载了乐毅、田丹、廉颇3人。另有《赵世家》记载李牧、赵奢等名将。

楚汉相争时期《项羽本纪》《曹相国世家》《绛侯周勃世家》《魏豹彭越列传》《黥布列传》《淮阴侯列传》《韩信卢绾列传》《樊郦滕灌列传》《季布栾布列传》，记载了项羽、韩信、曹参、周勃、彭越、英布、韩王信、卢绾、樊哙、郦商、夏侯婴、灌婴、季布、栾布、周亚夫15人，兼及章邯等秦军名将。其中西汉开国功臣中的武将占了多数。

汉匈战争《韩长孺列传》《李将军列传》《卫将军骠骑列传》，记载了韩长孺、李广和李敢父子、卫青、霍去病等5人。

按常规来说，要成长为出色的军事家，必须熟读兵书，甚至拜师学习。以春秋战国名将为例，吴国伍子胥、孙武，魏国吴起、庞涓，齐国孙膑，燕国乐毅，无不是先拜师修习，成为兵家名士后，再前往心仪的国家求"拜将"，希望得到英明君主的赏识——这是战国良好的双向选择人才的氛围，所谓"百家争鸣，择优而适"。而这些"名将"大多在退隐或失势后著书立说，要把自己的兵家理论与实践流传后世。

《史记》记载的战国最杰出的四大名将——白起、王翦、廉颇、李牧，都没有经过系统的兵家学习，是纯粹的"行伍出身"，从小兵开始，在杀戮与拼杀中凭借战功名留后世，而其战略的成功是关键。

英明战略和治军原则

《史记》非常注重战争中谋略的作用，其中不少富于谋略的军事统帅和大臣，如汉高祖刘邦、张良、汉武帝和范蠡等，都是深谋远虑，擅长用兵的军事家。

奇妙的是，《史记》在其传记中对他们的谋略做了无形的描写。尤其如刘邦谋计用兵，不做具体记载和描写。张良运筹帷幄，是辅助，而非指挥全局，指挥战争全局的是刘邦。而张良运筹帷幄的谋略，也无具体记载。他们的谋略之高明，只是体现在战争的名称和胜仗数量上。

《史记》记载孙子［名武，生卒年不详，春秋时齐国乐安（今山东惠民）人，字长卿，田完之后裔］，也没有具体的战争谋略记载。

孙子著有世界顶级的军事学巨著《孙子兵法》。他自齐国，到达吴国，以所著兵法十三篇见吴王阖闾。《孙子吴起列传》一开首，吴王阖庐初次与孙子见面就说："子之十三篇，吾尽观之矣，可以小试勒兵乎？"

现存《孙子》十三篇是《始计》《作战》《谋攻》《军形》《兵势》《虚实》《军争》《九变》《行军》《地形》《九地》《火攻》《用间》。这十三篇的内容从题目看，即琳琅满目，全面深刻。

可是吴王尽管赞赏《孙子》十三篇，却没有让孙子操练精兵强将，而

孙武（《东周列国志》人物，中华海员烟草公司

71

是问"可试以妇人乎？"曰："可。"于是出宫中美女，得百八十人。孙子得到第一次军权是操练吴王后宫的美女，"吴宫教战"，以验证他的军事才能。他在教习操练中，面对美女们嘻嘻哈哈的游戏心态，强调将士的军纪，号令严明，为达目的竟违背君命，斩吴王两位宠姬示众，吓得全体美人战战兢兢听从孙子的操练号令，使队伍达到"唯王所欲用之，虽赴水火犹可也"的效果。操练到此戛然而止，这些娇弱美女也不可能上阵实战打仗。孙子感

叹："王徒好其言，不能用其实。"司马迁接着就下了一个结论："于是阖庐知孙子能用兵，卒以为将。西破强楚，入郢，北威齐晋，显名诸侯，孙子与有力焉。"可是《史记》只有这个结论，而全无具体的记载和描写。

孙子的传记，出乎人们的意料，到此为止了，传末太史公曰："世俗所称师旅，皆道《孙子》十三篇"，也仅此一句。孙武戎马生涯30年，本传一点也没有正面记述《孙子兵法》在战略战术上的实地应用，没有记载他具体运用兵法的战例，甚至没有哪怕一次他指挥过的战争的具体记载。

《孙子兵法·吴问》记载，他曾与阖闾对答，认为图强必须改革，预测晋国六卿兴亡前途，比较六卿实行的田制改革，指出亩大税轻者可成。阖闾赏识此论，称之为"王者之道"。《史记》未记载。

史书记载他率领吴师攻楚，五战五胜。《史记》的记载，仅见《吴太伯世家》：

> （吴王阖闾）三年（前512），吴王阖庐与子胥、伯嚭将兵伐楚，拔舒，杀吴亡将二公子（盖余、烛庸）。光（公子光，即后来的吴王夫差）谋欲入郢，将军孙武曰："民劳，未可，待之。"

以上的记载，吴王阖闾三年，是伍子胥与伯嚭带兵，孙子仅发表一句意见。四年、六年、九年伐楚，都没有写谁带兵。也即没有明确和强调是孙子的战绩。

《左传》《越绝书》《吴越春秋》和《孙子兵法》等将以上五次胜仗全列入孙子名下：

阖闾三年（前512）十二月，阖闾派孙武等征灭"钟吾"和"徐"两个小国，又乘胜夺取了楚国的舒地。"孙武为将，拔舒，杀吴亡将二公子掩余、烛庸"。

阖闾四年（前511），"阖闾闻楚得湛卢之剑（稀世名剑）"，"斯发怒，遂使孙武、伍子胥、白喜伐楚"。攻占了六和灊二地。

阖闾五年（前510），吴、越第一次大规模争战，史称"携李之战"。《孙子兵法·虚实》篇总结此战经验："以吾度之，越人之兵虽多，亦奚益于胜败哉。"总结兵贵精不贵多的法则。

阖闾六年（前509），楚王命公子子常等伐吴，以报前年失陷六、潜二地之仇。孙武等奉命率兵回击，避开楚军主力，迂回作战，在豫章大败楚军，俘获楚公子子繁，又占巢地。

阖闾九年（前506）十一月十八日，吴国出兵攻楚，吴王接受孙武和伍子胥等人的高见，联合了对楚有世仇的"唐"和"蔡"两个小国，一起攻楚。吴、楚二国最大规模的战争爆发，即柏举之战。吴军以3万对20万，五战五捷，于十一月二十七日，仅10天时间，攻克郢都，楚昭王出逃。

当代研究家赞扬《孙子吴起列传》"吴宫教战"，以验证他的军事才能，仍能窥知孙武用兵之有方。尽管本传未能正面记述《孙子兵法》在战略战术上的实地应用，但传末强调了吴王打败强楚、攻克郢都、威镇齐晋、名显诸侯，"孙子与有力焉"。虽然虚此一笔，孙武的军事才能、其兵法的实用价值，便兀然突现了。孙武谋高一筹，善战制敌，战功赫赫，名传天下。这种赞扬，空洞无力，如果不是司马迁，而是别人这么记载孙武，肯定不会得到如许赞评。

《史记》所记载的良将，都没有介绍他们学习过何种兵书。如刘邦手下的著名将领大多没有读过书，多在实践中成长，他们大多只能勇猛作战，靠勇敢获胜。还有不少名将如项羽学习不精，他说要学习能敌万人的本事，于是项梁就教他兵法，他非常高兴，可是刚刚懂得一点兵法的大意，又不肯学到底了。霍去病明确反对学习兵法。还有精通兵法反而打败仗的，如只会纸上谈兵的赵括。有不少战争，用不着兵法，只是拼实力，如李广、卫青和霍去病在大漠与匈奴决战。《史记》没有记载兵书运用的成功战例。

《史记》赞誉名将治军的成功经验，不少与谋略无关，显示的仅是基本原则。

首要的是整顿纪律，令行禁止。

孙子操练吴王后宫的美女，"吴宫教战"，强调将士的军纪，号令严明，为达目的竟违背君命，斩吴王两位宠姬示众，使队伍达到得心应手的作战效果。

司马穰苴带兵的首日即杀人立威，诛杀国王派来监军却迟到的宠臣，整饬军队。

彭越出身江洋大盗，后在"泽间少年"们强请之下答应率领军队。但是他面对的是一伙乌合之众，在集合部队时，许多人不能准时，他以"后期者斩"予以约束；但是违纪的人太多，他以"诛最后者一人"作为惩罚，杀一儆百，震慑了这伙亡命之徒，迫使他们遵纪听令。①

其次是将军爱护士兵，与士卒同甘苦。

司马穰苴"文能服众，武能威敌"，其基础是和士卒同甘共苦的治军方法。

吴起被任命为主将，跟下等兵穿一样的衣服，吃一样的伙食，睡觉不铺垫褥，行军不骑马，亲自背负军粮，为士兵亲吮毒疮，士卒为其效死。

乐毅率领燕军连胜齐国，占领了齐国大部分领土。在这种情况下，田单临危受命，带领齐军反击。他和士兵同甘共苦，亲自手持工具修筑工事，并把自己最喜欢的妻妾都编入军队之中，进一步使内部团结一心，共击燕军。

第三是将军要毫无私心，带头勇敢作战。

司马穰苴诛杀因应酬送行者而迟到的监军时，告诫军中众人说："身为将领，从接受命令的那一刻起，就应当忘掉自己的家庭；来到军队听到规定号令后，就应忘掉私人的交情，擂鼓进军；

---

① 《魏豹彭越列传》。

战况紧急的时刻，就应当忘掉自己的生命。如今敌人侵略已经深入国境，国内骚乱不安，战士们已在前线战场暴露，无所隐蔽，国君睡不安稳，吃不香甜，全国百姓的生命都维系在你的身上，还谈得上什么送行呢！"

最后才是将军要有谋略。《史记》结合具体的战况，记载主将的谋略。

其中有反间计。例如秦国王龁攻打赵国，秦国用反间计，陷害廉颇，赵国国王中计驱除廉颇，自毁长城，用华而不实的赵括代廉颇将兵以击秦。秦暗中换将，阴使武安君白起为上将军。赵括至，则出兵击秦军。秦军佯败而走，赵军追击，秦军将赵军分而为二，断绝其粮道，最后围歼赵军。这里运用了整套的谋略：反间计、临阵换将、佯败。

佯败是故意示弱，麻痹敌人，引诱敌人做错误攻击的计谋。白起攻打赵国，用了佯败之法。

汉初，匈奴也用佯败之法迷惑和欺骗刘邦。刘邦陷入了平城之围，差点丢了性命。

佯败只是故意示弱的方法之一种，故意示弱的方法层出不穷。

例如匈奴，隐蔽精壮和主力，展示老弱病残，故意示弱，引诱刘邦少数轻骑先到平城，而大批步兵来不及赶到，冒顿"纵精兵四十万围高帝于白登，七日，汉兵中外不得相救饷"[1]。

田单反击燕军时，故意示弱，为了麻痹敌人，他让老弱女子上城守卫，派遣使者约期投降，又让富豪之家送去重金贿赂燕将。燕军将领非常高兴，满口答应。燕军因此更加松懈。

孙膑指挥齐军，与魏军作战，一共只有两次。

第一次声东击西，围魏救赵：

魏国攻打赵国，赵国形势危急，向齐国求救。田忌想要率领救兵直奔赵国，孙膑说："想解开乱丝的人，不能紧握双拳生拉硬

———————
① 《史记·匈奴列传》。

75

扯。解救斗殴的人，不能卷进去胡乱搏击。要扼住争斗者的要害，争斗者因形势限制，就不得不自行解开。如今魏赵两国相互攻打，魏国的精锐部队必定在国外精疲力竭，老弱残兵在国内疲惫不堪。你不如率领军队火速向大梁挺进，占据它的交通要道，冲击它空虚的地方，魏国肯定会放弃赵国而回兵自救。这样，我们一举解救了赵国之围，而又可坐收魏国自行挫败的效果。"田忌听从了孙膑的意见。魏军果然离开邯郸回师，在桂陵地方陷入齐军的包围，双方交战，魏军被打得大败。

第二次，孙膑故意示弱，减少火灶，造成士兵大批开小差，军队战斗力不断减弱的假象——"后十三岁，魏与赵攻韩，韩告急于齐。齐使田忌将而往，直走大梁。魏将庞涓闻之，去韩而归，齐军既已过而西矣"（已经向西越过齐国国境线）。孙膑对田忌说："那魏军向来凶悍勇猛，看不起齐兵，齐兵被称作胆小怯懦，善于指挥作战的将领，就要顺应着这样的趋势而加以引导。兵法上说：'用急行军走百里和敌人争利的，有可能折损上将军；用急行军走五十里和敌人争利的，可能有一半士兵掉队。'命令军队进入魏境先砌十万人做饭的灶，第二天砌五万人做饭的灶，第三天砌三万人做饭的灶。"庞涓行军三日，特别高兴地说："我本来就知道齐军胆小怯懦，进入我国境才三天，开小差的就超过了半数啊！"于是放弃了他的步兵，只和他轻装精锐的部队，日夜兼程地追击齐军。结果他率领少数军队陷入孙膑设置的包围圈，遭受灭顶之灾。

孙膑善于因其势而利导之：顺应魏兵认为齐兵胆怯的思想，让齐兵伪装胆怯逃亡，诱导魏军深入。

军事谋略的要着是要有奇谋，奇兵获胜。

田单在即墨之战，先不出动军队，而是先出动群牛，出其不意地让火牛在前冲锋陷阵，牛角上都绑有利刃，人触非死即伤。牛身上又披着画着五彩龙纹的大红色被服，带着一种神异的色彩，对敌军起了震慑作用。然后出兵，大获全胜之后，风卷残云，追击敌军。创造了中国历史上有名的出奇制胜的战例。

《田单列传》太史公曰：兵以正合，以奇胜。善之者，出奇无穷。奇正还相生，如环之无端。夫始如处女，適（通"敌"）人开户；后如脱兔，適不及距。其田单之谓邪！

更高明的是，《史记》指出：思想境界决定谋略高低。

《魏豹彭越列传》太史公曰：魏豹、彭越虽故贱，然已席卷千里，南面称孤，喋血（形容经过激战而流血很多）乘胜日有闻矣。怀畔逆之意，及败，不死（不自杀）

庞涓夜走马陵道（元杂剧插图）

而虏（斩，杀）囚，身被刑戮，何哉？中材已上且羞其行，况王者乎！彼无异故，智略绝人，独患无身耳。得摄尺寸之柄（比喻极小的权力），其云蒸龙变，欲有所会其度，以故幽囚而不辞云。

有些名将思想境界低，他们在具体战术上，智慧、谋略高人一筹，可是思想境界决定了他们在政治和战略上的智慧、谋略不高，所以还是怕不能保全自己的性命。在政治风云变幻的复杂形势下，虽然想施展作为，实现他们的愿望，最终却免不了覆灭。

英布（黥布）被形势所逼，在政治上做出叛乱的下策，在军事上不选上、中计而选下计。

上（汉高祖）曰："是（这，指代黥布）计将安出？"令尹对曰："出下计。"上曰："何谓废上中计而出下计？"令尹曰："布故丽山之徒也，自致万乘之主，此皆为身，不顾后为百姓万世虑者也，故曰出下计。"

太史公曰："韩信、卢绾非素积德累善之世，徼（侥幸）一时权变（随机应变），以诈力（欺诈和勇力）成功，遭汉初定，故得列（通"裂"，分割土地）地，南面称孤。内见疑强大，外倚蛮貊以为援，是以日疏自危，事穷智困，卒赴匈奴，岂不哀哉！陈豨，梁人，其少时数称慕魏公子（战国时魏国信陵君无忌）；及将军守边，招致宾客而下士，名声过实。周昌疑之，疵瑕（毁责，过失）颇起，惧祸及身，邪人进说，遂陷无道（暴虐，没有德政）。於戏（通"呜呼"）悲夫！夫计之生孰成败于人也深矣！"最后一句感慨："谋虑的成熟与否和成败如何，对一个人的影响太深远了！"

思想境界的一个重要表现是德治、爱民，这样才能使国家强大，否则必成人民公敌。魏武侯泛舟黄河顺流而下，船到半途，回过头来对吴起说："山川是如此险要、壮美哟，这是魏国的瑰宝啊！"吴起回答说："国家政权的稳固，在于施德于民，而不在于地理形势的险要。从前三苗氏左临洞庭湖，右濒彭蠡泽，因为它不修德行，不讲信义，即便所以夏禹能灭掉它。夏桀的领土，左临黄河、济水，右靠泰山、华山，伊阙山在它的南边，羊肠坂在它的北面。因为他不施仁政，所以商汤放逐了他。殷纣的领土，左边有孟门山，右边有太行山，常山在它的北边，黄河流经它的南面，因为他不施仁德，武王把他杀了。由此看来，政权稳固在于给百姓施以恩德，不在于地理形势的险要。如果您不施恩德，即便同乘一条船的人也会变成您的仇敌啊！"

吴起作为名将，不推崇武力，不依赖江山险要，毫不留情地向国君指出，要使国家政权稳固，在于施德于民，而不在于地理形势的险要。不施德政，不讲信义，即便同舟共济的人，也会

吴起（《东周列国志》人物，香烟牌子，中华海员烟草公司）

变成敌人。

《史记》记叙名将军事谋略最完整的是韩信，《淮阴侯列传》记载：

韩信与刘邦讨论与项羽作战的形势，首先分析项羽的五大弱点：一，项王不能放手任用有才能的将领，这只不过是匹夫之勇罢了。二，项王示小惠（**待人恭敬慈爱，言语温和，有生病的人，心疼得流泪，将自己的饮食分给他**），而实不至，立功之人，不予奖赏，不予加封晋爵。三，项王放弃了关中的有利地形，而建都彭城。四，违背了义帝的约定，将自己的亲信分封为王，处事不公。五，项王军队所经过的地方，没有不横遭摧残毁灭的，天下的人大都怨恨，百姓不愿归附，只不过迫于威势，勉强服从罢了。他已经失去了天下的民心，尤其是失去了秦地百姓的民心。而大王进入武关，秋毫无犯，废除了秦朝的苛酷法令，与秦地百姓约法三章，秦地百姓没有不想要大王在秦地做王的。

韩信总结的项羽的五条弱点，看似与军事无关，却决定了战争的成败。尤其是项羽屠城、灭绝百姓，使他丧尽了民心。

汉二年（前205）八月，汉王任命韩信为左丞相，攻打魏王豹。魏王把主力部队驻扎在蒲坂，堵塞了黄河渡口临晋关。韩信就增设疑兵，故意排列开战船，假装要在临晋渡河，而隐蔽的部队却从夏阳用木制的盆瓮浮水渡河，偷袭安邑。魏王豹惊慌失措，带领军队迎击韩信，结果韩信俘虏了魏王豹，平定了魏地，改制为河东郡。这是声东击西法。

韩信攻打赵国，广武君李左车向成安君陈余建议："愿意带领奇兵3万人，从隐蔽小路拦截他们的粮草，您就深挖战壕，高筑营垒，坚守军营，不与交战。他们向前不得战斗，向后无法退却，我出奇兵截断他们的后路，使他们在荒野什么东西也抢掠不到，用不了十天，两将的人头就可送到将军帐下。"

韩信获悉陈余不采纳广武君的计谋，大喜，才敢领兵进入井陉狭道。离井陉口还有30里，停下来宿营。半夜传令出发，挑选了两千名轻装骑兵，每人拿一面红旗，从隐蔽小道上山，在山上隐蔽着观察赵国的军队。韩信另派出万人为先头部队，出了井陉口，背靠河水摆开战斗队列。赵军远远望见，大笑不止。天刚蒙蒙亮，赵军打开营垒攻击汉军，激战了很长时间。韩信逃回河边的阵地，然后再和赵军激战。赵军果然倾巢出动，追逐韩信、张耳。韩信等已进入河边阵地。全军殊死奋战，双方胶着。韩信预先派出去的两千轻骑兵，等到赵军倾巢出动去追逐战利品的时候，就火速冲进赵军空虚的营垒，把赵军的旗帜全部拔掉，竖立起汉军的两千面红旗。这时，赵军已不能取胜，想要退回营垒，发现营垒插满了汉军的红旗，大为震惊，以为汉军已经全部俘获了赵王的将领，于是军队大乱，纷纷落荒潜逃。于是汉兵前后夹击，彻底摧垮了赵军，俘虏了大批人马，在泜水岸边生擒了赵王歇。这是虚虚实实之法，结合心理战，击垮20万赵军。

　　韩信攻打齐国，平定临淄以后，就向东追赶田广，一直追到高密城西。楚国也派龙且率领兵马，号称20万，前来救援齐国。有人规劝龙且说："汉军远离国土，拼死作战，其锋芒锐不可当。齐楚两军在本乡本土作战，士兵容易逃散。不如深沟高垒，坚守不出。让齐王派他的亲信大臣，去安抚已经沦陷的城邑，这些城邑的官吏和百姓知道他们的国王还在，楚军又来援救，一定会反叛汉军。汉军客居两千里之外，齐国城邑的人都纷纷起来反叛他们，那他们势必得不到粮食，这就可以迫使他们不战而降。"龙且不听，决定马上开战，与韩信隔着潍水摆开阵势。韩信下令连夜赶做一万多条口袋，装满沙土，堵住潍水上游，带领一半军队渡过河去，攻击龙且，假装战败，往回跑。龙且果然高兴地说："本来我就知道韩信胆小害怕。"于是就渡过潍水追赶韩信。韩信下令挖开堵塞潍水的沙袋，河水汹涌而来，龙且的军队一多半还没渡过河去，韩信立即回师猛烈反击，杀死了龙且。龙且在潍水东岸尚未渡河的部队，见势四散逃跑，齐王田广也逃跑了。韩信追赶败兵直到城阳，把楚军士兵全部俘虏了。这是佯败，利用河水将敌军冲做两段，各个击破。

韩信的军事天才虽然耀眼，但是《史记》记载刘邦作为最高统帅，谋略更高。最令人遗憾的是，明明《史记·高祖本纪》记载刘邦作为汉军的最高指挥者，亲自指挥军队和诸将领，取得辉煌的胜利，可是人们却视若无睹。

《史记·高祖本纪》是记载刘邦一生的最权威的传记著作，是《史记》的有名篇章。此篇清晰记载刘邦接连获胜的历次战绩，大略统计：

淮阴侯

宋涞填钱公昆题侯庙无荻壇拜日思维摩孀足封时鹰巴深

隆准早知同鸟喙将军应越五湖心

韩信（清上官周《晚笑堂竹庄画传》）

反秦起义时，6 胜 4 平；西进灭秦战争中，12 胜 3 平，大败或消灭秦军名将王离、赵贲、杨熊等率领的精锐主力；此时韩信尚未投汉。

在楚汉战争中，使用"明修栈道，暗渡陈仓"之计还定三秦。接着，刘邦让韩信攻打侧面战场，还将手下四位猛将中最厉害的两位——曹参和灌婴派调给韩信（自己则留下樊哙和夏侯婴），韩信全靠他们上阵攻城略地。刘邦自己则亲自与项羽对垒，承担主战场的重任：战绩为 11 胜 5 败，全歼项羽封为雍王的秦悍将章邯，在消灭项羽军的大部和主力之后，将其团团围困在垓下。

高祖指派曹参协助韩信作战的史迹，《史记·曹相国世家》记载：

韩信出击魏国时，时任假（代理）左丞相的曹参，分别与韩信率军向东进军，在东张攻打魏将军孙遫，大败孙遫的军队。又乘势进攻安邑，捕获魏将王襄。在曲阳进击魏王，追到武垣，活捉了魏王豹。夺取了平阳，捕得魏王的母、妻、儿女，平定魏地，

81

共得 52 座城邑。

曹参后来又跟随韩信在邬县东面进击赵国相国夏说，大败夏说的军队，斩杀夏说。韩信与原常山王张耳率兵至井陉，攻打成安君陈余，同时命令曹参回军把赵国的别将戚将军围困在邬县城中。戚将军突围逃跑，曹参追击并将其斩杀。

韩信向东攻打齐国时，隶属韩信的左丞相曹参，击溃了齐国历下的军队，于是夺取了其首都临淄。回军平定济北郡，攻打著县、漯阴、平原、嬴县、卢县。不久跟随韩信在上假密（**即高密，县名，在今山东高密县西**）进击并大败龙且的军队，斩了龙且，俘虏其部将周兰。平定齐国，总共得到 70 余县。还捕获了原齐王田广的丞相田光、代替丞相留守的许章和原齐国的胶东将军田既。

至于灌婴协助韩信作战的史迹，《史记·樊郦滕灌列传》记载汉王三年（前204），灌婴以御史大夫的身份率领郎中骑兵，隶属于韩信，在历下击败齐国的军队，他所率领的士卒俘虏了车骑将军华毋伤及将吏 46 人。迫使敌兵投降，拿下了齐国首都临淄，活捉齐国守相田光。又追击齐国相国田横到嬴、博，击败齐国骑兵，所率领的士卒斩杀齐国骑将 1 人，活捉骑将 4 人。攻克嬴、博，在千乘把齐国将军田吸打得大败，所率士卒将田吸斩首。然后跟随韩信引兵向东，在高密攻打龙且和留公旋的军队，所率领的士卒将龙且斩首，活捉右司马、连尹各 1 人，楼烦将领 10 人，自己亲手活捉亚将周兰。

韩信自己并不能上阵作战，他全靠曹参和灌婴，没有他们，韩信即使有好的谋略，也无人执行，韩信能够打胜仗么？刘邦将这两位勇将指派给韩信，替他冲锋陷阵，体现了最高统帅的大局观和宽广胸怀。

韩信在侧面战场未遇强敌，唯一有实力的是齐国。齐国因为刘邦派去的郦食其已经成功说服齐王联汉攻楚，韩信乘其对汉军不再防备的形势下背信弃义地偷袭和占领齐国，而且全靠刘邦派来的曹参和灌婴两位猛将与齐国残存诸将勇战才艰难获胜。

韩信出征侧面战场，他本人当然不负重托，发挥了天才军事家的卓越才华，但是军队是刘邦给的，上阵杀敌的勇将是刘邦给的，权力是刘邦给的，没有这一切，韩信就像在项羽军中一样，等于零。

最后，刘邦全胜楚军。将项羽包围于垓下之时，韩信和彭越不听刘邦的号令，不肯前来会师，合力歼灭项羽。一年后，刘邦听从张良的建议，许诺更大的利益，他们才姗姗来迟，攻打项羽。

《史记》公正写出汉高祖刘邦和萧何、张良、韩信在楚汉战争中的各自贡献；韩信带兵，多多益善，但韩信也承认汉高祖善于将将，即他是在高祖的指挥和安排下立的战功。宋·吴曾说："宋景文公云，或讥汉高祖，非张良陈平不能得天下。宋曰不然，良、平，非高祖不能用。夫智高于良平，乃能听其谋，项羽不知用范增，败矣。予以为景文徒知其一耳。独不见韩信之言乎？方信之被擒也，至论其长，信曰：陛下不善将兵，而善将将。嗟乎，不知高祖胸中能著几韩信耶？"①

西汉统一天下后，诸王叛乱，汉高祖亲自指挥军队，7 战 7 胜（又派部将乘胜出征，4 战 4 胜）。韩信未能出力，最后他自己陷入叛乱，被诛。

吕后令斩韩信（明刻《全汉志传》插图）

综上所述，刘邦一生指挥 48 次战争，37 胜、7 平、4 败，战绩辉煌。他在反秦和平叛战争中，未有败绩。与霸王项羽正面作战，战绩为 6 胜 4 败，极为不易。

《史记·项羽本纪》描写项羽在惊天动地的钜鹿之战中，击败

———————

① 《能改斋漫录》卷九。

秦军悍将章邯，轰轰烈烈，写得精彩绝伦。可是刘邦指挥战争，却记载得平平淡淡，波澜不惊。后来刘邦消灭了章邯的全军，战斗更为激烈，只是没有具体描写而已。而项刘两军5年决战，胜败比例为6比4，汉军将项羽紧紧包围一年，项羽无力突围，坐以待毙，两人军事才华之高低，本已黑白分明。

汉高祖刘邦塑像

《史记》评论刘邦："夫高祖起微细，定海内，谋计用兵，可谓尽之矣。"① 给汉高祖的军事指挥水平以最高评价：高祖从低微的平民起事，平定了天下，谋划大计，用兵作战，可以说极尽能事了，也即达到最高水平了。

刘邦从未吹捧过自己，臣下赞颂他，他则归功于萧何、张良、韩信，"论功三杰"。

刘邦本人的智谋超人，"汉王项羽相与临广武之间而语。项羽欲与汉王独身挑战。"② "项王谓汉王曰：'天下匈匈数岁者，徒以吾两人耳。愿与汉王挑战决雌雄，毋徒苦天下之民父子为也。'汉王笑谢曰：'吾宁斗智，不能斗力。'"③ 项羽美其名曰为了避免天下人民多受苦难，实际目的是"愿与汉王挑战决雌雄"，项羽幼稚地要与刘邦单打独斗，刘邦忍不住笑了，当场拒绝。

斗智的一个表现是，他当场数落项羽十大罪，全面声讨其欺诈、残暴和愚昧，剥下霸王的"英雄"画皮，成功制造了讨伐和消灭项羽是正义战争的舆论。

---

① 《刘敬叔孙通列传》篇末赞语。
② 《高祖本纪》。
③ 《项羽本纪》。

而项羽这位悲剧英雄，被歼灭之前，还自吹自擂"力拔山兮气盖世"。临死之前又对部下乱吹："吾起兵至今八岁矣，身七十余战，所当者破，所击者服，未尝败北，遂霸有天下。然今卒困于此，此天之亡我，非战之罪也。"前已言及，《高祖本纪》记载汉高祖与他的战绩为11胜5败，也即项羽败了11仗。项羽闭着眼瞎说，部下在垂死之时，六神无主，姑妄听之。但众多研究者也接受项羽自白的

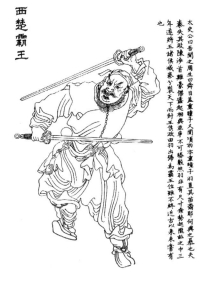

项羽（清上官周《晚笑堂竹庄画传》）

误导，宣传项羽是秦汉之间的最大英雄，而刘邦是没有本事的无赖骗子。项羽没有谋略，全是匹夫之勇，他还至死自恋；一生以欺诈对友对敌对部下对美人。① 欺诈违背正义，不是谋略。读懂历史，不易。

司马迁的经济思想

司马迁在《史记》中首创《平准书》和《货殖列传》两篇经济史传，表达他的经济思想。《平准书》记载和评述汉武帝时期的经济政策和现实效果，表达司马迁反对造成经济衰败的与民争利的经济政策；《货殖列传》阐发司马迁完整的经济思想，并以夹叙夹议方式记载了30人的经历作为验证。

"货殖"是指谋求"滋生资货财利"以致富，即利用货物的生

85

---

　　① 虞姬自杀，《史记·项羽本纪》并无记载，而《太平寰宇记》卷一二八则说："虞姬冢在县南六十里，高六丈，即项羽败，杀姬葬此。"如依此说，虞姬之死凶手还是项羽。

产与交换进行商业活动，从中生财求利。货是处于变动中的财物；殖者，生也，即将本求利，以货获利。货殖就是买进卖出货物，赚进利润或者利息（殖）。

商业仅是经济领域的一部分，《货殖列传》全篇覆盖了商业和各种手工业，以及农、牧、渔、矿山、冶炼等行业的经营，记载了古代完整的经济。

此传虽以"货殖"为名，是反映司马迁经济思想和物质观的重要篇章，却不是专门论述商业和经济活动的论文，而是专门记叙从事"货殖"活动的杰出人物的类传，还是一篇人物传记。

《货殖列传》开首的长篇导言，充分表达了司马迁的经济思想，又在人物传记中体现和反映了他的重要观点。《汉书》卷九十一《货殖传》的大部分内容沿袭此传，但删去了代表司马迁研究经济的思想境界的这篇导言。

《货殖列传》记载了春秋末期至秦汉以来大货殖家范蠡、子贡、白圭、猗顿、卓氏、程郑、孔氏、师氏、任氏等人。《太史公自序》曰："布衣匹夫之人，不害于政，不妨百姓，取之于时而息财富，智者有采焉。作《货殖列传》。"十分明确而简要地道出了写作本篇的动机与主旨：记叙和评论这些全赖自己的智慧、能力和艰苦经营而发财致富，同时有益于社会的杰出经济人士。通过介绍他们的言论、事迹、社会经济地位，以及他们所处的时代、重要经济地区的特产商品、有名的商业城市和商业活动、各地的生产情况和社会经济发展的特点，叙述他们的致富之道，表述自己的经济思想，以便"后世得以观择"。史实证明，此篇所总结的发财致富原则至今仍有指导意义。

《货殖列传》开首的导言是研究中国古代经济思想的宏伟篇章。此传起笔即引《老子》的名言，并立即将其打倒，自立新论，起笔不凡：

老子曰："至治之极（今本无此句），邻国相望，鸡狗（今本作"犬"）之声相闻，民各甘其食，美其服，安其俗（今本作

"居"），乐其业（今本作"俗"），（民）至老死不相往来。"① 必用此为务，挽近世涂民耳目，则几无行矣。

这是《老子》最著名的"小国寡民"论说："在最好的治世，太平盛世到了极盛时期，虽然邻近的国家互相望得见，鸡鸣狗吠之声互相听得到，而各国人民却都以为自家的饮食最甘美，自己的服装最漂亮，习惯于本地的习俗，喜爱自己所事行业，以至于老死也不互相往来。"大家彼此都各管各，互相之间也不交流来往。

司马迁一开始引用了一段老子的话，然后直接提出了批评，破往立己：到了近世，如果还要按这一套去办事，那就等于堵塞人民的耳目，几乎无法行得通。

接着，"太史公曰：夫神农以前，吾不知已。（炎帝神农氏以前的情况，我不了解）"

司马迁不愧为史学巨擘，笔力宏大，起首一句，用的是排除法的逆笔。"神农以前，我不知道"，这句话同时意味着神农以后，他全明白了。明白什么？掌握了古代文献的有关资料，并据此悟透经济发展和民生幸福的规律。于是他引经据典，用《诗经》和《尚书》的记载反驳《老子》：自尧舜、夏朝以来，人们追求最好听，最好看的，口胃总想尝遍各种肉类的美味，身体安于舒适快乐的环境，心中又夸耀有权势、有才干的光荣。面对整个社会的如此追求，最好的办法是顺其自然，其次是随势引导，再次是加以教诲，再次是制定规章制度加以约束，最坏的做法是与民争利。

接着列举山西、山东（秦、汉称华山或崤山以东为山东，当时也称"关东"）、江南等地丰富物产的详细清单，"皆中国人民所喜好，谣俗（因歌谣能反映民间习俗，故以谣俗代指）被服饮食奉生送死之具也"。这些都是中国人民所喜好的，民间风俗习用的穿着、饮食、养生、送死之物。在这份清单中，特地提到山东还

87

产美女。

司马迁指出，不必由官府发布政令，人们都凭自己的才能，竭尽自己的力量，来满足自己的欲望。"而巧者有余，拙（愚笨的人）者不足（穷困）。"

司马迁以齐国为例。姜太公分封到齐国，人口稀少，土地贫瘠，太公倡导妇女经济——纺织、刺绣，于是天下的冠带衣履多为齐所制作，齐国富强；后来中衰，管子实施切合实际的经济调控政策，齐国再次富强。《史记·管晏列传》："管仲既任政相齐。"管仲因鲍叔牙的推荐做了齐的相国，"以区区之齐在海滨，通货积财，富国强兵。"

司马迁引《管子·牧民》篇的著名观点；《管晏列传》也有这段引文，这里已经是第二次引用了，可见司马迁重视这个重要观点：

故曰："仓廪（粮仓）实而知礼节，衣食足而知荣辱。"礼生于有（富有）而废于无（匮乏，贫穷）。故君子富，好行其德；小人富，以适其力（适当地用自己的劳力）。

又提出一个著名的观点："天下熙熙，皆为利来；天下攘攘，皆为利往。"这是石破天惊、触目惊心地看穿人心的至理名言，后浓缩为成语"熙熙攘攘"。司马迁单刀直入，毫不掩饰地指出人心的这个归向，也是弱点。尤其还说到普通人"羞贫贱"，认为辛苦地绣花织布，还不如"倚市门"当娼妓，即民众的势利导致"笑贫不笑娼"。司马迁认为对于普通人来说，这很正常。这并不是说他很赞成，而是客观揭示真相：大多数的普通人，没有高深文化，没有人生理想，没有志气抱负，只有对富足生活的向往。

普通商人和普通民众唯利是图，中外古今，概莫能外。例如南宋亡国后，郑思肖等人入元不仕，甘当遗民，决不北面作贰臣。但是百姓迅即归依。倪瓒《西湖竹枝词》描写：

钱王墓田松柏稀，岳王祠堂在湖西。西泠桥边草春绿，飞来峰顶乌夜啼。

湖边儿女十五馀，乌纱约发浅妆梳。却怪爷娘作蛮语，能唱新声独当垆。

湖边女儿红粉妆，不学罗敷春采桑；学成飞燕春风舞，嫁与燕山游冶郎。

心许嫁郎郎不归，不及江潮不失期。踏尽白莲根无藕，打破蜘蛛网费丝。

阿翁闻说国兴亡，记得钱王与岳王。日暮狂风吹柳折，满湖烟雨绿茫茫。

辫发女儿住湖边，能唱胡歌舞踏筵。罗绮薰香回纥语，白氎蒙头如白烟。

钱基博精辟地评论说："遗民之诗，以戏谑出之；盖讽元兵下杭州，而西湖女儿胡歌胡语，胡装胡舞以得盼睐荐陈为幸也。阿翁闻说兴亡，女儿不学采桑，冶容诲淫，唱新声而蒙白氎，不羞自身之服妖，而怪爷娘之语蛮，憨态可掬；与唐人司空图诗之'汉儿尽作胡儿语，却向城头骂汉人'，同一哭不得而笑。谈笑而道，沉哀在心，何异谢翱之慷慨悲歌也！斯诚西子之不洁，而贻湖山以蒙羞者已。《云汉》之诗曰：'周馀黎民，靡有孑遗'；非无孑遗也，遗民而犬戎化也，耗矣哀哉！"[1]

这组诗歌的确生动反映了这种情况：一般市民和农民以衣食为转移，甘当野蛮凶狠的异族统治者的良民，只要能赚钱活命，不惜向穷凶极恶的异族占领者献媚献艺！只有受过儒道两家文化教育的优秀知识分子，有爱国思想，有气节风骨，在万分的艰难困苦中坚守自己的爱国主义和人生理想。

与此相对照，《后汉书·班彪传》说班彪批评《史记》"序货殖则轻仁义而羞贫穷"。班固《汉书·司马迁传》"述货殖则崇势

---

① 钱基博《中国文学史》（中册），第841—842页，中华书局1993年版。

利而羞贱贫，此其所蔽也"，严厉批评《货殖列传》，指责司马迁把经济的地位放得过于高了。班氏父子坚持儒家立场，提的是对君子即优秀知识分子的要求；面对芸芸众生，班氏的论调未免迂腐而不切实际。宋儒提出的"饿死事小，失节事大"，也是针对君子的要求，而非要求民众或一般文人。作为历史学家，和执政者一样，要看到民众的实际，而不是高悬完美的不切实际的标准来要求普通人。

以上是《货殖列传》的第一部分，导言；下面第二部分讲的是国，后面第三部分由国逐步过渡到家。

越国经济发展与战胜吴国的因果

第一个记载越国，越王勾践战败，困于会稽之上，乃用范蠡、计然。计然是范蠡的老师，他向勾践指出，国家强大和发动战争的基础是经济实力，经济实力来源于高明的经济政策，并向勾践介绍经济发展的原理。勾践采纳后，"修之十年，国富，厚赂战士，士赴矢石，如渴得饮，遂报（终于报复，报仇）强吴，观兵（观，显示。炫耀兵力）中国（指中原地区），称号'五霸'。"

《越王勾践世家》未提及范蠡的老师计然。裴骃《集解》说："计然者，范蠡之师也，名研，故谚曰'研、桑心算'。"又说："计然者，葵丘濮上人，姓辛氏，字文子。其先晋国亡公子也，尝南游于越，范蠡师事之。"计然是三晋人，他的先人是晋国逃亡的公子。

《货殖列传》说：范蠡既雪会稽之耻，乃喟然而叹曰："计然之策七，越用其五而得意（满足意愿，实现愿望）。"

越国打败吴国，不是单靠"卧薪尝胆"可以做到的，而是要用卧薪尝胆的精神发展经济实力和军事实力。1997 年在美国科罗拉多大学举行的金庸国际研讨会上，李劼提出越国全靠勾践、范蠡用阴谋战胜吴国，并因此而推广到中国历史上，认为搞阴谋的人往往获胜掌权。

我在《胡斐的人生哲学》一书中批评说：

李先生的这个观点实则大谬不然。在封建专制制度的培育和保护下，大批卑鄙小人取得成功，战胜光明磊落、心胸坦荡之士，酿成种种悲剧。但决定历史大局之事，不管经历多少曲折，最后获胜的往往是手握仁义的得道之人。吴越之争，勾践十年卧薪尝胆，才终获成功。他坦率承认自己的失误导致越国战败，敢于承担历史责任，又敢于发愤图强，反败为胜。勾践取得吴越之战的最后胜利，关键还在于他倚重范蠡和文种。……涂又光先生所著《楚国哲学史》是20世纪中国和世界最杰出的哲学史著作之一，其对吴越胜负之因果的分析，也极为精辟。伍子胥、范蠡和文种都是外流的楚国人才，人才外流就是文化扩散，因此涂又光先生认为："吴越霸业是楚文化和哲学的延伸。"

范蠡帮助勾践伐吴成功的军事谋略，皆有高明的哲学思想为指导。涂又光先生指出："范蠡的哲学言论，具见于《国语·越语下》，颇有空言，实非空言，皆为行事而发。范蠡在越行事的全部内容，是处理越吴关系。其行事的中心是伐吴，其行事的目的是灭吴。""伐吴是一个军事问题，又不只是一个军事问题。军事问题讲到根本，就是哲学问题。"

范蠡（东周列国志人物，香烟牌子，中华海员烟草公司）

接着具体分析范蠡以高明的哲学观点指导勾践。范蠡说："夫国家之事，有持盈，有定倾，有节事。"持盈者遵遁天道，重视天时，教导勾践和越人正确选择伐吴的时机。定倾者遵循人道，节事者遵循地道。所谓"节事"，就是办事。办什么事？一是生产，二是国务，国务为生产服务，以生产为根本。强调富国强兵，教导勾践和越人，在伐吴时机未到时，努力创造条件，积极进行准备。

涂又光《楚国哲学史》第九章《范蠡·文种》凡七节，从哲学的角度和高度，全面深入分析越吴之战的胜败因果。勾践灭吴，并非靠卑鄙小人的阴谋诡计去战胜光明磊落的仁义君主，而是依仗杰出人才的出色谋略和长年培育的国力兵力，击败在骄奢淫逸暴君统治下的吴国。越胜吴后，勾践逼走范蠡，诛杀文种，扼杀人才，越国的霸业便停滞不前，并迅速走向衰落，最后终于亡于楚国。[①]

商人典范与其致富之道

另一个致富的典范是白圭，周（战国初期的小诸侯国西周国）人也。当魏文侯时，李克务尽地力（竭力开发土地资源），而白圭乐观时变，喜欢观察市场行情和年景丰歉的变化，所以当货物过剩低价抛售时，他就收购；当货物不足高价索求时，他就出售。他的致富之道是"人弃我取，人取我与"。

他的第二个致富之道是艰辛努力和生活俭朴。他能薄饮食（不讲究吃喝。薄，轻视），忍嗜欲，节衣服，与用事僮仆同苦乐，趋时（争取、捕捉时机）若猛兽挚（通"鸷"，凶猛）鸟之发（奋发，指动作迅捷）。故曰："吾治生产（经商致富之事），犹伊尹、吕尚之谋，孙吴用兵，商鞅行法是也。是故其智不足与权变（够不上随机应变），勇不足以决断，仁不能以取予，强不能有所守，虽欲学吾术，终告之矣。"盖天下言治生（效法）祖白圭。白圭其有所试（尝试）矣，能试有所长（专长），非苟而已也。

另一位则是能守住财富的女子。

而巴（蜀）寡妇清，其先（先人，祖上）得丹穴，而擅其利

---

① 周锡山《胡斐的人生哲学》，第250—254页，生智文化事业有限公司2001年版。

数世，家亦不訾。清，寡妇也，能守其业，用财自卫，不见侵犯。秦皇帝以为贞妇而客之，为筑女怀清台。清穷乡寡妇，礼抗万乘，名显天下，岂非以富邪？

此则记载秦始皇尊重礼敬富于才干和魄力的女商人，甚至为她修筑女怀清台，让她名显天下。秦始皇此举，显示他取得天下、治理天下的一种宽阔胸怀。与同期世界各国相比，中国古代妇女的地位，在古代世界是最高的。笔者在《临朝太后——从吕太后到慈禧》[①]、《邹韬奋〈我的母亲〉的社会文化意蕴述论》[②] 等论文中，发表这个观点，这则记载也是一个有力的例证。

《货殖列传》接着记载了春秋各国以及各大都会如邯郸等地的山水、物产基础、所处地理位置和经济发展情况，分析和评论西汉统一天下，对经济发展起了有力的推动作用。

《货殖列传》记载了所有著名的富人和他们致富的方法，其中如：

蜀地卓氏的祖先是赵国人，靠冶铁致富。秦国击败赵国时，迁徙卓氏，卓氏被掳掠，他们夫妻二人推着车子，去往迁徙的地方。其他同时被迁徙的人，稍有多余钱财，便争着送给主事的官吏，央求迁徙到近处，近处是在葭萌县。只有卓氏说："葭萌地方狭小，土地瘠薄，我听说汶山下面是肥沃的田野，地里长着大芋头，形状像蹲伏的鸱鸟，人到死也不会挨饿。那里的百姓善于交易，容易做买卖。"于是就要求迁到远处，结果被迁移到临邛。他非常高兴，就在有铁矿的山里熔铁铸械，用心筹划计算，财势压倒滇蜀地区的居民，以至富有到奴仆多达一千人。他在田园水池尽享射猎游玩之乐，可以比得上国君。

93

星汉灿烂　《史记》纵览新说

① 周锡山《临朝太后——从吕太后到慈禧》，上海锦绣文章出版社 2004、2012。

② 周锡山《邹韬奋〈我的母亲〉的社会文化意蕴述论》，复旦大学新闻学院、上海韬奋纪念馆、上海中共党史学会等主办"2015 韬奋 120 周年诞辰暨韬奋与抗日战争研讨会"论文。

这个卓氏就是卓文君家族，其祖上在被迫从繁华的故乡迁移到穷乡僻壤时，思路与众不同，情愿舍近取远，去向遥远的巴蜀，却是适合发展的地方，因此致富。

宣曲任氏的先祖，是督道仓的守吏。秦朝败亡之时，豪杰全都争夺金银珠宝，而任氏独自用地窖储藏米粟。后来，楚汉两军相持于荥阳，农民无法耕种田地，米价每石涨到一万钱，任氏卖谷大发其财，豪杰的金银珠宝全都归于任氏，任氏因此发了财。一般富人都争相奢侈，而任氏却屈己从人，崇尚节俭，致力于农田畜牧。田地、牲畜，一般人都争着低价买进，任氏却专门买进贵而好的。任家数代都很富有，但任氏家约规定，不是自家种田养畜得来的物品不穿不吃，公事没有做完自身不得饮酒吃肉。以此作为乡里表率，所以他富有而皇上也尊重他。

任氏是舍贵取贱，他不囤积金银珠宝，而是购藏粮食，从而在战时发财。与范蠡、白圭一样，在勤奋生产的同时他崇尚节俭。

因此司马迁指出："夫纤啬筋力，治生之正道也（精打细算、勤劳节俭，是发财致富的正路）。"

但是他紧接着说："而富者必用奇胜。"但想要致富的人还必须出奇制胜。而此类致富的人，"皆诚壹之所致"：这些人都是由于心志专一而致富的。

司马迁说，以上列举的这些人都是显赫有名、与众不同的人物。"皆非有爵邑奉禄弄法犯奸而富（他们都不是有爵位封邑、俸禄收入或者靠舞文弄法、作奸犯科而发财致富的）"，"尽椎（推）理去就，与时俯仰，获其赢利，以末致财，用本守之，以武一切，用文持之，变化有概，故足术也"。全是靠推测事理，进退取舍（买进卖出），随机应变，获得赢利，以经营商工末业致富，用购置田产从事农业守财，以各种强有力的手段夺取一切，用法律政令等文字方式维持下去，变化多端大略如此，所以是值得记述的。至于那些致力于农业、畜牧、手工、山林、渔猎或经商的人，凭借权势和财利而成为富人，大者压倒一郡，中者压倒一县，小者压倒乡里，那更是多得不可胜数。

以上是司马迁总结出的一个致富规律，一般人都会赞成。他又总结两条说：

第一条，"夫用贫求富，农不如工，工不如商，刺绣文不如倚市门（"倚门卖笑"，充当妓女以谋生），此言末业，贫者之资也。"

要从贫穷达到富有，务农不如做工，做工不如经商，刺绣织锦不如倚门卖笑，这里所说的经商末业，是穷人致富凭借的手段。

他在记载春秋战国时期各国经济发展时，谈及"今夫赵女郑姬，目挑心招"，贫民家的姣好女子，靠着色相赚钱。司马迁不是提倡和鼓励这样做，而是客观指出当事者做这些行业，当然自知这不是最佳选择，但是没有办法，因为贫者只能靠此来谋生。

第二条，"由是观之，富无经业，则货无常主，能者辐凑，不肖者瓦解。"由此看来，致富并不靠固定的行业，而财货也没有一定的主人，有本领的人能够集聚财货，没有本领的人则会破败家财。

在势利的社会，"千金之家比一都之君，巨万者乃与王者同乐。岂所谓'素封'者邪？"

"素封"，张守节《正义》曰："言不仕之人，自有园田收养之给，其利比于封君，故曰素封也。"如果你没有做官而可以和做官的人平等，或者富比王侯、富可敌国，叫"素封"。

《货殖列传》的内容，上起春秋，下至汉代，北至燕、代，南至儋耳；天时、地理、人物、风情，各地有各地的环境，而且各人有各人的角色。"举生财之法，图利之人，无贵无贱，无大无小，无远无近，无男无女，都纳之一篇之中，使上下数百年之贩夫竖子，伧父财奴，皆赖以传，几令人莫名其用意所在。……盖财货者，天地之精华，生民之命脉，困迫豪杰，颠倒众生，胥是物也。"[1] 经济规律、致富方法、社会追求，包罗万象，面面俱到。

钱钟书《管锥编》评论《货殖列传》的小标题为：崇私利、

95

---

① 李景星《史记评议》卷四。

若水之趋下、钱、治生产、人弃我取、归于富厚、求富、宁爵毋刁、贫贱足羞、蚊。将其内容和观点提炼得很清晰，显示了司马迁务实的经济思想。

最后一个标题是"蚊"，为什么？钱钟书引扬雄《法言·渊骞》："或问货殖。曰'蚊'。"然后解释说："此传所写熙攘往来，趋死如骛，嗜利殉财诸情状，扬雄以只字该之，以么麽象之，兼要言不烦与罕譬而喻之妙。"[①] 这些唯利是图的芸芸众生，像嗜血之蚊一样众多、渺小和可怜。这是钱钟书的发挥。钱钟书还列举宋人名家经常引用的《楞严经》卷五月光童子言："如是乃至三千大千世界内所有众生，如一器中储蚊蚋，啾啾乱鸣，于分寸中鼓发狂闹"。还罗列了西文中的相似描写。

而司马迁揭出历史真相，不怕指责或误会，承担了历史学家的职责。

与此相关的是社会人众"只重衣衫不重人"的势利观和种种世态炎凉状况，司马迁《史记》多处感慨，而钱钟书《管锥编》也有多处呼应和赞同。

第四节　人才选拔与人才自律

《史记》是一部三千年的英雄史。英雄分两类，一类是英明的君王和伯乐，他们选拔人才，他们中的不少人本人即是难得的人才；另一类是尚未成功的英雄，他们有准备地等待选拔的机会而成就功业。

人才选拔出于公心

英明的君王，其英明首先体现在识人用人上。尧舜禹时代，执政的尧舜，正确物色、识别和提拔禹。周朝君王的祖先太王竟

---

① 钱钟书《管锥编》第一册388页。

然看中隔代的孙子昌，要传位给他，所以决定先传位给第三子季历。这位昌，姬昌，即后来的周文王，是他使周部落在艰难的环境下生存、发展，为其子周武王推翻商朝、建立周朝打下坚实的基础。

这是人才选拔。太王放弃长子、次子，选第三子为接班人，因为第三子季历十分贤能，其子昌更是十分难得的有圣德的人才。

太王放弃的长子吴太伯与其弟仲雍，也是难得的人才，他们自觉让贤，逃往荆蛮，即江南蛮荒之地，像当地蛮人一样身上刺满花纹、剪断头发，以示不再继位，把继承权让给季历。这是人才自律的典范。正因他们也是人才，所以他们有能力在遥远的他方打开另一片天地，建立了吴国。

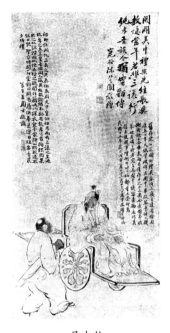

吴太伯

《史记》将《吴太伯世家》列为世家第一篇。越国是大禹的后裔建立的，时间更早，《越王勾践世家》排到第十一。《史记》重视吴国创始者的气度，由此可见。

十二本纪和三十世家的传主是历代王朝、全部诸侯国的君王，其中多位是识人用人的君王，他们本人也有多人是杰出人才，所以能开国、兴国或称霸。七十列传中的传主大多是杰出人才，他们都得到统治者的赏识和提拔，从而充分发挥才华，创立功业。

英主善于聚集人才。君王中，正确识别和选拔、使用人才的典范是汉高祖刘邦。其重孙汉武帝，也是一个典范，他重用奴隶卫青和匈奴俘虏金日磾，看重的是各种人才的表现，并给以信任和重用。还有许多人才，由于《史记》的记载和揄扬，今已家喻户晓。我们举一些人所少知的精彩例子。

晋文公知错必改

晋文公修明政务，施惠百姓，奖惩分明，实行了一系列改革政策，成为世代公认的圣贤君王，春秋五霸之一。但他也曾犯有两个错误。

晋文公在国外逃亡 19 年，经历过各种艰难险阻，也受到过礼遇和厚待。他逃到齐国，齐王送他美妻。他爱恋这个美妻，贪图安乐，竟忘记重任，放弃理想，企图终老齐国。他的妻子与随从劝说他不听，就用计灌醉他，抱他上车，离开齐国。醒后，他知中计，想杀死用计的随从——自己的舅父，他随身的贤士之一。但他很快就想通了，于是和他们和衷共济，继续前进。这是他犯的第一个错误，他很快就改正了。

返回晋国后，他奖赏与他同舟共济的有功之臣时，忘记了介子推，引起介子推及其随从的不满。这是他犯的第二个错误。他马上改正错误，派人到处寻找介子推，要给以补偿。当介子推与其母进入绵上山隐居而遍寻不着时，他便下令把整座山作为"介推田"封给介子推，改绵上山为介山，"以记吾过，且旌善人"。

汉代政治家王符《潜夫论·明暗》篇说："君之所以明者，兼听也；其所以暗者，偏信也。""兼听则明，偏听则暗"，成为治世箴言而千古流传。

即使是贤明的君王，有时也会犯错误，但犯了错误能及时觉悟，并诚心诚意听取意见，及时或尽快知错、认错、改错，这就是明君、圣王。

吴国太子季札的谦让品格和出众智慧

《吴太伯世家》记载季札坚辞掌国，放弃君位，可是他的政治眼光和素质实是一流的。司马迁赞叹："延陵季子之仁心，慕义无穷，见微而知清浊。呜呼，又时其闳览（见多识广）博物（博学多知），君子也！"司马迁赞美季札有仁爱心怀，向慕道义终生不止，能够见微知著辨别清浊。清浊，喻指善恶、治乱、贤愚等对立的范畴，这里尤指季札能通过观乐来判别国家的治乱兴衰。

我们看季札的政治眼光有多敏锐——他奉吴王僚之命，出使多个国家，一路发表言论，无不正确预见该国的前景：

去（离开）鲁，遂使齐。说晏平仲曰："子速纳邑与政（交出封邑与政事职务）。无邑无政，乃免于难。齐国之政将有所归；未得所归，难未息也。"故晏子因陈桓子以纳政与邑，是以免于栾、高之难。（栾、高之难：《左传·昭公八年》记载，齐景公十四年，齐国大夫栾施、高强互相进攻。）

他预见齐国的政权快要易手了，易手之前，国家祸乱不会平息。他劝说晏平仲说："你快些交出你的封邑和官职。没有这两样东西，你才能免于祸患。"因此晏子通过陈桓子交出了封邑与官职，所以在栾、高二氏相攻杀的祸难中得以身免。《晏子将使楚》这篇有名篇章记叙的杰出政治家，还要靠季札的指点才遇难呈祥。

去齐，使于郑。见子产，如旧交。谓子产曰："郑之执政（指郑国大夫伯有）侈（奢华放纵，盛气凌人），难将至矣，政必及子。子为政，慎以礼。不然，郑国将败。"

子产是天下闻名的贤臣，季札与他一见如故。《左传·襄公二十九年》记载季札"见子产，如旧相识。与之缟带，子产献纻衣焉"。

季札预见的此难，次年果然发生。《左传·襄公三十年》记载：秋七月，伯有"又将使子皙如楚，归而饮酒。庚子，子皙以驷氏之甲伐而焚之（烧毁伯有的窟室）。伯有奔雍梁，醒而后知之，遂奔许"。"癸丑，晨，（伯有）自墓门之渎入，因马师颉介（穿上铠甲）于襄库，以伐旧北门。驷带率国人以伐之。……伯有死于羊肆"。子产是一流的政治家，也靠季札的指点大难不死。

季札劝说子产避开执政伯有，而他绝对不会去劝说伯有改正错误，大概他认为此等败类是不可能痛改前非的。

去郑，适卫。说蘧瑗（qú yuàn）、史狗、史鳅（qiū）、公子

荆、公叔发、公子朝曰（同"悦"）："卫多君子，未有患也。"

自卫如晋，将舍于宿（通"戚"，地名，是卫国大夫孙文子的封邑），闻钟声，曰："异哉！吾闻之，辩（《史记会注考证》：通"办"，指有才干智略）而不德，必加于戮。夫子（古代对男子的尊称。此处指孙文子）获罪于君以在此，犹惧不足，而又可以畔（pán，通"般"，怡乐）乎？夫子之在此，犹燕之巢于幕也（比喻处境十分危险）。君在殡而可以乐乎（停枢待葬）？"遂去之。文子闻之，终身不听琴瑟。

《卫康叔世家》载此事详：过宿，孙林父为击磬，曰："不乐，音大悲，使卫乱乃此矣。"孙文子曾攻击卫献公，献公逃到齐国。孙文子立卫殇公。后来孙文子又要求晋国扣押殇公，再立献公。季札认为孙文子的行为是"辩而不德"，而且得罪于国君。

适晋，说赵文子、韩宣子、魏献子，曰："晋国其萃（集中）于三家（指晋国赵、韩、魏三大夫之家族）乎！"将去，谓叔向曰："吾子（对对方的敬爱之称）勉之！君侈而多良（良大夫）。大夫皆富，政将在三家。吾子直，必思自免于难。"他竟然预见到三家分晋的重大历史走向。

季札奉吴王僚之命，出使各国，等季札回到吴国，吴国竟然发生了政变，阖闾杀了吴王僚。他怎么办呢？

季子至，曰："苟先君无废祀（断绝祭祀），民人无废主（丧失君主），社稷有奉，乃吾君也。吾敢谁怨乎？哀死事生，以待天命。非我生乱，立者从之，先人之道也。"复命，哭僚墓，复位而待。

他既对旧君负责，也不无谓地愚忠旧君、去挑战新君，而是识时务，认清形势，因势利导。

他在出使途中还有一个插曲：

季札刚出使时，北行造访徐国国君。徐君喜欢季札的宝剑，但嘴里没敢说，季札心知其意，但因还要出使中原各国，没将宝剑献给他。回来又经徐国，徐君已死，季札解下宝剑，挂在徐君坟墓树上后离开。随从人员说：“徐君已死，那宝剑还给谁呀！”季子说：“不对，当初我内心已答应赠他，怎能因徐君已死而违背自己的心愿呢！”如此绝然地讲究信用，令人钦敬。

季札如此英明贤能，他还是有两大问题：一，吴国朝野本要给他君位的，此中不存在人才选拔的失误问题，是他自己坚拒的。从季札的以上言行看，他当吴王，吴国就不会在夫差手中落了个兵败和灭亡的凄惨结局。但是季札自己反对人们选拔自己，放弃到手的王位，此为吴国之不幸。连带的第二个问题是，他能够精确预见这么多国家的前途，但不能预测本国的政变和发展前景。司马迁没有意识到这两个问题，大史家还是有观察的盲点。

汉武帝文臣的尽职和清廉自守

汉武帝时的名臣汲黯好学，又好仗义行侠，很注重志气节操。他平日居家，品行美好纯正；入朝，喜欢直言劝谏，屡次触犯龙颜，仰慕傅柏和袁盎的为人。他与灌夫、郑当时和宗正刘弃交好。他们也因为多次直谏而不得久居其官位。汉武帝多次恼怒汲黯的犯言直谏，但是汲黯一生得到汉武帝的信用，直到他在淮阳郡任上逝世，他一直享受诸侯国相的俸禄待遇。

汲黯多病，有一次已抱病三月之久，皇上多次恩准他休假养病，他的病体却始终不愈。最后一次病得很厉害，庄助替他请假，皇上问道：“汲黯这个人怎么样？”庄助说：“让汲黯当官执事，没有过人之处。然而他能辅佐年少的君主，坚守已成的事业，以利诱之他不会来，以威驱之他不会去，即使有人自称像孟贲、夏育一样勇武非常，也不能撼夺他的志节。”皇上说：“是的。古代有所谓安邦保国的忠臣，像汲黯就很近似他们了。”

汲黯的好友郑当时，字庄。郑庄做右内史时，告诫属下官吏说：“有来访者，不论尊贵或低贱，一律不得让人滞留门口等候。”他敬执主人待客之礼，以自己的高贵身份屈居于客人之下。郑庄廉洁，又不添置私产，仅依靠官俸和赏赐所得供给各位年长的友人，而所馈送的礼物，只不过是用竹器盛的些许吃食。每逢上朝，遇有向皇上进言的机会，他必得称道天下德高望重的人。他推举士人和属下的丞、史诸官吏，委实津津乐道，饶有兴味，言语中时常称举他们比自己贤能。他从不对吏员直呼其名，与属下谈话时，谦和得好像生怕伤害了对方。听到别人有高见，便马上报告皇上，唯恐延迟误事。因此，殽山以东广大地区的士人和知名长者都众口一词称赞他的美德。

《汲郑列传》文末，司马迁总结说："郑庄、汲黯始列为九卿，廉，内行修絜。此两人中废，家贫，宾客益落。及居郡，卒后家无余赀财。庄兄弟子孙以庄故，至二千石六七人焉。"

他们犯言直谏，不怕得罪汉武帝，汉武帝也多次非常恼火，他们有错即予以罢官。可是他们最后都得善终，因为汉武帝善待他们。

即使像张汤和公孙弘这样的酷吏和佞幸之徒，其清廉和自洁，也是令人瞩目的。

早在文景时期，酷吏郅都，就是一个难得的清官。

济南瞷氏宗族共有三百多家，强横奸猾，当时的济南太守不能治服他们，于是汉景帝就任命郅都当济南太守。郅都来到济南郡所，就把瞷氏家族首恶分子的全家都杀了，其余瞷姓坏人都吓得大腿发抖。过了一年多，济南郡路不拾遗，周围十多个郡的郡守畏惧郅都就像畏惧上级官府一样。

郅都为人勇敢，有气力，公正廉洁，不翻开私人求情的信，送礼，他不接受，私人的请托他不听。他常常说："已经背离父母而来当官，我就应当在官位上奉公尽职，保持节操而死，终究不能顾念妻子儿女。"

郅都调升中尉之官，丞相周亚夫很傲慢，而郅都见到他只是作揖，并不跪拜。这时，百姓质朴，都守法自重，郅都却首先施行严酷的刑法，以至执法不畏避权贵和皇亲，连列侯和皇族之人见到他都要侧目而视，称呼他为"苍鹰"。

这样的酷吏是清官能吏，是不容否定的。

汉武帝时期的酷吏赵禹，为人廉洁傲慢，当官以来，家中没有食客。三公九卿前来拜访，赵禹却始终不回访答谢，务求断绝与知心朋友和宾客的来往，独自一心一意地处理自己的公务。他看到法令条文就取来，也不去复查，以求追究从属官员的隐秘的罪过。

张汤是汉武帝时代最著名的酷吏，他虽做了大官，自身修养很好，与宾客交往，同他们喝酒吃饭，对老朋友当官的子弟以及贫穷的兄弟们，都照顾得尤其宽厚。他拜谒朝臣，不避寒暑。所以张汤虽然执法严酷，内心嫉妒，处事不纯正公平，却得到好名声。

张汤最后遭人陷害，只能自杀，自杀前，他写信向皇上谢罪说："张汤没有尺寸之功，起初只当文书小吏，陛下宠幸我，让我位列三公之位，无法推卸罪责，然而阴谋陷害张汤的罪人是三位长史。"

张汤死时，家产总值不超过五百金，都是所得的俸禄和皇上的赏赐，没有其他的产业。张汤兄弟和儿子们仍想厚葬张汤，他母亲说："张汤是天子的大臣，遭受恶言诬告而死，何必厚葬呢？"于是就用牛车拉着棺材，没有外椁。天子听到这情况后说："没有这样的母亲，生不出这样的儿子。"就穷究此案，把三个长史全都杀了。丞相庄青翟也自杀。皇上怜惜张汤，逐渐提拔他的儿子张安世。张汤面对陷害他的小人，死了也有办法报复。

汉武帝时期的另一个酷吏义纵，在少年时代，曾与张次公一块抢劫，结为强盗团伙。他有个姐姐叫姁，凭医术受到太后的宠幸。王太后问姁说："你有儿子和兄弟当官吗？"义纵的姐姐说："有个弟弟，品行不好，不能当官。"这位姐姐直言弟弟品行不好，不能当官，正是一位正直贤德的好人。

太后就告诉皇上，任姁的弟弟义纵为中郎，改任上党郡中某县的县令。义纵执法严酷，很少有宽和包容的情形，因此县里没有逃亡的事。后来改任长陵和长安的县令，依法办理政事，不回避贵族和皇亲。因为逮捕审讯太后的外孙脩成君的儿子仲，皇上认为他有能力，任他为河内都尉。到任后，他就把当地豪强穰氏之流灭了族，使河内出现道不拾遗的局面。义纵并不因为太后提携自己而徇私枉法，他秉公处置太后的亲戚。

义纵从河内调任南阳太守，审理他熟识的同僚宁成家的罪行，完全粉碎了有罪的宁氏家族，宁成也被株连有罪。以致孔姓和暴姓之流的豪门都逃亡而去，南阳的官吏百姓都怕得谨慎行动，不敢有错。这时汉朝军队屡次从定襄出兵打匈奴，定襄的官吏和百姓人心散乱、世风败坏，朝廷于是改派义纵做定襄太守。义纵到任后，捕取定襄狱中没有戴刑具的重罪犯人二百人，以及他们的宾客兄弟私自探监的二百余人。义纵把他们全部逮捕起来加以审讯，并全部上报处死。这之后，郡中人都不寒而栗，连刁猾之民也辅佐官吏治理政事。

义纵廉洁，他治理政事仿效郅都，后来被无辜处死。像义纵这样的酷吏，有时也会有失误，但基本上是忠于职守的好官。

平津侯、丞相公孙弘是齐地菑川国薛县的人，表字季。他年轻时当过薛县的监狱官员，因为犯了罪，被免官。他家里穷，只得到海边去放猪。直到四十多岁时，才学习《春秋》及各家解释《春秋》的著作。他奉养后母孝顺而谨慎。

武帝元光五年（前130），皇帝下诏书，征召文学。公孙弘虽然已经70岁，其对策文章却得了第一名。公孙弘为人雄伟奇异，见闻广博，经常说人主的毛病在于心胸不广大，人臣的毛病在于不节俭。公孙弘盖布被，吃饭时不吃两种以上的肉菜。后母死了，他守丧三年。

他每次上朝同大家议论政事，总是先陈述事情，然后让皇上自己去选择决定，不肯当面驳斥或在朝廷上争论。皇上观察他，发现他的品行忠厚，善于言谈，熟悉文书法令和官场事务，而且还能用儒学观点加以文饰。皇上非常喜欢他，在两年之内，他便官至左内史。

公孙弘向皇帝奏明事情，有时他的意见不被采纳，他也不在朝廷上加以辩白。他曾经和主爵尉汲黯请求皇上分别召见，汲黯先向皇上提出问题，公孙弘则随后把问题阐述得清清楚楚，皇上常常很高兴。他所说的事情都被采纳，从此，公孙弘一天比一天受到皇帝的亲近，地位显贵起来。

以上可见公孙弘的个人品质很好，毅力出众——从小干苦活，40多岁才开始读书，照样读得出人头地，能力非凡。当官后，并不因为晚年得官不易，而谨小慎微，照样批评人主；并不挥霍奢侈，照样刻苦节俭度日；在朝廷上，智慧出众。后人讥讽他是伪君子，是有眼不识泰山，这一切是可以伪装的吗！

公孙弘的缺点是，他与公卿们事先约定好了要跟皇帝谈论的问题，但到了皇帝面前，他却违背约定而顺从皇帝的意旨。汲黯在朝廷上责备公孙弘说："齐地之人多半都欺诈而无真情，他开始时同我们一起提出这个建议，现在全都违背了，不忠诚。"皇上问公孙弘，公孙弘谢罪说："了解我的人认为我忠诚，不了解我的人认为我不忠诚。"皇上赞同公孙弘的说法。皇上身边的受宠之臣每每诋毁公孙弘，但皇上却越发厚待公孙弘。

汲黯说："公孙弘处于三公的地位，俸禄很多，但却盖布被，这是欺诈。"皇上问公孙弘，公孙弘谢罪说："有这样的事。九卿中与我好的人没有超过汲黯的了，但他今天在朝廷上诘难我，确实说中了我的毛病。我有三公的高贵地位却盖布被，确实是巧行欺诈，妄图钓取美名。况且我听说管仲当齐国的相，有三处住宅，其奢侈可与齐王相比。齐桓公依靠管仲称霸，也是对在上位的国君的越礼行为。晏婴为齐景公的相，吃饭时不吃两样以上的肉菜，他的妾不穿丝织衣服，齐国治理得很好，这是晏婴向下面的百姓看齐。如今我当了御史大夫，却盖布被，这是从九卿以下直到小官吏没有了贵贱的差别，真像汲黯所说的那样。况且没有汲黯的忠诚，陛下怎能听到这些话呢！"武帝认为公孙弘谦让有礼，越发厚待他，终于让公孙弘当了丞相，封为平津侯。

公孙弘对恶意攻击他的汲黯，采取有则改之、无则加勉的态度，还赞扬汲黯出于对朝廷的忠诚而批评自己。这种态度虽然是表面的，但几乎是无人能够学得来的。

公孙弘为人猜疑忌恨，外表宽宏大量，内心却城府很深。那些曾经同公孙弘有仇怨的人，公孙弘虽然表面与他们相处很好，但暗中却嫁祸于人予以报复。杀死主父偃，把董仲舒改派到胶西国当相的事，都是公孙弘的主意。

公孙弘每顿饭只吃一个肉菜和脱壳的粗米饭，老朋友和他喜欢的门客都靠他供给衣食，公孙弘的俸禄都用来养他们，家中没有余财。士人因为这个缘故都认为他贤明。

司马迁公正指出公孙弘以布衣而封侯，官至丞相，位列三公的经历，说明汉武帝珍惜、爱护和正确使用人才的英明决断和政策是高明的。司马迁肯定公孙弘官高戒奢，躬行节俭，倡导儒学，有益于教育事业发展的功绩；也指出他谏止征伐匈奴和罢通西南夷，虽然是错误的，但他是出于关心民间疾苦。司马迁总结说：公孙弘的品德行为"美好"，有时有曲学阿世、"为人意忌"等缺失。

吴起、李广、卫青众名将的严于律己和高风亮节

不仅文官，武将中也有很多廉洁清正的好官。

战国时的吴起在鲁国率领军队攻打齐国，把齐军打得大败。他功高而受人妒忌，鲁国有的人还诋毁吴起。吴起听说魏国文侯贤明，想去奉事他。文侯问李克："吴起这个人怎么样啊？"李克回答说："吴起贪恋成名且爱好女色，然而要带兵打仗，就是司马穰苴也超不过他。"于是魏文侯就任用他为主将，攻打秦国，夺取了五座城池。

吴起做主将，跟最下等的士兵穿一样的衣服，吃一样的伙食，睡觉不铺垫褥，行军不乘车骑马，亲自背负着捆扎好的粮食和士

兵们同甘共苦。有个士兵生了恶性毒疮，吴起替他吸吮浓液。魏文侯因为吴起善于用兵打仗，廉洁不贪，待人公平，能取得所有将士的欢心，就任命他担任西河地区的长官，以抗拒秦国和韩国。

魏文侯死后，吴起奉事他的儿子魏武侯。武侯泛舟黄河顺流而下，船到半途，他回过头来对吴起说："山川是如此险要、壮美哟，这是魏国的瑰宝啊！"吴起回答说："国家政权的稳固，在于施德于民，而不在于地理形势的险要。从前三苗氏左临洞庭湖，右濒彭蠡泽，因为它不修德行，不讲信义，所以夏禹能灭掉它。夏桀的领土，左临黄河、济水，右靠泰山、华山，伊阙山在它的南边，羊肠坂在它的北面。因为他不施仁政，所以商汤放逐了他。殷纣的领土，左边有孟门山，右边有太行山，常山在它的北边，黄河流经它的南面，因为他不施仁德，武王把他杀了。由此看来，政权稳固在于给百姓施以恩德，不在于地理形势的险要。如果您不施恩德，即便同乘一条船的人也会变成您的仇敌啊！"吴起博古通今，史识高远，是极为难得的文武兼修的名将。

吴起识见高远，坚守给百姓施以恩德的仁义原则，对国君的错误认识和言论，当场给以针锋相对的批评，性格刚正。

后来他在魏国遭继任宰相妒忌，离开魏国，来到楚国。楚悼王一向听说吴起贤能，他刚到楚国就任命他为国相。吴起执法严明，令出必行，淘汰并裁减无关紧要的冗员，停止疏远王族的按例供给来抚养战士。他致力于加强军事力量，揭穿往来奔走的游说之客。他领导楚国走向富国强兵的胜利之路。可惜楚悼王刚死，在吴起改革中，私利受到损害的王族就迅即报复，群起攻击，要杀害吴起。吴起急中生智，不动声色地引诱仇敌全体失误，死无葬身之地。

吴起治军和治国有方，富有谋略，更能爱惜士卒，他的一生是在战场上战无不胜的一生。

西汉名将李广，为官清廉，得到赏赐就分给他的部下，饮食总与士兵在一起。李广一生，做二千石俸禄的官共40多年，家中没有多余的财物。李广带兵，缺粮断水时，见到水，士兵还没有喝到，李广不去靠近水；士兵还没有吃上饭，李广一口饭也不尝。李广对士兵宽厚和缓不苛刻，士兵因此爱戴他，乐于为他效力。李广机智勇敢，身先士卒，奋不顾身，每次突遇匈奴重兵包围，他都能以少敌众，安然返回。

汉武帝任命的大将军卫青，比李广更为杰出：

> 大将军遇士大夫以礼，与士卒有恩，众皆乐为用。骑上下山如飞，材力绝人如此，数将习兵，未易当也。

> 大将军号令明，当敌勇，常为士卒先；须士卒休，乃舍；穿井得水，乃敢饮；军罢，士卒已逾河，乃度。皇太后所赐金帛，尽以赐军吏，虽古名将弗过也。

淮南王在发动叛乱前，为预防朝廷派遣大将军卫青前来镇压，向谋士伍被询问："大将军何如人也？"伍被回答说："我有一位好朋友黄义，他曾跟随大将军出击匈奴，向我谈及过大将军的情况。另有谒者（掌"宾赞受事"的官员）曹梁，从长安来此出差，也曾向我谈及大将军的为将和为人。"上述第一段是黄义的介绍，第二段是曹梁的介绍。

《史记》和《汉书》都在很不起眼的地方记载卫青的情况和当时人的评价，前者记入《淮南王列传》，后者在《伍被传》；而《资治通鉴》记载汉武帝时期的历史时，对卫青的以上两则评价只用了第一条，而丢失了第二条。

我在《论历史题材的文艺作品的价值趋向》一文中有对这两条评价的分析：

大将军卫青尊重知识分子，尤其是"与士卒有恩"，对士兵有恩情。接下来的种种赞扬，都体现了"与士卒有恩"这个中心：

首先，卫青骑术高明，在地形陡峭、植被复杂的荒山野岭能骑马如飞地上山和下山，这是他军事技艺无人可及即"材力绝人如此"的诸种本领中的一种而已。

作战时对敌有大的杀伤力和威慑力。他平时训练军官和士兵会从内行的角度制订高标准严要求，官兵的作战技术好，能减少伤亡，这的确是卫青对士兵的恩德。

其次，他号令严明。战场上的状况瞬息万变，指挥上稍有失误就会造成士兵不必要的伤亡，这是卫青对士兵的第二个恩德。

第三，大敌当前，他冲锋在前，鼓舞士气，使部下尤其是普通士兵的战斗豪情油然而生，这是卫青对士兵的第三个恩德。

第四，在沙漠地带行军打仗，极其辛苦和劳累，他等士兵都休息了自己才休息，也是极不容易的。

第五，沙漠地带缺水，生命受到严重威胁。他要等到挖井后得到足够的水，才"敢"饮。这是卫青对士兵的第五个恩德。

第六，行军或退兵时他让士卒先渡河，自己在后压阵。古代打仗，渡河最危险。如果大部队已经渡河，敌军追上来，最后渡河的人就有被歼灭的危险。这是卫青对士兵的第六个恩德。

最后，皇太后给的赏赐，他一分不留，全部给了部下。

卫青功高位尊，却能一直保持小心谨慎，具有遇事忍让、宽厚的气度，胸襟宽阔，待人仁慈，极为难得。仅举两例：

卫青任大将军后，位列九卿的主爵都尉汲黯与他分庭抗礼。卫青不仅不生气，还认为汲黯是个贤臣，多次向汲黯请教朝廷碰到的疑难问题，比平日给予更高的礼遇。汲黯此人因为经常犯颜直谏，不得久留朝廷为官，不得久居官位，只有卫青能宽容和真诚地尊重他。

李广死后，李敢怨恨卫青指令其父李广走东路，从而迷路误期，饮恨自杀，他气愤难平，打伤了大将军卫青。

卫青作战勇武，他如果保护自己，与李敢对打，即使不获胜，至少也不会受伤。他受伤，是因为他打不还手。他打不还手，有三个原因：

其一，他同情李敢。李广非正常自杀，作为儿子的李敢，在极度的伤心下丧失理智，竟然来打大将军卫青，善良的卫青同情他。

其二，他尊重李敢。李敢误以为父亲受卫青的迫害而死。他前来报仇，竟然来打大将军卫青。他报仇的目标不对，报仇的方法不对，但他为了父亲冤死，不考虑自己的后果，前来向大将军报仇。这种孝心，这种维护正义的真心，这种无私的勇气，善良而富于正义感的卫青是尊重和赞赏的。

其三，他爱护李敢。李敢是谁？一、他是名将李广的儿子。爱护他，就是对已经亡故的名将的一种敬重和善待。二、他是军中的青年勇将，国家需要这样的战将，汉匈战争需要这样的战将。

于是卫青打不还手，他不仅没有惩处、报复李敢，还大度地将这件事情隐匿下来，以免武帝知晓后惩罚李敢。

卫青靠自己的勇武、智慧成为汉朝第一个战胜匈奴强敌的将军，而且每战必胜，功勋卓著，从而拜将封侯，建立不朽的功业[1]。

① 周锡山《论历史题材的文艺作品的价值趋向，文艺繁荣与价值引领》（"第五届当代文艺论坛文集"），第148—151页，中央文献出版社2011年版。

第三章 崇高的激情

——《史记》的精神境界和人生智慧

《史记》作为一部伟大的历史著作和文学著作，弘扬了中国文化的崇高精神和高超智慧，内容丰富精彩，值得广大青年反复阅读，长年思考和终身学习。

第一节 发愤著书与重于泰山

当今中国，讲到司马迁，其名声可谓如雷贯耳，是人所共知的伟大历史学家、文学家，《史记》是中国文化中的顶级经典之一。

可是在司马迁生活的时代，司马迁和他的历史学家祖先，地位极低，低到像供皇帝笑乐的小丑一般。司马迁在《报任安书》中沉痛地说："仆之先人，非有剖符丹书之功，文史星历，近乎卜祝之间，固主上所戏弄，倡优畜之，流俗之所轻也。"

得剖符丹书的功臣，子孙有罪可以赦免。这都是立过大功的大臣才有的待遇。而司马迁的祖先和他本人都是史官，地位低得像倡优一样，非常可怜，为人所看不起。

仗义执言与发愤著书

司马迁原来的地位就这么低，他又为李陵辩护，得罪了汉武帝，沦落成囚犯，下狱受刑，差一点丢了性命：

> 假令仆伏法受诛，若九牛亡一毛，与蝼蚁何异？而世又不与能死节者比，特以为智穷罪极，不能自免，卒就死耳。何也？素所自树立（自己用来立身的，指工作和职位）使然。人固有一死，死，有（《文选》作"或"）重于泰山，或轻于鸿毛，用（因）之（死）所趋（为什么去死）异也。

这段话中，"人固有一死，死，有（或）重于泰山，或轻于鸿毛"，成为千古名言。司马迁为了完成《史记》，忍辱而活，就是因"重于泰山"此语的自我激励。这句名言也成为仁人志士在绝境中的行为标准。

司马迁接着总结古人受辱的等级，一共 10 种等级：

> 太上不辱先，其次不辱身，其次不辱理（纹理）色（脸色），其次不辱辞令；其次诎（qū，同"屈"）体（身体被捆绑）受辱，其次易服（换上罪人的衣服）受辱，其次关（戴上）木索（枷锁）、被箠（chuí）楚（木杖和荆杖）受辱，其次剔（通"剃"）毛发（头发剃光，受髡 kūn 刑）、婴（环绕）金铁受辱（颈上套着铁圈，受钳刑），其次毁肌肤、断支（同"肢"）体受辱，最下腐刑极矣！

第十等是腐刑，即宫刑，是破坏生殖机能的酷刑，仅次于死刑。司马迁不幸遭受腐刑，忍受了极大的耻辱。

前人榜样和不朽经典

接着他想到商朝末年周文王、秦朝末年相国李斯和汉初诸王、功臣被囚：

文王

虞芮質成諸侯歸國
易演後天語構至德

周文王（明刻《歷代帝賢像》）

且西伯（周文王），伯（方伯，一方诸侯之长）也，拘牖（yǒu，两《本纪》及《文选》均作"羑"，音同）里；李斯，相也，具五刑；淮阴，王也，受械于陈；彭越、张敖，南向称孤，系狱具罪；绛侯诛诸吕，权倾五伯（春秋五霸。伯，通"霸"），囚于请室（监狱）；魏其，大将也，衣赭（zhě，穿红褐色的囚服衣服）、关三木（加在颈、手、足三处的刑具，即枷和桎梏）；季布为朱家钳奴；灌夫受辱居室。此人皆身至王侯将相，声闻邻国，及罪至罔（同"网"，法网）加，不能引决（自杀）自财（通"裁"，自杀），在尘埃（指监狱）之中，古今一体，安在其不辱也！此言之，勇怯，势也；强弱，形也。审矣（明白了），曷足怪乎？且人不能蚤（通"早"）自财绳墨（法令）之外，已稍陵夷（卑下，衰颓），至于鞭箠之间，乃欲引节，斯不亦远乎！

113

他们在狱中都没有自杀，有的是坚强不死，有的是软弱不敢死。不敢死，是因为：人之常情没有不贪恋生存、厌恶死亡的，没有不顾念父母妻儿的。至于那些为义理所激励的人并不如此，那是由不得已的形势造成的。

那么，司马迁自己呢——"今仆不幸，蚤失二亲，无兄弟之亲，独身孤立。少卿视仆于妻子何如哉？且勇者不必死节，怯夫慕义，何处不勉焉！仆虽怯懦欲苟活，亦颇识去就（去留，进退。此指偷生或赴死）之分矣，何至自沉溺（陷身）累绁［《文选》作"缧绁"（léi xiè），捆绑犯人的绳索，引申为牢狱］之辱哉！

且夫臧获（古代骂奴婢的贱称）婢妾犹能引决，况若仆之不得已乎？所以隐忍（克制忍耐）苟活，函（包围）粪土（指监狱，兼指耻辱）之中而不辞者，恨私心有所不尽，鄙（鄙薄）没（mò）世（终结一世，即死）而文采（指文章）不表于后也。"

自己之所以忍辱苟活，完全是为了著书立说，而这样做也因为古代颇有榜样：

古者富贵而名摩灭（通"磨"），不可胜记，唯倜傥（tì tǎng 卓越豪迈，才华不凡）非常之人称焉。盖西伯（《文选》作"文王"）拘而演《周易》；仲尼厄（孔子受困）而作《春秋》；屈原放逐，乃赋《离骚》；左丘失明，厥（乃，才）有《国语》；孙子膑（膝盖骨，特指古代一种剔除膝盖骨的酷刑）脚（小腿），《兵法》修列（著述，编著）；不韦迁蜀，世传《吕览》（即《吕氏春秋》）；韩非囚秦，《说（shuì）难》、《孤愤》；《诗》三百篇，大氏（同"抵"）圣贤发愤之所为作也。此人皆意有所郁结，不得通其道（行其道，即实现其理想），故述往事，思来者（想到以后的人会有理解自己的）。乃如左丘无目，孙子断足，终不可用，退论书策（写作，著书。策，竹简），以舒其愤，思垂（流传）空文以自见。

这些榜样，司马迁感到对自己极有激励作用，因此在《史记·太史公自序》中也做了详细介绍。

昔西伯拘羑里，演《周易》；孔子厄（è，穷困，灾难）陈蔡，作《春秋》；屈原放逐，著《离骚》；左丘失明，厥有《国语》；孙子膑脚，而论兵法；不韦迁蜀，世传《吕览》；韩非囚秦，《说难》《孤愤》；《诗》三百篇，大抵贤圣发愤之所为作也。此人皆意有所郁结，不得通其道也，故述往事，思来者。"于是卒述陶唐以来，至于麟（元狩元年，前122）

止，自黄帝始。

司马迁两次赞誉这些发愤著书的英雄作者，但是史实颇有出
入。《春秋》为鲁国史官所记，孔子进行了加工与修订，这里说是
他所著。吕不韦主持编著《吕氏春秋》远在迁蜀以前。韩非著
《说难》《孤愤》事，《史记·老子韩非列传》谓在入秦以前。《史
记·屈原贾生列传》载，《离骚》是屈原被楚怀王疏远后所作，与
本文所说不同。而左丘即左丘明。关于他失明的事，他书未见记
载；《国语》是否为他所作，学者多有疑问。孙膑所作兵法早已失
传，1972 年山东临沂银雀山西汉墓出土的竹简中，有《孙膑兵法》
残简五千九百余字。

杰出志士皆经磨难

司马迁在《游侠列传》中，还强调历史上不少志士曾经身处
逆境，他们经过卓绝努力，战胜困难，走上人生的顶峰。他说：

太公八十遇文王（明刊《武王伐纣书》插图）

且缓急，人之
所时有也。太史公
曰："昔者虞舜窘于
井廪，伊尹负（背）
于鼎（古炊具，饭
锅）俎（zǔ，切肉
的案板），傅说匿于
傅险（一作"傅岩"，地名），吕尚困于棘津（古代河水名），
夷吾桎梏（zhìgù，古代刑具，即脚镣与手铐）；百里饭（喂）
牛，仲尼畏（受到威胁）匡，菜色陈、蔡。此皆学士所谓有道
仁人也，犹然（尚且）遭此菑（同"灾"），况以中材而涉乱世
之末流乎？其遇害何可胜道哉！"

司马迁这里罗列的古代志士的史实是：

《孟子·万章》和《史记·五帝本纪》皆言舜未称帝时，多次遭其父与弟的迫害，舜修仓廪，其父瞽瞍撤梯烧仓，欲将他烧死。后又让舜挖井，舜入井其父与弟象把井填死，欲活埋舜。但舜大难不死，皆逃脱。

伊尹是商汤贤臣。《孟子·万章》与《史记·殷本纪》说：伊尹曾寻机当了商汤的厨师，以烹调之理暗示为政之理，深得汤的赏识，被重用，建立大功。

《史记·殷本纪》记载，傅说本为在傅岩服苦役的犯人，后被武丁发现，委以重任，使商代大治。参见《吕氏春秋·求人》。

据《史记·正义》引《尉缭子》说，姜尚年七十还未得志，只能在棘津做贩卖饮食的小贩，千古盛称"姜太公八十遇文王"，他八十以后才得志。其人其事详见《史记·齐太公世家》。

夷吾：即管仲。《史记·管晏列传》记载，管仲原为公子纠之臣，公子纠在与公子小白（齐桓公）争君位的斗争中失败，逃往鲁国，桓公让鲁杀公子纠，将管仲缚押至齐。"桎梏"云云，即指此事。

百里，即百里奚。《孟子·万章》《管子·小问》《盐铁论》等皆言百里奚早年曾自卖为奴，替人喂牛，后寻找机会，取得秦穆公的信任。

《史记·孔子世家》云，孔子周游列国，从卫国到陈国，路过卫国的匡地时，匡人见他貌似匡人憎恨的阳虎，便将他围困起来，几乎把他害死。（《荀子·赋篇》"孔子拘匡。"）路过陈、蔡两国，途中无粮可吃，被饿得面黄肌瘦。

这些人，孔子是千古文宗，其他都是帝王将相，他们忍耐屈辱，度过厄运，做出大事业。

而司马迁自知《史记》继承《春秋》的重大意义。他在《太史公自序》中说：

上大夫壶遂曰："昔孔子何为而作《春秋》哉？"太史公曰："余闻董生（董仲舒）曰：'周道衰废，孔子为鲁司寇，诸侯害之，大夫雍（阻挠）之。孔子知言之不用，道之不行也，是非（褒贬）二百四十二年之中（《春秋》所记历史时间），以为天下仪表，贬天子，退诸侯，讨大夫，以达王事而已矣。'子曰：'我欲载之空言，不如见之于行事之深切著明也（语见《春秋纬》）'。夫《春秋》，上明三王（夏禹、商汤、周文王）之道，下辨人事之纪（法度，准则），别嫌疑，明是非，定犹豫，善善恶恶，贤贤贱不肖，存亡国，继绝世，补敝起废，王道之大者也。"

完成《史记》的重大意义

司马迁用其师董仲舒教导他的观点阐发《春秋》的重大作用和意义，表达了自己继承《春秋》，完成《史记》的重大意义。

117

而壶遂听了司马迁这番话还是说："孔子之时，上无明君，下不得任用，故作《春秋》，垂空文以断礼义，当一王之法。"将《春秋》说成是"空文"，即不能用于当世的文章。① 前已言及，当时史家地位极低，还不能以文章建立功业，故称空文。

此后，魏文帝曹丕，以帝王的身份，在《典论·论文》中说："盖文章，经国之大业，不朽之盛事"，才将写作提高到极高的地位。但曹丕的这个观点，实际上是受了司马迁"王道之大者"的影响。

司马迁虽然在当时受到极大的侮辱，深感生不如死，但仍豪迈地宣称，人要死得有意义，有所作为的人之死，重于泰山。人

---

① 《史记·日者列传》："初试官时，倍力为巧诈，饰虚功执空文以誷主上。"这里的"空文"，即汉桓宽《盐铁论·非鞅》批评的："故贤者处实而效功，亦非徒陈空文而已。"是指"空洞浮泛的文辞"，两者意思不同。

生境界决定人物的历史地位，司马迁具有超越生死的生命观。

司马迁发愤著书，给后世树立了光辉的榜样。唐初王勃在《滕王阁序》中说：

> 时运不齐，命途多舛。冯唐易老，李广难封。屈贾谊于长沙，非无圣主；窜梁鸿于海曲，岂乏明时？所赖君子见机（一作安贫），达人知命。老当益壮，宁移白首之心？穷且益坚，不坠青云之志。酌贪泉而觉爽，处涸辙以犹欢。北海虽赊，扶摇可接；东隅已逝，桑榆非晚。孟尝高洁，空余报国之情；阮籍猖狂，岂效穷途之哭！

这显示了中国古代文人不畏困顿，藐视贫贱，奋发图强的不屈意志，并成为中国文化的伟大精神。

韩愈在这个基础上提出"不平则鸣"，欧阳修指出"穷而后工"，金圣叹说"怨毒著书，史公不免"，总结中国诗人作家不畏强暴，批判现实的战斗精神，也揭示了中国文化能够坚韧发展的强大生命力。

第二节　志气、抱负和野心

《史记》崇尚志气和抱负，谴责野心而做坏事。

人生最高三标准

中国先秦时代给最杰出的人物高悬三条人生标准："太上有立德，其次有立功，其次有立言，虽久不废，此谓之不朽。"① 诚如钱穆所言："德指的人格方面，功指的事业方面，言指的思想与学

---

① 《左传·襄公二十四年》。

术方面。"①

《史记·太史公自序》郑重抄录《左传》此言，并以此作为《史记》记载和评价历史人物和历史事件的第一标准。

"立德"指的是遁世、修行。老、庄崇尚隐退，孔子实也如此，他赞扬："太伯其至德矣乎！三以天下让，民无德而称焉。"又将他比之伯夷、叔齐："不降其志，不辱其身，伯夷叔齐乎！"极赞三人不肯在治理天下方面有所作为。孟子也将伯夷、叔齐与柳下惠并称为三圣人，将伯、柳二人与尧、舜、禹、汤等人相提并论，同称为圣人。评价最高的是无所作为、隐居修行的"立德"人物。

司马迁《史记》将《吴太伯世家》列为三十世家之首，将《伯夷列传》列为七十列传之首。两传歌颂避位让国、甘当隐士的历史人物，隐居提到的有尧时许由、夏朝卞随、务光，传主有吴太伯、季札、伯夷和叔齐，共七人。

119

《吴太伯世家》歌颂了吴太伯、季札二人不慕权力、避位让国的高风亮节。吴太伯，太伯弟仲雍，均为周太王之子，其弟季历十分贤能，又有一个具有圣德的儿子昌，太王想立季历以便传位给昌，因此太伯、仲雍二人就逃往遥远而落后的南方蛮荒之地荆蛮，像当地蛮人一样生活，远离权力中心，把继承权让给季历。

本篇太史公曰：孔子言"太伯其可谓至德矣，三以天下让，民无得而称焉"②。借用孔子的话，极度赞美太伯的高风亮节。

《伯夷列传》开首即说许由不接受尧相让的天下，不仅不接受，反而以此为耻辱，于是逃走隐居起来。夏朝卞随、务光不接受商汤让位。司马迁认为所听到的许由、务光的德行是最高尚的。接着进入正题，表彰商末周初伯夷和叔齐。他们先是拒受王位，

---

①　钱穆《中国历史研究法》第109页，三联书店2001年版。

②　（语见《论语·泰伯第八》）（孔子说"太伯可以说是道德的巅峰，三次把天下让给别人，人民都不知用什么言辞来称赞他才好"。）

让国出逃；武王伐纣时，又以仁义叩马而谏；等到西周代商之后，则耻食周粟，采薇而食，作歌明志，最终竟然饿死在首阳山上。作者极力颂扬他们积仁洁行、清风高节的崇高品格，抒发了作者的诸多感慨。其中最感慨的是"天道"得不到应验，善人不获天报，穷饿而死者众，而恶人却常得逸乐富贵，寿终正寝。

周武王（明刻《历代帝贤像》）

接着司马迁引孔子的话："君子疾没世而名不称焉。"[1] 贾子曰："贪夫徇财，烈士徇名，夸者死权，众庶冯生。"《易·乾·文言》："同明相照，同类相求。""云从龙，风从虎，圣人作而万物睹。"他把这些贤良耿直之士作为自己和读者的榜样。

孔子说："君子所怕的是一直到死而名不被称述。"贾谊说："贪财的人为财而死，重义轻生的人为名而献身，矜夸而贪图权势的人为争权而丧生，平民百姓则贪生而恶死。"《易经》上说："同样明亮的东西，就会相互映照，同属一类的事物，自然相互感应。""彩云随着龙吟飞腾，谷风随着虎啸而兴起，圣人述作，才使万物本来的面目显露出来。"

司马迁表示伯夷、叔齐虽然有贤德，但也只有得到孔子的称赞，名声才愈加显赫。颜渊专心好学，也只是因为追随孔子，他的德行才更加显著。岩居穴处的隐士，只有依靠德隆望尊的人，才能扬名后世呢。那么，《史记》此篇就是要将他们载入史册，担当起歌颂其事迹、弘扬其精神的职责。所以他将他们的传记列为首篇。

----

① 《论语·卫灵公》。

对于《史记》的良苦用心，后代学者都能心领神会。有关此类的论说很多，例如——

钱穆先生曾总结说："在中国历史上，正有许多伟大人物，其伟大处则正因其能无所表现而见。""极多无所表现的人物"，"亦备受后世人之称道与钦敬，此又是中国历史一特点。"他列举春秋时代之介子推，西汉初年之商山四皓，东汉初年的严光，宋初居华山行道的陈抟，隐居西湖孤山的林和靖，等等。"中国史家喜欢表彰无表现之人物，真是无微不至。论其事业，断断不够载入历史，但在其无表现之背后，则卓然有一人在，此却是一大表现。这意义值得吾们深细求解。"①

"《易经》上亦说：'天地闭、贤人隐'，隐了自然没有所表现。中国文化之伟大，正在天地闭时，贤人懂得隐。""这些人乃在隐处旋转乾坤，天地给他们转变了，但中国人还是看不见，只当是他无所表现。诸位想，这是何等伟大的表现呀！""他们之无所表现，正是我们日常人生中之最高表现。诸位若再搜罗到各地方志，及笔记小说之类，更可找出很多这类的人物。这是天地元气所钟，文化命脉所寄。""中国历史所以能经历如许大灾难大衰乱，而仍然绵延不断，隐隐中主宰此历史维持此命脉者，正在此等不得志不成功和无表现的人物身上。""历史的大命脉正在此等人身上。中国历史之伟大，正在其由大批若和历史不相干之人来负荷此历史。"②

在诗歌、戏曲和小说中也多有表现。陶渊明等隐逸诗、山水田园诗，马致远等神仙道化剧，都描写这种题材。曹雪芹《红楼梦》描写贾宝玉不恋仕途，不喜科举，最后放弃红尘，出家为僧。蒲松龄《聊斋志异》反映人世间爱与恨，他本人热衷于科举，舒

---

① 钱穆《中国历史研究法》第 102、103、105 页，三联书店 2001 年版。

② 钱穆《中国历史研究法》第 109—110、111、112 页，三联书店 2001 年版。

展自己忧国忧民的抱负和才华。但他在《素秋》篇中批评素秋之兄俞士忱放弃修行的志向，跌入科举的漩涡："初念甚明，而乃持之不坚。""伤哉雄飞，不如雌伏。"他称颂周生随妻素秋归隐修行（即雌伏）。又于《贾奉雉》描写贾生看破红尘，入山修道，却因道念不坚，被逐下山。再入试场，连捷得中进士，在官场遍历风波后，醒悟"十余年富贵，曾不如一梦之久。今始知荣华之场，皆地狱境界，悔比刘晨、阮肇，多造一重孽案（指人间，尤指官场经历）耳。"于是决意抛妻别子，归隐修行。蒲松龄于篇末评曰：当初科场失意之时，"贾生羞而遁去，此处有仙骨焉。乃再返人世，遂以口腹自贬，贫贱之中人甚矣哉！"

金圣叹评批《水浒传》，指出怀才不遇而又有野心的人，群起造反，天下动乱，国家和民众就要遭灾。

但是，"太上有立德"之后，"其次有立功"。其次，即"治国平天下"的帝王将相和各类人才，其中虽不乏鲁迅赞扬的民族脊梁骨，但是，自老子、庄子、孔子、司马迁至蒲松龄、曹雪芹等最高层次的文史哲宗师的眼光来看，他们仅属二流人物。

志气、抱负和野心

《史记》记载和歌颂各种有志人士，描写他们的风貌，同时谴责有野心的人。

那么志气、抱负和野心，有何区别？

从词义上来说，志气，指求上进、力求达到一定目的的决心和勇气，要求做成某件事的气概。其中"志"，指志气和心中的意向。《论语·子罕》说"志"的重要性："三军可夺帅也，匹夫不可夺其志也。"志气，是有理想、有信心的表现。有志气的人，往往奋斗目标明确，意志坚定，不怕各种困难。越是在困难落后的条件下，越是能显示志气的精神、力量。

抱负，指远大的志向、愿望和理想。

野心，放纵不驯之心，不可驯服或心怀叛离之心不安本分；

尤其多指对权势名利等过分贪念、欲望不可控制时的表现。野心，最早的出处是《左传·宣公四年》："谚曰：'狼子野心。'"《文选·丘迟》："唯北狄野心，倔强沙塞之间，欲延岁月之命耳。"李周翰注："野心，如野兽之心。"对有野心者，要有警惕，《淮南子·主术训》曰："故有野心者不可便借势；有愚质者不可与利器。"

《史记》中记载项羽和刘邦见到秦始皇时的不同态度：

> 秦始皇帝游会稽，渡浙江，梁与籍俱观。籍曰："彼可取而代也。"
>
> 高祖常（通"尝"，曾经）繇（通"徭"，服徭役）咸阳，纵观（任人随意观看），观秦皇帝，喟然太息曰："嗟乎，大丈夫当如此也！"

项羽看到秦始皇，声明："我可以取代他。"刘邦则感慨："唉，大丈夫就应该像这样！""取代"是项羽十足的野心的表露，而刘邦的感慨是志气的流露。

项羽藐视秦始皇，并没有取代秦始皇的本钱：项籍少时，学书不成，去（放弃，丢下），学剑，又不成。项梁怒之。籍曰："书足以记名姓而已。剑一人敌，不足学，学万人敌。"于是项梁乃教籍兵法，籍大喜，略知其意，又不肯竟学（学到底）。项羽有很好的学习条件，可是他鄙视学习，不学无术。学书、学剑、学兵法，都需要刻苦、耐心，项羽做不到。他

项羽（取荥阳之霸王，京剧脸谱香烟牌子，华成烟公司）

的本钱仅是天生的优长："籍长八尺余，力能扛（两手对举）鼎，才气过人。"他的才气仅是天生的身高力大而已。此人吹嘘自己

"力拔山兮气盖世"，实际上力气远远不能拔山，只能多杀人而已；气概远远不能盖世，只能吓唬敌军而已；而气量极小。所以志大才疏，所以容不得人才，凶狠异常，看到好的——财宝、美人，动手就抢，杀人放火，无恶不作。项羽得志后的这种作为，反证他是野心家。

刘邦呢，《会注考证》引杨慎言："当时车驾出则禁观者，此时则纵民观。"刘邦正好幸运地遇到一次秦始皇出行让人观看的机会。他遇到这个仰视伟人的机会，很不容易，观看时抱着敬畏之心。他感慨"大丈夫当如此"，就应该像这样。这是学习的态度。刘邦出身贫苦农民，没有任何基础，没有学习的条件，只有天生的本钱："仁而爱人，喜施，意豁如也。常有大度。"他平素具有干大事业的气度，其情商之出众是无与伦比的。

抱负呢，刘邦是没有的。

奇妙的是，有些人本无大志，并不想出人头地，却因时势的推动而成就了一番大事业。汉高祖刘邦是一个典型。

《高祖本纪》记叙秦二世元年秋，陈胜等在蕲（qí）县起事，自称为王，定国号为"张楚"，取张大楚国之意。许多郡县都杀了他们的长官来响应陈涉，沛县县令非常惊恐，也想率领沛县的人响应陈涉。于是狱掾（yuàn）曹参、主吏萧何说："您作为秦朝的官吏，现在想背叛秦朝，率领沛县的子弟起义，恐怕没有人会听从命令。希望您召回那些在外逃亡的人，大约可召集到几百人，用他们来胁迫众人，众人就不敢不听从命令了。"于是派樊哙去叫刘邦。这时，刘邦的追随者已经有几十人或者到一百人了。

樊哙跟着刘邦一块儿回来了。沛令在樊哙走后后悔了，害怕刘邦来了会发生什么变故，就关闭城门，据守城池，不让刘邦进城，而且想要杀掉萧何、曹参。萧何、曹参害怕了，越过城池来依附刘邦，以求得保护。于是刘邦用帛写了封信射到城上去，向沛县的老百姓宣告说："天下百姓为秦政所苦已经很久了。现在父老们虽然为沛令守城，但是各地诸侯全都起来了，很快就会屠戮到沛县。如果现在沛县父老一起把沛令杀掉，从年轻人中选择可以拥立的人为首领，来响应各地诸侯，那么你们的家室就可得到保全。不然的话，全县老少都要遭屠杀，那时就什么也做不成了。"于是沛县父老率领县中子弟一起杀掉了沛令，打开城门迎接刘邦，想要让他当沛县县令。刘邦再三推让。众人没有敢当沛县县令的，就立刘邦做了沛公。

与陈胜、项羽相比，与《水浒传》小说中的宋江相比，他们处心积虑要当领袖，不惜造假、篡位，大搞阴谋，而刘邦是众人推举，他再三退让，在无人敢当、大家坚持推选的情况下，才做了领袖。孟森先生在其一代名著《明清史讲义》（20世纪30年代**在北京大学历史系的讲稿**）开首讲得好："中国自三代以后，得国最正者，惟汉与明。匹夫起事，无凭藉威柄之嫌；为民除暴，无预窥神器之意。"[1]

那么，当了领袖的刘邦的智慧呢？人的智慧高低，平时不易显示，只有在艰难的环境和艰巨的事业中，才可以充分展示。刘邦当领袖后，达到优秀领袖人物必具的两个标准：才能上无比杰出，性格上豁达大度而且真诚坦率。

但在刚聚义时，包括他自己，无人认为他的才能无比杰出，而为人真诚坦率和豁达大度，在阴谋环抱的政治和军事险恶环境中，极易使自己陷入陷阱和险境，遭到没顶之灾。刘邦则靠其稀罕的出众智慧和因出众智慧而选择的忠诚可靠而又智慧出众的盟友，扬帆远航，到达胜利的彼岸。以刘邦的基础和条件，这种结局是难以设想的，所以司马迁感慨汉高祖是"大圣"，是无与伦比的天才。

汉高祖刘邦的反秦起事和身居领袖，是环境所造就，是起事者范围内"全民公选"的产物，是历史选择了他。历史选对了这位最高领袖，这是中华民族的幸运，中国国运昌盛的基础。

---

[1]　孟森《明清史讲义》上册第13页，中华书局1981年版。

张良与刺客（清初金古良《无双谱》）

汉高祖刘邦成为西汉皇帝，统一天下后，运用"汉承秦制"的治国方针，又执行"无为而治"、与民休息的政策，彻底纠正了秦始皇统一天下后扰民害民的暴政，这就是他当年"大丈夫当如是也"，学习秦始皇的志向的正确实践。范文澜认为："有非凡的政治才能的汉高帝，在位七年，做着一件大事，那就是为与民休息准备各种条件。"又说："汉高帝在位七年，规定与民休息的政治方针，给强盛的汉朝奠定了基础。"①

以上是帝王级的例子，将相级的范例更多。

张良是韩国的贵公子。韩国（韩王安八年，前231）被秦灭掉，张良虽尚未成年，也未在韩国任职，但却因祖、父五世相韩之故，立誓要为故国报仇，志向宏大。当时张良有家僮三百人，家业巨大，他却毁家纾难，"弟死不葬，悉以家财求客刺秦王，为韩报仇。"他的志向是复仇。他雇佣刺客谋杀秦始皇，因误中副车，功亏一篑："子房未虎啸，破产不为家。沧海得壮士，椎秦博浪沙。报韩虽未成，天地皆振动。"② 做下了惊天动地的大案。他辅助刘邦灭秦灭楚，建立了盖世功勋。但他劝刘邦立萧何为相国，宣布："家世相韩，及韩灭，不爱万金之资，为韩报仇强秦，天下

---

① 范文澜《中国通史简编》（修订本第二编），第32页、36页，人民出版社1958年版。

② 李白《经下邳圮桥怀张子房》。

振动。今以三寸舌为帝者师，封万户侯，此布衣之极，于良足矣。愿弃人间事，欲从赤松子游耳。""乃学辟谷，导引轻身"，他及时彻底退出政坛，修身养性，安度晚年。

汉初名相陈平，贫穷到无力娶妻，平时为乡人所鄙视。陈平所居的库上里祭祀土地神，陈平做主持割肉的人，他把祭肉分配得很均匀。父老乡亲们说："好，陈家孩子真会做分割祭肉的人！"陈平说："嗟乎，使平得宰天下，亦如是肉矣！"（唉，假使让我陈平主

赵高与赵艳容《宇宙锋》（京剧折子戏香烟牌子，福新烟公司）

宰天下，也会像这次分肉一样呢！）陈平在楚汉战争和汉匈战争中，屡出奇谋，后在平乱战争中也六出奇计，智慧非凡。高祖去世，吕后擅权，他又以出色的智慧和胆略，在吕后去世后，从吕氏集团中夺回政权，安定社稷。文帝时，他继续任相国，有效帮助文帝治理天下。他早年主宰天下的志向，因其超凡智慧和执着忠诚，得到圆满实现。

秦始皇的名相李斯，少时见粮仓之鼠安逸饱腹，厕所之鼠惊吓食秽，因悟人生。赞之者说："非常之人有非常之事，豪杰之士横空出世，天马行空，则不可以常理度之。"也有贬薄他的。但他在老鼠身上受到启发，这种励志经历，起点是很低的。所以李斯在始皇驾崩后，鼠目寸光地受赵高摆布，丢弃始皇立太子扶苏为君的高明决定，跟着赵高这种宵小之徒，谋立胡亥，终于把自己送上了死路。秦二世二年（前208）七月，李斯被判处五刑（古代的五种轻重不等的刑罚），判在咸阳街市上腰斩。李斯跟他的次子一同被押解前往刑场，他回头对次子说："我想和你再牵着黄狗一同出上蔡东门去打猎追逐狡兔，又怎能办得到呢！"于是父子二人相对痛哭，三族的人都被处死了。临死时，作为执政的相国，

不反思自己的错误和罪行，不痛惜国家的衰败，竟然仅仅留恋过去打猎逍遥的日子，其胸襟之狭窄、目光之短浅，还是等同鼠辈而已。

韩信早年也胸怀大志，但他不仅毫无作为，也不知如何作为，而且处境十分狼狈。他得到汉王刘邦的重用，充分发挥才华，可是私心和野心膨胀。他出卖同僚郦食其，使其死于非命；用阴谋打下齐国后就要封王；最后因达不到名利目标而谋反，事泄被诛。《史记·淮阴侯列传》太史公曰："假令韩信学道谦让，不伐己功，不矜其能，则庶几（差不多）哉，于汉家勋可以比周、召、太公之徒，后世血食（受祭享）矣。不务出此，而天下已集（通"辑"，安定），乃谋叛逆，夷灭宗族，不亦宜乎！"

司马迁引用《老子》"功成名遂身退，天之道"，"不自伐，故有功；不自矜，故长"。伐与矜，都有夸耀自满的意思。精确指出韩信自取灭亡的自身原因。

中国知识分子一般觉得第一条难以实现，多追求第二条，即以治国平天下树立千秋功名。如果这也做不到，就著书立说，作诗撰文，度过一生。

而钱穆强调："一个人在事业上无表现，旁见侧出在文学艺术作品中来表现，这亦是中国文化传统真精神之一脉。他其人可以不上历史，但历史却在他身上。他可以无表现，但无表现之表现，却为大表现。中国有许多历史人物皆当由此处去看。"①

第三节　诗意人生和悲剧精神

《史记》的人物传记充溢着诗意人生和悲剧精神，其中最典型的例子是琴挑文君、荆轲刺秦、霸王别姬和对汉高祖唱《大风歌》的描写。

---

① 钱穆《中国历史研究法》，第109—110页，三联书店2001年版。

琴挑文君的诗意人生

《司马相如列传》采用"以文传人"[1] 的写法，简练地记载了相如一生游梁、娶文君、通西南夷三件事，重点在创作文和赋。全文收录了相如的所有著作：《子虚赋》《上林赋》《喻巴蜀檄》《难蜀父老》《上书谏猎》《哀二世赋》《大人赋》《封禅文》，有八篇之多。抄录相如文章的篇幅超出其生平记载的文字两倍还多。故而后世学者评论司马迁"特爱其文赋"[2]，"心折长卿之至"[3]。

司马迁记叙汉武帝重用人才，赏识司马相如的文采。司马相如不仅文才得到赏识，其文才衬托的政治才华，也得到武帝的重用，成为创作与事功皆有极大成就的千古风流人物。

司马相如是首创汉赋的作家和一代大家。他的作品既赞美大一统思想和中央集权制度，铺叙盛世中宫室苑囿的华美和富饶，弘扬中华民族创造物质文明的伟大才智与巨大功绩，又主张统治者应该戒奢持俭，防微杜渐，并婉谏超世成仙之谬，在充分显示其杰出的创作才华的同时，表达了清醒深刻的时代认识。司马迁高度认可《子虚赋》《上林赋》对最高统治者倡言节俭的主旨，准确指出相如作品的讽谏作用与《诗经》无异。《诗经》是公认的思想和艺术完美结合的古代佳作，因此司马迁的这个评价既反映了作者重视作品教化和讽喻作用的儒家文学观念，又给相如创作的艺术成就以极高评价。

本文以仅2000余字的篇幅，记述相如诗意的一生。一代大才，以穷困潦倒开场，妙手空空，凭其出色智慧追求到如意的爱情婚姻，又凭其出色的智慧为国家开拓和安定边疆，功业卓著。

本传一开始说：司马相如"少时好读书，学击剑"。他文武双

129

---

① 章学诚《文史通义·诗教下》。
② 茅坤《史记钞》。
③ 牛运震《史记评注》。

全。"相如既学，慕蔺相如之为人，更名相如。"他在学业完成后，追慕蔺相如的胸襟事业，以他为榜样，胸怀大志。起先，他"事孝景帝，为武骑常侍"，因"学击剑"而有武功，当了汉景帝的贴身保镖侍卫。但是他不满意这种卑微的地位，想通过文才上升，而景帝"不好辞赋"，他就去梁王那里客游了几年。梁王死后，他回到家乡成都，但无以谋生。他因朋友相助而绝处逢生——

相如一向同临邛县令王吉很有交情，王吉说："长卿，你长年离乡求官任职，很不顺利，可以来我这里试试。"于是，相如前往临邛，暂住在城内的一座小亭中。有趣的是，相如到临邛后，不住到好友的县衙住处，而住在别处。这样，临邛县令王吉故意佯装恭敬，天天都来拜访相如。最初，相如还以礼相见。后来，他就谎称有病，令随从拒绝王吉来访。王吉却更加谨慎恭敬。这种异常的情况，很快就风传全城。临邛县里富人众多，像卓王孙有家奴八百人，程郑家也有数百人。这两位首富相互商量说："县令既然有贵客，我们备办酒席，专门宴请他。"届时他们一并把县令也请来。当县令到卓家时，卓家的客人已经来了上百位了。到了中午，去礼请司马长卿，长卿却推托有病，拒绝赴宴。临邛令见相如未到，不敢进食，竟然亲自前去迎接相如。相如不得已，勉强来到卓家。满堂客人都聚精会神地将眼光聚焦在久久等候后姗姗来迟的这位年轻人身上，结果全都惊羡他的风采。大家酒兴正浓之时，临邛县令走上前去，把琴放到相如面前，说："我听说长卿特别喜好弹琴，希望聆听一曲，以助兴味欢乐。"相如辞谢一番，便弹奏了一两支曲子。这时，卓王孙的女儿文君，刚守寡不久，很喜欢音乐，所以相如佯装与县令相互敬重，而用琴声挑动她的心弦，以引起她的爱慕之情。相如来临邛时，后有车马相随，他又仪表堂堂，文静典雅，气度大方。待到卓王孙家喝酒、弹奏琴曲时，卓文君从门缝里偷偷看他，心情愉快，特别喜欢他，但怕他不了解自己的心情。宴毕席散，相如托人以重金赏赐文君的侍者，请她向文君转达倾慕之情。于是，卓文君乘夜逃出家门，私奔相如，相如便同文君急忙赶回成都，进家所见，空无一物，只有四面墙壁空荡荡地呆立在那里。

《玉台新咏》载：司马相如有《琴歌》曰："凤兮凤兮归故乡，遨游四海求其凰，时未遇兮无所将。何悟今兮升斯堂，有艳淑女在此房。室迩人遐愁我肠，何缘交颈为鸳鸯。"《史记索隐》记载，司马相如为琴曲所配曲辞第一曲与之同，但无第三、第四句，后三句略有不同："有一艳女在此堂，室迩人遐毒我肠，何由交接为鸳鸯。"第二曲曰："凤兮凤兮从皇栖，得托子尾永为妃。交情通体必和谐，中夜相徒别有谁？"凤是雄鸟，凰是雌鸟，曲辞的题目是《凤求凰》，归凤求凰。

文君私奔之后——

卓王孙大怒曰："女至不材，我不忍杀，不分一钱也。（女儿极不成材，我不忍心伤害她，但也不分给她一个钱。）"人或谓（有的人劝说）王孙，王孙终不听。文君久之不乐，曰："长卿第俱如临邛，从昆弟假贷犹足为生，何至自苦如 131 此！（只要你同我一起去临邛，向兄弟们借贷也足以维持生活，何至于让自己困苦到这个样子!)"相如与俱之临邛，尽卖其车骑，买一酒舍酤酒，而令文君当炉。相如身自著犊鼻裈（kūn，形似牛犊之鼻的围裙），与保庸杂作，涤器於市中。卓王孙闻而耻之，为杜门不出。昆弟诸公更谓王孙曰："有一男两女，所不足者非财也。今文君已失身於司马长卿，长卿故倦游，虽贫，其人材足依也，且又令客，独奈何相辱如此！"卓王孙不得已，分予文君僮百人，钱百万，及其嫁时衣被财物。文君乃与相如归成都，买田宅，为富人。

相如就同文君来到临邛，卖掉车马，买下一家酒店卖酒。还让文君亲自在炉前应对顾客斟酒，而自己穿起犊鼻裤，与雇工们一起操作忙活，在闹市中洗涤酒器。卓王孙听说后，深感耻辱，为此闭门不出。有些兄弟和长辈交相劝说卓王孙，说："你有一儿两女，家中所缺少的不是钱财。如今文君已经失身于司马长卿为妻，长卿本来已厌倦了离家奔波的生涯，虽然贫穷，但他确实是个人才，完全可以依靠。况且他又是县令的贵客，为什么偏偏这样轻视他呢！"卓王孙不得已，分给文君家奴一百人，钱一百万，以及她出嫁时的衣服被褥和各种财物。文君就同相如回到成都，买了田地房屋，成为富有的人家。

这是正史唯一记载的中国古人追求自由爱情的经典篇章"司马相如琴挑卓文君"，是充满诗意的华章，对后世影响极大。本篇琴挑、沟通丫鬟相助和私奔三部曲，建立了穷书生与富小姐私订终身和暗中成婚的模式，清吴见思《史记论文》称其为"唐人传奇小说之祖"，实则更启示了元明清作家，产生了大量描写此类爱情的戏曲、小说和弹词作品。

也有大量诗歌予以歌颂。例如汤显祖《相如》诗歌颂司马相如知音汉武帝和卓文君的五言古诗，共 16 句，首四句和末四句为：

> 相如美词赋，气侠殊缤纷。汶山凤凰下，琴心谁独闻。
> 知音偶一时，千载为欣欣。上有汉武帝，下有卓文君。

但是西汉扬雄《解嘲》指责"司马长卿窃赀（资）于卓氏"，并认为自己不像司马相如一样无耻地窃人财产。北朝颜之推《颜氏家训·文章篇》说："司马长卿，窃赀无操。"唐朝的《史记·索引述赞》曰："相如纵诞，窃赀卓氏。"竟然说相如窃取了卓家的资财。

钱钟书《管锥编》引唐刘知几《史通·序传》"相如《自叙》乃记其客游临邛，窃妻卓氏"之后，曰"虽然，相如于己之'窃妻'，……抑足为天下《忏悔录》之开山焉"[1]。

---

① 钱钟书《管锥编》第一册第 358 页，中华书局 1986 年第二版。

古人的这个"窃"字，意思是"非所据而据之"，即占据了不应该占据的。钱钟书先生赞同《史通》的观点，认为司马相如"窃妻"，但不认为他"窃"财。当今有人在媒体做《史记》大众讲座，专有一节《琴挑文君：千年一骗局劫色劫财》，误导听众；将古人的"窃"字换成"劫"字，错变成用暴力占有文君和抢劫财产了；不仅犯了基本的文字理解错误，将一段美好的情缘说成是"千年骗局"，消解原作美好的意境，还贬低了《史记》的原作。

纵观《史记》原作，即使司马相如最早为了接近深闺中的文君、讨得她的好感而曾与当县令的朋友谋划过一些争取见面的办法，但相如所做的这一切为的是打破豪门的深宅大院和奴仆成群包围的阻碍，他费尽心机用机智（巧妙地进入豪门亮相）、雅致（琴声打动）的方法制造机会向寡居的文君表达自己求婚的爱意，诚是一番美意，完全是合情合理、无可非议的，甚至还是值得赞赏的。这种幽默而又富于诗意的求爱方法，用琴声即用高雅的文艺方法谈情说爱，为《西厢记》在中国和世界文化史上首创"知音互赏"式爱情提供了基础。

我们进一步分析相如文君联姻的格局，那么，去除用钱财衡量一切尤其是爱情婚姻的错误观点之后，以公正的眼光看，司马相如在情场上有着很大的优势。与文君相比较，文君是美人，而司马相如也是相貌英俊器宇轩昂的男子；两人都有很高的文化、音乐修养，精于琴艺。可见，两人是年龄和才貌相当的如意伉俪。但是，文君新寡，已有婚史，而司马相如未婚。在情场上，尤其在古代社会，这点文君是不及相如的。更且，文君卓有眼光的是，事实证明司马相如"少时好读书，学击剑"，不仅文武双全，还是大才：一，他后来创作的赋，不仅是汉代成就最高的，司马迁还将之与《诗经》比拟，而后世又将他与司马迁合称为"西汉两司马"。正是他首先达到艺术高峰的赋，使赋成为汉代成就最高的文学样式，后人称之为"汉赋"，因此他还是中国文学史上一流作家之一。二，他后来在朝廷为官，奉武帝之命，安定了西南和蜀郡，为国家疆土和边境的安定和发展立下了彪炳史册的大功。《史记·司马相如列传》因此而记载：司马相如"至蜀，蜀太守以下郊迎，县令负弩矢先驱，蜀人以为宠。于是卓王孙、临邛诸公皆因门下献牛酒以交欢。卓王孙喟然而叹，自以得使女尚司马长卿晚，而厚分与其女财，与男等同"。（卓王孙喟然感叹，自以为把女儿嫁给司马相如的时间太晚，便把一份丰厚的财物给了文君，使与儿子所分均等。）因此，史实是不仅文君认为自己嫁给相如，得到了万分满意的夫君，而且连卓王孙也觉得嫁女恨晚。三，正因为司马相如是如此的大才和大家，所以她的爱情故事流芳百世，成为幸福和浪漫爱情的一个典型，并为历代诗歌、戏曲所歌颂。四，他们的婚姻白头到老，善始善终。

　　既然司马相如不是始乱终弃式的薄情男子，他与文君的婚姻善始善终，单凭这一点，怎能说"这个流传千古的爱情传说原来竟是一个先劫色后劫财的骗局"？至于相如娶来文君时穷得家徒四壁，一则他事先没有虚诳文君说自己富有，二则他没有借钱装扮富有家境来糊弄文君，他让文君看到自己"家徒四壁"的真情实况，当然不能说欺骗文君。谈到两人卖酒为生，这正显示相如和文君"大丈夫能屈能伸"，有着自信、自立、自强的坚韧品质。后来卓王孙给他们钱财，固然有面子的因素，但换一个角度看，司马夫妇无懈可击的绝佳表现，也是重要的原因。如果两人穷极无聊，譬如向人家借钱、骗钱度日，或以酒解闷浇愁，消极颓废堕落，这才是真正没出息的丢丑，卓王孙也就难以回心转意了。

　　"相如口吃而善著书。"相如很快得到汉武帝的赏识和重用，但是"其进仕宦，未尝肯与公卿国家之事，称病间居，不慕官爵"。

　　后来，相如既病免，家居茂陵。天子曰："司马相如病甚，可往从悉取其书；若不然，后失之矣。"使所忠往，而相如已死，家无书。问其妻，对曰："长卿固未尝有书也。时时著书，人又取去，即空居。长卿未死时，为一卷书，曰有使者来求书，奏之。无他书。"其遗札书言封禅事，奏所忠。忠奏其书，天子异之。

使者将相如的遗作《封禅书》取来，献给武帝。"司马相如既卒五岁，天子始祭后土。八年而遂先礼中岳，封于太山，至梁父禅肃然。"相如献给武帝的遗作，在五年、八年后还起作用，此可见相如出色的文才和识见对武帝的影响力。

相如一生以文学创作为基调，而历代文学家和读者阅读《史记》此文，将相如的诗意人生作背景，重视的是文君私奔，是《史记》开放的爱情观和婚姻观。《史记》歌颂相如琴挑和文君私奔的诗意笔法是内在的，文中没有诗歌，也不引《凤求凰》琴曲的优美唱词，而浓郁的诗意则隐蕴其中。

后世有野史笔记说相如曾经移情别恋，如《西京杂记》卷三记载司马相如得势后，在长安为郎官时，"相如将聘茂陵人女为妾，卓文君作《白头吟》以自绝，相如乃止。"《汉乐府》所收录的《白头吟》全诗为：

> 皑如山上雪，皎若云间月。闻君有两意，故来相决绝。今日斗酒会，明旦沟水头。躞蹀（xiè dié，小步）御沟上，沟水东西流。凄凄复凄凄，嫁娶不须啼。愿得一心人，白头不相离。竹竿何袅袅，鱼尾何簁簁（shāi shāi，形容鱼尾像濡湿的羽毛。隐语表示男女相爱的幸福）。男儿重意气，何用钱刀（古时的钱有铸成马刀形的，叫做刀钱，又称钱刀）为。

并附书："春华竞芳，五色凌素，琴尚在御，而新声代故！锦水有鸳，汉宫有木，彼物而新，嗟世之人兮，瞀于淫而不悟！"随后再补写两行："朱弦断，明镜缺，朝露晞，芳时歇，白头吟，伤离别，努力加餐勿念妾，锦水汤汤（shāng shāng，大水急流的样子），与君长诀！"

卓文君闻讯并不劝说或挽留，而是自尊自信地毅然主动与之决绝。这反而使司马相如大为感动，他想起往昔恩爱，打消了纳妾之念，并给文君回信："诵之嘉吟，而回予故步。当不令负丹青感白头也。"此后不久相如回归故里，两人安居林泉。

此类野史至少不可全信，上引《史记》本传，相如文君一直在长安茂陵居住，并未"回归故里"，相如故世后，武帝派人去他府上寻求遗作。

杜甫不信野史记载，他的《琴台》诗，缅怀和歌颂相如、文君的坚贞爱情：

> 茂陵多病后，尚爱卓文君。酒肆人间世，琴台日暮云。
> 野花留宝靥，蔓草见罗裙。归凤求凰意，寥寥不复闻。

杜甫在安史之乱后避居成都。他来到成都浣花溪之海安寺南的相如文君的琴台遗迹，看到红艳的野花盛开，犹如美人面颊上的微窝（**靥**，也指妇女面部点搭装饰）；绿色的蔓草好似美人的罗裙。游人如织，美人如云，但再也听不到司马相如《凤求凰》的琴歌之声了。杜诗肯定相如即使多病体弱（《史记》谓消渴病，今称糖尿病），还是爱着文君——相如不顾病身，执着于与文君的性爱，因而早故。

荆轲刺秦的诗意悲剧

"荆轲刺秦王"邮票

《史记》善于发现和记叙历史人物的诗意人生。可是"人生不如意事常八九"，喜剧少而悲剧多，于是，在《史记》中，慷慨悲歌的人物更多。《史记》善于将诗意人生和悲剧精神结合，用富于诗意的笔调书写历史悲剧。

其中最典型的是荆轲刺秦王。《刺客列传》共记叙 5 人，但全文大半描写荆轲其人。太史公是带着他的全部感情叙写荆轲其人其事尤其是刺秦王的。

与司马相如一样，荆轲也"好读书击剑"，不幸的是他未曾得遇英主明君，曾"以术说卫元君"，未得任用。经过一番游历之后，最后"荆轲既至燕"。初到燕国，举目无亲的荆轲与一个宰狗屠夫和擅长击筑的高渐离熟处。穷极无聊的荆轲每天和他们在燕市上喝酒，喝得似醉非醉以后，高渐离击筑，荆轲就旁若无人地和着节拍在街市上歌唱，又一起哭泣。最后由友人介绍推荐，他接受燕太子丹之重托，做了刺客，去谋刺秦王。临行时——

> 太子及宾客知其事者，皆白衣冠以送之。至易水之上，既祖（隆重饯行之后），取道，高渐离击筑，荆轲和而歌，为变徵（zhǐ）之声，士皆垂泪涕泣。又前而为歌曰："风萧萧兮易水寒，壮士一去兮不复还！"复为羽声慷慨，士皆瞋目（瞪大眼睛），发尽上指冠。于是荆轲就车而去，终已不顾。

临行时，用歌声作别。先是音调高亢，声音慷慨激昂（为变徵之声），接着转为苍凉、凄清的悲声（羽声），慷慨激人，在场众人，怒睁双目，怒发竖起，顶起冠帽。"风萧萧兮易水寒，壮士一去兮不复还！"成为千古名句，但"水寒"与壮士的热血成为反衬，而"一去兮不复还"，揭示了刺客即使得逞也逃不出重兵守卫的秦宫，必将会与被刺死的暴君同归于尽。必死的前景和重大的使命，化为"风萧水寒"的歌声。因为对于荆轲来说，前去搏命，成也悲剧，败也悲剧，所以用这样的歌声陪伴离别的脚步。

荆轲失败之后，当时有人评论说："唉！太可惜啦，他不讲究刺剑的技术啊！"给以批评。本传结尾的"太史公曰"反驳说："自曹沫至荆轲五人，此其义（义举，指行刺活动）或成或不成，然其主意较然（清楚，明白），不欺（违背）其志，名垂后世，岂妄也哉!"用反问式的感叹句，强调荆轲等人，名声流播后世，这难道是虚妄的吗! 司马迁此语的意思是，荆轲虽然失败，但是他代表了正义的呼声，给秦始皇一次沉重的心理打击，这可是一种实在的义举。

其中易水饯行一段的场面描写，为突出荆轲的气质、性格乃至整个精神风貌起到了画龙点睛的作用，也为故事高潮的到来做好必要的铺垫。"遂至秦"段是故事的高潮，惊心动魄、流传千古的"图穷匕首见"的壮烈场面，是高潮中的高潮，而"壮士一去兮不复还"的歌声余音袅袅，至今不绝。

太史公"遇一种题，便成一种文字"，本传堪称《史记》全书中"第一种激烈文字"①。从文学的角度看，这篇"激烈文字"至今有它的巨大审美价值，特别是荆轲其人的传记。

项羽和刘邦的诗意结局

荆轲是失败的人物，而项羽则是先成功后失败的盖世英雄。他对付秦军驰骋疆场，叱咤风云，所向无敌，游刃有余。可是在楚汉战争中，原先比他弱小的刘邦，亲自与项羽在主战场对垒，项羽的战绩竟然为5败1胜。汉军在消灭项羽军的大部和主力之后，将其团团围困在垓下。

秦军（兵马俑）

　　项王军壁垓下，兵少食尽，汉军及诸侯兵围之数重。夜闻汉军四面皆楚歌，项王乃大惊曰："汉皆已得楚乎? 是何楚

① 吴见思《〈史记〉论文》。

人之多也（楚人怎么这么多啊）！"项王则夜起，饮帐中。有美人名虞，常幸从；骏马名骓（zhuī，毛色苍白相杂的马），常骑之。于是项王乃悲歌慷慨，自为诗曰："力拔山兮气盖世，时不利兮骓不逝（奔逝，奔跑）。骓不逝兮可奈何，虞兮虞兮奈若何（把你怎么办）！"歌数阕，美人和之。项王泣数行下，左右皆泣，莫仰视。

被重兵包围的项羽，只剩残兵败将（兵少），食品也即将吃光，即将无法生存。深夜，项王在汉军四面唱着楚歌的包围下，自知死已临头，他束手无策，只能借酒浇愁。看着帐内身边的美人虞姬，想到帐外心爱的乌骓马，割舍不下。百感交集，无法表达，只有歌声和眼泪可以抒发心中的悲凉与绝望。

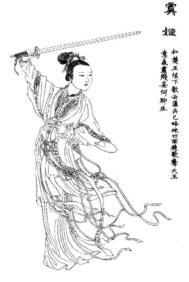

虞姬（清上官周《晚笑堂竹庄画传》）

项羽有否妻室，史无明载。虞姬不是他的妻妾，只是他喜欢而带在身边的一个美人，没有任何名分和地位，玩偶一个而已。项羽兵败身死，放不下的只是一个玩偶和一匹爱马。项羽极端自私的嘴脸暴露无余。

但他如何对待别人呢，当初他在反秦战争中节节胜利时，表现恶劣。怀王手下的老将们都说：

"项羽为人僄悍猾贼（奸狡伤人）。项羽尝攻襄城，襄城无遗类，皆坑之（襄城的军民没有一个活下来，都被他活埋了），诸所过无不残灭（凡是他经过的地方，没有不被毁灭杀光的）。"

此后，"遂北烧夷齐城郭室屋，皆坑田荣降卒，系虏其老弱妇女。徇齐至北海，多所残灭。齐人相聚叛之。"项羽打到哪里，就

139

在哪里烧杀戮掠，残害人民，引起极大的民愤。

他战胜秦军后，将投降的秦军20余万人趁夜击杀坑埋在新安城南。刘邦将秦朝的京城咸阳让给他后，"居数日，项羽引兵西屠咸阳，杀秦降王子婴，烧秦宫室，火三月不灭；收其货宝妇女而东。"将别人的女人抢来，抢光杀光烧光，实行三光政策。

他烧了带不走的秦朝的宫室，大火三个月都不熄灭；屠杀当地百姓，劫掠了秦朝的财宝、妇女，往东走了。

他就是这样烧毁房屋、掠夺财物、杀光男子和老少，劫掠妇女，毁灭到手的一切。他那时穷凶极恶，狠毒蛮横，现在自己面临灭亡，就哭了，很没有出息。他也不挂念跟随自己的将士和其家属，只心疼一匹爱马，一个喜欢的女子。他的无奈的歌声，诱使虞姬自杀，免得落入敌手——而这正是项王唱歌、掉泪的卑鄙目的。

但是虞姬自杀，《史记·项羽本纪》并无记载，唐代张守节《史记正义》引《楚汉春秋》虞姬和项羽的歌词："汉兵已略地，四方楚歌声。大王意气尽，贱妾何聊生。"这首和诗，虞姬似乎是自杀身亡。而《太平寰宇记》卷一二八则说："虞姬冢在县南六十里，高六丈，即项羽败，杀姬葬此。"如依此说，虞姬之死的凶手还是项羽。

《史记》故意用诗意的笔调描写项羽悲歌慷慨，危急中的霸王倒也被激发诗才，口中吐出四句悲凉的诗句。这个兵败如山倒的恐怖和凄惨的场面，由于被写得生动有力，诗意洋溢，竟然使不少人立即忘记刚读过的项羽的斑斑劣迹，对这个凶残屠夫满怀同情，甚至无条件地惋惜。还有一些善良的当代女子，以君子之腹度小人之心，将这句虚伪的逼迫美人殉葬自杀的"虞兮虞兮奈若何"，错解为项羽与这个侍女的纯真爱情。还有当代作家写成戏剧、影视予以歌颂，未免离题万里了。项羽悲歌的诗意迷蒙，使得善良的读者迷了心窍。

司马迁的大手笔，用悲剧手法描写胜利后的刘邦，同样是

"慷慨伤怀"，同样是"泣数行下"，却表现了汉高祖的高尚情怀和深切情意：

> （汉）十二年，十月，高祖已击布军会甄，布走，令别将追之。
>
> 高祖还归，过沛，留。置酒沛宫，悉召故人父老子弟纵酒（纵情饮酒），发沛中儿（少男）得百二十人，教之歌。酒酣（酒喝得很畅快），高祖击筑（古代乐器名，形似琴），自为歌诗曰："大风起兮云飞扬，威加海内兮归故乡，安得猛士兮守四方！"令儿皆和习之（学习跟着唱）。高祖乃起舞，慷慨伤怀，泣数行下。谓沛父兄曰："游子悲（思念，眷恋）故乡。吾虽都关中，万岁后（死后避讳的说法）吾魂魄犹乐思（喜欢和思念）沛。且朕自沛公以诛暴逆，遂有天下，其以沛为朕汤沐邑，复其民（免除赋税徭役），世世无有所与（不必交纳赋税服徭役）。"沛父兄诸母故人日乐饮极欢，道旧故为笑乐（谈起以往的旧事）。十余日，高祖欲去，沛父兄固请留高祖。高祖曰："吾人众多，父兄不能给（我的随从人员太多，父兄们供应不起）。"乃去。沛中空县皆之邑西献。高祖复留止，张（张设帷帐）饮三日。

此事发生在汉十二年，即公元前195年，也即汉高祖逝世的这一年。他出征英布叛乱的归途中，自知不久于人世，特地来看望故乡，与家乡父老诀别。

刘邦与家乡百姓亲密无间，他请父老子弟饮酒（而不是百姓去办酒孝敬他），又亲自教青少年唱歌，自己奏乐器伴奏，还唱歌跳舞，请在场的青少年畅意相和。他在众乡亲面前又唱又跳又哭，抒发的是爱国思乡的情怀。他为国悲哭，与民同乐，怎不使沛县人民深深感动和举乡狂欢，全县万人空巷地恋恋相送？唯大英雄能本色，只有史传文学的第一大手笔司马迁才能用如椽之笔，写

星汉灿烂　《史记》纵览新说

出百姓对安定天下的高祖的满怀感激和深切思念，用实录、信史之笔写出这位带汁皇帝（即流眼泪的皇帝，借用杂文大家邓拓引用古籍"带汁诸葛亮"一语的笔法，但无贬义）一贯善于柔弱胜刚强的盖世英雄的奕奕神采和生动风貌。

高祖战胜强敌，统一了全国，没有胜利者的喜悦，更没有自吹自擂地宣扬自己的盖世功勋，只是淡淡地说："朕自沛公以诛暴逆，遂有天下。"调子何其低，而且也仅是作为"游子悲故乡"，自己魂系梦绕地思恋故乡的背景而提及的。没有胜利者的狂喜和自诩，反而"慷慨伤怀，泣数行下"，因为胜利已属过去，面对群雄先后叛乱，北方强敌匈奴压境的局面，刘邦心中念兹在兹的还是国家和百姓的安危："安得猛士兮守四方！"对照项羽，兵败临死时只想到美姬名骓的命运，并为此而"泣数行下"，高祖的精神气质，胸怀气概，岂非远远压倒了贵族出身的沽名霸王！

《大风歌》意气高扬，胸襟开阔，历来受到史学家、文学家和美学家的极高评价。刘勰在其古典文论名著《文心雕龙》中评汉高祖《大风歌》和《鸿鹄歌》两首为"天纵之英作"：

142

> 爰至有汉，运接燔书；高祖尚武，戏儒简学。虽礼律草创，《诗》《书》未遑，然《大风》《鸿鹄》之歌，亦天纵之英作也。

天纵即天所赋予。《论语·子罕》："固天纵之将圣，又多能也。"刘勰此论引用《论语》的赞词，给刘邦的文艺天才以极高的评价。明末清初的学者王夫之《古诗评选》卷一评汉高帝《大风歌》："神韵所不待论。三句三意，不须承转。一比一赋，脱然自致，绝不入文士映带，岂亦非天授也哉！"也给予最高评价。晚明杰出文坛领袖王世贞评论《大风歌》和《垓下歌》：

《大风》三言，气笼宇宙，张千古帝王赤帜，高帝哉？

"《大风》安不忘危，其霸心之存乎？《秋风》（汉武帝之诗）

乐极悲来，其悔心之萌乎？"文中子（王通）赞二帝语，去孔子还远。

《垓下歌》正不必以"虞兮"为嫌，悲壮呜咽，与《大风》各自描写帝王兴衰气象，千载而下，惟曹公"山不厌高"，"老骥伏枥"，司马仲达"天地开阔"、"日月重光"语差可嗣响。

《史记》中这种手法的运用，例子很多。另如《伍子胥列传》记叙眼光卓越、智勇双全、忠心见嫉的伍子胥，因揭穿勾践卧薪尝胆的阴谋，多次直言规劝吴王伐越，反遭杀害。他被赐死前对门客说："必树吾墓上以梓，令可以为器，而抉吾眼悬吴东门之上，以观越寇之入灭吴也。"（"你们一定要在我的坟墓上种植梓树，让它长大能够做棺材。挖出我的眼珠悬挂在吴国都城的东门楼上，来观看越寇怎样攻入都城，灭掉吴国。"）墓上之木做的棺材，给谁睡？自己要死了，还惦记着给别人准备棺材，如此深谋远虑，够幽默的。更妙的是要挖出自己的眼珠，挂在城楼上，亲眼观看敌寇攻入，想象力丰富而出人意外，还颇有诗意！伍子胥用这样散文诗式的毒咒，看透现实，说出预言，既显示出他的政治远见，也表达了他身遭陷害和对吴王昏庸残暴的愤慨，更抒发了他政治事业被毁灭的无比悲痛！悲剧结局用富于诗意的想象来抒写，使伍子胥的形象达到新的高度。

由于人生成功的很少，即使成功人物也有悲惨的成长和奋斗历史，因此《史记》着力记叙的英雄多是悲剧人物。《史记》刻画人物，善于揭示其人生中的诗意，以及英雄人物的悲剧精神，并将两者相结合，写出壮丽而隽永的篇章。

第四节　忍辱和雪仇

快意恩仇的小说、电影，极得读者欢迎。《史记》记叙了多位忍辱负重然后快意复仇的人物，例如：勾践卧薪尝胆和晋文公流亡十九年后归国登基；伍子胥、孙膑、范雎等忍辱到极点，"君子

143

报仇，十年不晚"的精神令人赞叹；吴起同归于尽的复仇计划，迅如惊雷；范蠡帮助君主复仇的智慧启人神智，而和韩信放弃报仇的境界则有云泥之别！

伍子胥为父兄和自己复仇

伍员（伍子胥）和范蠡，前者利用国王为自己报仇，后者贡献自己的才智，为赏识和重用自己的国王报仇。

伍员（伍子胥）和范蠡，都是能屈能伸，吃得起大苦，品格高迈、智勇双全的杰出政治家和军事家。他们互为对手，互相看透对方的一切包括谋略，互相敬重。伍子胥和范蠡，水平相当，英雄识英雄。

当吴王可将越国消灭，却饶恕了勾践时，子胥又进谏说："今不灭越，后必悔之。句践贤君，种、蠡良臣，若反（返）国，将为乱。（今日不灭越国，必定后悔莫及。句践是贤明的君主，大夫种、范蠡都是贤能的大臣，如果句践能够返回越国，必将作乱。）"① 他礼敬敌手，称勾践为贤明君主，范蠡和文种是贤能的大臣，而不贬称他们为狡狯之徒。范蠡呢，伍子胥死后，越国消灭了吴国，范蠡远走他乡（浮海出齐），隐姓埋名（变姓名），竟"自谓鸱（chī）夷子皮"，用了一个奇怪的名字②。他自称"鸱夷子皮"，是因为子胥自杀，吴王用鸱夷装了他的尸体，投之于江。范蠡自以为罪同子胥，故用"鸱夷子皮"自谓；这更是对昔日对手的一种敬意和纪念。

伍子胥和范蠡，品格和智慧出众，都受到千古读者的敬重。

范蠡作为指导和帮助勾践复国的智慧的化身，和西施的"情人"，名满天下，有许多诗歌、戏曲和小说歌颂和赞美。

伍子胥呢？楚国最杰出的爱国志士屈原，对这位最厉害的志在灭楚的伍子胥，在其惊世杰作《楚辞》中曾说："依彭咸之遗

---

①② 《越王勾践世家》。

则，从子胥以自适。"① 注云："自
适，谓顺适己志也。"王元化说：
"可见屈原对子胥推崇之重。后来作
《楚辞》注释的王逸等人多以子胥比
干（商朝末年的著名忠臣）并举，
成为忠良的楷模。伍子胥在春秋时
期是作为一个伟人的形象而被人所
尊重。"②

伍子胥是楚国人，名员（yún）。
伍员的父亲叫伍奢，伍员的哥哥叫伍
尚。他的祖先叫伍举，因为侍奉楚庄
王时刚直谏诤而显贵，所以他的后代
子孙在楚国很有名气。

伍奢是楚平王的太子建的太傅。

伍子胥（东周列国志人物，
香烟牌子，中华海员烟草公
司）

费无忌是太子的少傅。平王派无忌到

秦国为太子建娶亲。无忌见秦女长得娇美，就急忙赶回来报告平
王说："这是个绝代美女，大王可以自己娶了他，再给太子另外娶
个媳妇。"平王就自己娶了秦女，极度地宠爱她，生了个儿子叫
轸，给太子建另外娶了媳妇。

费无忌用秦国美女向楚平王献媚以后，改去侍奉平王。又担
心平王死后，太子建继位要报复而杀了自己，因此诋毁太子建。
平王也越来越疏远太子建，派太子建驻守城父，防守边疆。不久，
无忌继续不断在平王面前说太子建的坏话，强调："太子因为秦女
的原因，不会没有怨恨情绪，希望大王自己稍微防备着点。自从
太子驻守城父以后，他统率着军队，对外和诸侯交往，将要进入
都城作乱了。"

---

① 《悲回风》。
② 王元化《清园谈话录11》，上海《新民晚报》2005年12月28日。

楚平王就把太傅伍奢召回来审问。伍奢知道无忌的所有作为，因此说："大王怎么能仅凭拨弄事非的小人之臣的坏话，就疏远骨肉至亲呢？"无忌说："大王现在不制止，他们的阴谋就要得逞，大王将要被逮捕了！"于是平王发怒，把伍奢囚禁起来，同时命令杀太子建。太子建闻讯逃到宋国去了。

无忌对平王说："伍奢有两个儿子，都很贤能，不杀掉他们，他们将成为楚国的祸害。可以用他们的父亲作人质，把他们召来，不这样他们将成为楚国的后患。"平王就派使臣对伍奢说："能把你两个儿子叫来，就能活命，不叫来，就处死。"伍奢说："伍尚为人宽厚仁慈，叫他，一定能来；伍员为人桀骜不驯，忍辱负重，能成就大事，他知道来了一块儿被擒，势必不来。"这个伍奢愚忠而迂腐，竟然暗示平王派重兵擒拿子胥。

可是愚蠢而刚愎的平王不听，派人召伍奢两个儿子，说："来，我使你父亲活命；不来，现在就杀死伍奢。"伍尚打算前往，武员说："楚王召我们兄弟，并不打算让我们父亲活命，他是担心我们逃跑，产生后患，所以用父亲作人质，欺骗我们。我们一到，就要和父亲一块儿被处死。对父亲的死有什么好处呢？去了，就叫我们报不成仇了。不如逃到别的国家去，借助别国的力量洗雪父亲的耻辱。一块儿去死，没有意义呀。"伍尚说："我知道去了最后也不能保全父亲的性命。可是只恨父亲召我们是为了求得生存，要不去，以后又不能洗雪耻辱，终会被天下人耻笑。"对伍员说："你可以逃走，你能报杀父之仇，我将要就身去死。"

《伍子胥·文昭关》（京剧折子戏香烟牌子，福新烟公司）

伍尚生性仁厚，但头脑清醒，他提出兄弟两人"分工"，一个尽忠孝而去送死，一个出逃，将来可报仇。

伍尚自投罗网后，使臣又要逮捕伍子胥，伍子胥拉满了弓，箭对准使者，使者不敢上前，伍子胥就逃跑了。他听说太子建在宋国，就前去追随他。伍奢听说子胥逃跑了，说："楚国君臣将要苦于战火了。"这句自白说明他为避免楚国陷入战火，才要大义灭亲。伍尚来到楚都，楚平王果然把伍尚和伍奢一起杀害了。

伍子胥到宋国以后，正好遇上宋国华氏作乱，他就和太子建一同逃到郑国去。郑国君臣对他们很友好。太子建又前往晋国，晋顷公说："太子既然跟郑国的关系友好，郑国信任太子，太子要能给我们做内应，我们从外面进攻，一定能灭掉郑国，灭掉郑国，就把它分封给太子。"于是太子建回到郑国。举事的时机还没成熟，正赶上太子建因为个人私事打算杀掉一个跟随他的人，这个人知道太子建的计划，就把它告诉郑国。郑定公和子产杀死了太子建。太子建为了私利，竟然出卖善待他的郑国，又与随从内讧，事泄被杀。

伍子胥只好和建的儿子胜一同逃奔吴国，到了昭关。昭关后

伍子胥逃亡吴国途中图

147

世称为文昭关，在今安徽省含山，是一个名不见经传的县城。昭关在其县北，含山山谷底部，两山对峙，当年是位于"楚尾吴头""一夫当关，万夫莫开"的险要关隘。传说和戏曲演绎的伍子胥在文昭关处于极度险恶的境况，一夜居然急白了头。

当时昭关的官兵要捉拿他们，伍子胥和胜各自只身徒步逃跑，差一点不能脱身。追兵在后，伍子胥到江边，江上有一个渔翁乘着船，知伍子胥很危急，就渡伍子胥过江。伍子胥过江后，解下随身带的宝剑说："这把剑价值百金，把它送给你老人家。"渔翁说："按照楚国的法令，抓到伍子胥的人，赏给粮食五万石，封给执珪的爵位，难道是仅仅值百金的宝剑吗？"不肯接受。这个渔翁如此救助伍子胥，也是个奇人。伍子胥还没逃到吴国京城，就得了病，在中途停下来，讨饭吃。到达吴都，吴王僚刚刚当权执政，公子光做将军。伍子胥就通过公子光的关系求见吴王。

专诸（东周列国志人物，香烟牌子，中华海员烟草公司）

《伍子胥列传》轻描淡写，只说他在逃亡途中贫病交加，沦落到讨饭吃。据《史记·范雎蔡泽列传》记载，一个高官子弟，平时生活优裕，落难时什么苦都能吃，其忍劲之足，罕与伦比。

吴王阖庐自立以后，就召回伍员，官拜为行人，和他共同策划国事。

阖庐六年，楚昭王派公子囊瓦领兵攻打吴国。吴国派伍子胥迎战，在豫章打败了楚国的军队，夺取了楚国的居巢。

阖庐九年（前506），吴王阖庐与伍子胥、孙武商议后，进攻楚国，经过五次战役，就打到了郢都。楚昭王出逃。第二天，吴王进入郢都。

当初，伍子胥和申包胥是至交的朋友，伍子胥逃跑时，对申包胥说："我一定要颠覆楚国。"申包胥说："我一定要保存楚国。"等到吴兵攻进郢都，伍子胥搜寻昭王，没有找到，就挖开楚平王的坟，拖出他的尸体，鞭打了三百下才停手。申包胥逃到山里，派人去对伍子胥说："子之报仇，其以甚乎！吾闻之，人众者胜天，天定亦能破人。今子故平王之臣，亲北面而事之，今至于僇死人，此岂其无天道之极乎！"（"您这样报仇，太过分了！我听说人多可以胜天，天公降怒也能毁灭人。您原来是平王的臣子，亲自称臣侍奉过他，如今弄到侮辱死人的地步，这难道不是伤天害理到极点了吗！"）伍子胥对来人说："为我谢申包胥曰，吾日途远，吾故倒行而逆施之。"（你替我告诉申包胥说："我就像太阳落山的时候，路途还很遥远。所以，我要逆情悖理地行动。"）

专诸（东周列国志人物，香烟牌子，中国瑞伦烟公司）

原本一对相敬相惜的好朋友伍子胥与申包胥，因为家仇国恨而相互纠葛，从友人变为敌手，在复仇与宽恕之间，遭遇了人类的哲学困境。伍子胥当时应该面临很大的内心挣扎，是个非常"虐心"的角色。

又过了两年，阖庐派太子夫差领兵攻打楚国，夺取番地。楚国害怕吴国军队再次大规模进攻，就离开郢城，迁都鄀邑。在这个时候，吴国用伍子胥、孙武的战略，向西打败了强大的楚国，向北威镇齐国、晋国，向南降服了越国。

伍子胥就这样报了杀父杀兄大仇，威震中原。

伍子胥的忍劲十足，忍耐的时间超过"君子报仇，十年不晚"的期限。他在逃往吴国的途中，艰难到只能讨饭；到吴国后，长年受到冷落，都能忍得住。伍子胥的英名千古流传，来之不易。

范蠡帮助越王勾践复仇

接着就轮到范蠡帮助勾践报仇了。

越王勾践的祖先是夏禹的后裔，是夏朝少康帝的庶出之子。

勾践（东周列国志人物，香烟牌子，中华海员烟草公司）

少康帝的儿子被封在会稽，恭敬地保持着对夏禹的祭祀。二十多代后，传到了允常。允常在位的时候，与吴王阖庐产生怨恨，互相攻伐。允常逝世后，儿子勾践即位。

元年（越王勾践元年，前496），吴王阖庐闻允常死，乃兴师伐越。越王勾践使死士（勇战之士，敢死的勇士）挑战，三行（排成三行），至吴陈（通"阵"，阵地），呼而自刭。吴师观之，越因袭击吴师，吴败于槜李，射伤吴王阖庐，阖庐且死，告其子夫差曰："必毋忘越。"

吴王阖庐听说允常逝世，就举兵讨伐越国。越王勾践派遣敢死的勇士向吴军挑战，勇士们排成三行，冲入吴军阵地，大呼着自刎身亡。吴兵看得目瞪口呆，越军趁机袭击了吴军，在槜李大败吴军，射伤吴王阖庐。阖庐在弥留之际告诫儿子夫差说："千万不能忘记越国。"

越王这种战法，只可有一，不可有二，是不能重复的。勾践三年（前496，494?），勾践听说吴王夫差日夜操练士兵，将报复越国一箭之仇，便打算先发制人，在吴未发兵前去攻打吴。范蠡进谏说："不行，我听说兵器是凶器，攻战是背德，发动战争是最下等的国策。阴谋去做背德的事，喜爱使用凶器，亲身参与下等，定会遭到天帝的反对，这样做绝对不利。"越军在夫椒大败。越王只聚拢起5000名残兵败将退守会稽。吴王乘胜追击包围了会稽。

越王对范蠡说："因为没听您的劝告才落到这个地步，那该怎么办呢？"范蠡回答说："能够完全保住功业的人，必定效法天道的盈而不溢；能够平定倾覆的人，一定懂得人道是崇尚谦卑的；能够节制事理的人，就会遵循地道而因地制宜。现在，您对吴王要谦卑有礼，派人给吴王送去优厚的礼物，如果他不答应，您就亲自前往侍奉他，把自身也抵押给吴国。"于是派大夫种去向吴求和。种跪在地上边向前行边叩头说："君王的亡国臣民勾践让我大胆地告诉您：勾践请您允许他做您的奴仆，允许他的妻子做您的侍妾。"吴王想答应，子胥劝谏。勾践让种给太宰嚭献上美女珠宝玉器。嚭把大夫种引见给吴王。种叩头说："希望大王能赦免勾践的罪过，我们越国将把世传的宝器全部送给您。万一不能侥幸得到赦免，勾践将把妻子儿女全部杀死，烧毁宝器，率领他的5000

西施（东周列国志人物，香烟牌子，中华海员烟草公司）

名士兵与您决一死战，您也将付出相当的代价。"子胥又进谏说："今天不灭亡越国，必定后悔莫及。勾践是贤明的君主，大夫种、范蠡都是贤能的大臣，如果勾践能够返回越国，必将作乱。"吴王不听子胥的谏言，终于赦免了越王，撤军回国。

梅兰芳之西施1（英美烟公司）

一般读者都知道勾践成功贿赂吴王夫差，主要使用的是美人计，即奉上美女西施。《史记》中的《越王勾践世家》和《吴太伯世家》不提西施，只是笼统地说献上美女。原来，西施是《吴越春秋》中写到的，西施的出处在《吴越春秋》。《吴越春秋》卷九"勾践阴谋外传"所载，比《史记》详尽，内容也颇有不同。

勾践和文种君臣分析，吴王本人骄奢淫逸，太宰嚭对吴王巧言谄媚而拖住了吴王的心，控制了他的思想，再送两个美女去，消磨其意志，在心志上先将吴王彻底打垮。于是他们派相面的人在国内寻觅，终于觅到卖柴女西施和郑旦。他们将两女用华丽的衣裙打扮起来，教她们美容的方法与走路的姿势，让她们在土城（**后来因她们而称之为美人宫**）练习，到国都的里巷去参观学习。学了三年，她们才适应了。

除了记载更详细，《吴越春秋》具体情节与《史记》有四处重要的不同：一是行贿的对象是吴王，而不是太宰嚭；二是行贿的方式没有了宝器，只有美女；三

梅兰芳之西施2（英美烟公司）

是明确记载越国奉献的美女有两名——西施和郑旦，但后来郑旦不再提起，西施却流芳百世；四是出使吴国的不是文种，而是范蠡。看来，《史记》和《吴越春秋》的史料来源不同，所以记载的内容和详略有了颇大差异。

梅兰芳之西施3~5（英美烟公司）

两位美女，都出自诸暨县南五里苎萝山。伍子胥劝说吴王拒绝她们，引用了《老子》第十二章的名言，吴王根本不听。

勾践回国后，深思熟虑，苦心经营，把苦胆挂到座位上，坐卧即能仰头尝尝苦胆，饮食也尝尝苦胆。他还对自己说："你忘记会稽的耻辱了吗？"他亲身耕作，夫人亲手织布，吃饭从未有荤

菜，从不穿有两层华丽的衣服。他对贤人彬彬有礼，能委曲求全，招待宾客热情诚恳，能救济穷人，悼慰死者，与百姓共同劳作。他把国家政务委托给大夫种，让范蠡和大夫柘稽求和，到吴国作人质。两年后吴国才让范蠡回国。

越国试探夫差，故意向他借粮，子胥建议不借，吴王还是借给了越国。子胥说："君王不听我的劝谏，再过三年吴国将成为一片废墟！"太宰嚭听到这话后，就多次与子胥争论对付越国的计策，借机诽谤子胥说："伍员表面忠厚，实际很残忍，他连自己的父兄都不顾惜，怎么能顾惜君王呢？君王上次想攻打齐国，伍员强劲地进谏，后来您作战有功，他反而因此怨恨您。您不防备他，他一定作乱。"嚭还和逢共同谋划，在君王面前再三地诽谤子胥。君王开始也不听信谗言，于是就派子胥出使齐国，听说子胥把儿子委托给鲍氏，君王才大怒，说："伍员果真欺骗我！"

子胥出使齐回国后，吴王就派人赐给子胥一把"属镂"剑让他自杀。子胥大笑道："我辅佐你的父亲称霸，又拥立你为王，你当初想与我平分吴国，我没接受，事隔不久，今天你反而因听信谗言杀害我。唉，唉，你一个人绝对不能独自立国！"子胥告诉使者说："一定取出我的眼睛挂在吴国都城东门上，以便我能亲眼看到越军进入都城。"于是吴王重用嚭执掌国政。

《伍子胥列传》记载，伍子胥临终时：乃告其舍人（门客）曰："必树（种植）吾墓上以梓（棺材），令可以为器（让它长大能够做棺材）；而抉（挖出）吾眼县（xuán，悬，悬挂）吴东门之上，以观越寇之入灭吴也。"乃自刭死。吴王闻之大怒，乃取子胥尸盛以鸱夷革（皮革袋子），浮之江中。吴人怜之，为立祠于江上（江边，江畔），因命曰胥山。

《伍子胥列传》太史公曰："怨毒（怨恨，憎恨）之于人甚矣哉！王者尚不能行之于臣下，况同列乎（地位相类的人）！向（假使）令伍子胥从奢俱死，何异蝼蚁。弃小义，雪大耻，名垂于后世，悲夫！方子胥窘于江上，道乞食，志岂尝须臾忘郢邪？故隐

忍就功名，非烈丈夫孰能致此哉？白公如
不自立为君者，其功谋亦不可胜道者哉！"

"弃小义，雪大耻"，是伍子胥大智
大勇的表现，司马迁赞誉他因此而能垂誉
后世。

过了三年，勾践召见范蠡，商议攻打
吴国，范蠡回答说："不行。"

到第二年春天，吴王到北部的黄池去
会合诸侯，吴国的精锐部队全部跟随吴王
赴会了，唯独老弱残兵和太子留守吴都。
勾践又问范蠡是否可以进攻吴国，范蠡

勾践（东周列国志人物，
香烟牌子，中国瑞伦烟公
司）

说："可以了。"于是攻打吴国，吴军大败，越军还杀死吴国的太
子。吴王正在黄池会合诸侯，怕天下人听到这种惨败消息，就坚
守秘密。吴王已经在黄池与诸侯订立盟约，就派人带上厚礼请求
与越国求和。

这以后四年，越国又攻打吴国。吴国军民疲惫不堪，精锐士
兵都在与齐、晋之战中死去，所以越国大败吴军，包围吴都三年，
吴军失败。越国就又把吴王围困在姑苏山上。吴王派公孙雄脱去
上衣露出胳膊跪着向前行，请求与越王讲和，说："孤立无助的臣
子夫差冒昧地表露自己的心愿，从前我曾在会稽得罪您，我不敢
违背您的命令，如能够与您讲和，就撤军回国了。今天您投玉足
前来惩罚孤臣，我对您将唯命是听，但我私下的心意是希望像会
稽山对您那样赦免我夫差的罪过吧！"勾践不忍心，想答应吴王。
范蠡说："会稽的事，是上天把越国赐给吴国，吴国不要。今天是
上天把吴国赐给越国了，越国难道可以违背天命吗？再说君王早
上朝晚罢朝，不是因为吴国吗？谋划伐吴已22年了，一旦放弃，
行吗？且上天赐予您却不要，那反而要受到处罚。'用斧头砍伐木
材做斧柄，斧柄的样子就在身边。'忘记会稽的苦难了吗？"勾践
说："我想听从您的建议，但对我他的使者不忍心。"勾践竟然怜

悯吴国的使者，这么有同情心，后来却对自己的功臣痛下杀手。

　　范蠡就鸣鼓进军，说："君王已经把政务委托给我了，吴国使者赶快离去，否则将要对不起你了。"吴国使者伤心地哭着走了。勾践怜悯他，就派人对吴王说："我安置您到甬东！统治一百家。"吴王推辞说："我已经老了，不能侍奉您了！"说完便自杀身亡，自尽时遮住自己的面孔说："我没脸面见到子胥！"越王安葬了吴王，杀死了太宰嚭。

　　勾践吃了很多苦，惨淡经营 22 年，竟然怜悯吴王和使者，他对示弱者、失败者肯发善心，因为他们已经是死老虎，翻不了身了，他落得做好人。

　　可是勾践灭掉吴国，又杀了太宰嚭。伯嚭一直暗中帮助越国，越王勾践反而因为他不忠于他的国君，接受外国的贵重贿赂，私下亲近越国而杀无赦。

　　伯嚭和丁公（暗中放走刘邦，刘邦取得天下后被杀）私自帮助敌君反而遭受惠者所杀，他们还落了"其事可喜，其人可憎"的恶名。但无人说他们冤枉，他们给后人留下了血的教训。

　　勾践平定吴国后，就出兵向北渡过黄河，在徐州与齐、晋诸侯会合，向周王室进献贡品。越军在长江、淮河以东畅行无阻，诸侯们都来庆贺，越王号称霸王。

　　范蠡事奉越王勾践，辛苦惨淡、勤奋不懈，与勾践运筹谋划二十多年，终于灭亡了吴国，洗雪了会稽的耻辱。越军向北进军淮河，兵临齐、晋边境，号令中原各国，尊崇周室，勾践称霸，范蠡做了上将军。回国后，范蠡以为盛名之下，难以长久，况且勾践的为人，可与之同患难，难与之同安乐，他写信辞别勾践说："我听说，君王忧愁臣子就劳苦，君主受辱臣子就该死。过去您在会稽受辱，我之所以未死，是为了报仇雪恨。当今既已雪耻，臣请求您给予我君主在会稽受辱的死罪。"勾践说："我将和你平分越国。否则，就要加罪于你。"范蠡说："君主可执行您的命令，臣子仍依从自己的志向。"于是他打点包装了细软珠宝，与随从从

文种（东周列国志人物，香烟牌子，中华海员烟草公司）

海上乘船离去，终再未返回越国。勾践为表彰范蠡，把会稽山作为他的封邑。

勾践假装要与范蠡平分越国，否则就要加罪，软硬兼施，要将范蠡笼络在身边，然后寻机杀害。范蠡看透了他的心思，毫不犹豫地迅即出走。

范蠡乘船过海到了齐国，从齐国给大夫文种发去一封信。信中说："飞鸟尽，良弓藏；狡兔死，走狗烹。越王是长颈鸟嘴，只可以与之共患难，不可以与之共享乐，你为何不离去？"文种看信后，声称有病不再上朝。范蠡以迅雷不及掩耳的速度，秘密出走，根本来不及与人道别，所以到了目的地才给文种发信规劝。范蠡对文种是仁至义尽，够朋友的，可惜文种执迷不悟，错失了保命的时机。

有人中伤文种将要作乱，越王就赏赐给文种一把剑说："你教给我攻伐吴国的七条计策，我只采用三条就打败了吴国，那四条还在你那里，你替我到先王面前尝试一下那四条吧！"文种于是自杀身亡。勾践要文种自杀的命令幽默而深刻，正是这样一个善于别出心裁的人，才会愚弄胜利的吴王，反败为胜。

太史公说："夏禹的功劳很大，疏导了九条大河，安定了九州大地，一直到今天，整个华夏都平安无事。到了他的后裔勾践，辛苦劳作，深谋远思，终于灭亡了强大的吴国，向北进军中原，尊奉周室，号称霸王。能说勾践不贤能吗！这大概也有夏禹的遗风吧。"

司马迁两次谈及大禹的苗裔，一为勾践，谱系清晰，无人怀疑；二为项羽，被人讥笑，钱钟书附和。

范蠡的另类忍耐和奇妙结局

范蠡浮海出齐，变姓名，自谓鸱夷子皮，耕于海畔，苦身戮力，父子治产。居无几何，致产数十万。

他在海边耕作，吃大苦，艰辛的体力劳动使他筋疲力尽。范蠡做大官，享得富贵，但绝不养尊处优，可以随时拼命干重活和苦活。这时他宛如苦力，模样是相当凄惨的，生活是非常清苦的。在只重衣衫不重人，世态炎凉的社会中，范蠡有计划地主动放弃已经获得的荣华富贵，一切从零开始，这种胸襟、器度和心理之坚强，天下几乎没有第二个像他这样能伸能屈的大丈夫了！

齐人听说他贤能，让他做了国相。齐国人并不知范蠡的来历和底细，而是凭着亲眼目睹此人从一无所有到靠劳动迅即发家并至巨富的能耐，相信他一定能够带领齐国繁荣富裕。齐人自己的素质和识人能力，也非常了不起。

范蠡喟然叹曰："居家则致千金，居官则至卿相，此布衣之极也。久受尊名，不祥。"

范蠡叹息道："住在家里就积累千金财产，做官就达到卿相高位，这是平民百姓能达到的最高地位了。长久享受尊贵的名号，不吉祥。"这是典型的楚国哲学——道家语言，谓之"功成身退"。

他于是归还了相印，发散了自己的全部家产，送给知音好友、同乡邻里，携带着贵重财宝，秘密离去，到陶地住下。他认为这里是天下的中心，交易买卖的道路通畅，经营生意可以发财致富。于是自称陶朱公。又约定好父子都要耕种畜牧，买进卖出时都要等待时机，以获得十分之一的利润。过了不久，家资又积累到万万。天下人都称道陶朱公。

从政治家兼军事家，一个华丽转身，成为富可敌国的大商家。但他父子亲自耕种畜牧，其劳累是可以想象的。

范蠡活到这个地步，本可安度晚年了，他的智慧对付人生道路上所有的困难是绰绰有余的。可是，天有不测风云，人有旦夕祸福，他的一个儿子竟然陷入杀生大祸。

范蠡在陶地生了小儿子。小儿子成人时，二儿子杀了人，被楚国拘捕。于是他派小儿子探望和搭救，打点好一千镒黄金，用一辆牛车载去。小儿子将要出发时，他的长子请求前去，陶朱公不同意。长子说："家里的长子叫家督，现在弟弟犯了罪，父亲不派长子去，却派小弟弟，这说明我是不肖之子。"长子说完想自杀。他的母亲又替他说："现在派小儿子去，未必能救二儿子命，却先丧失了大儿子，怎么办？"陶朱公不得已就派了长子，写了一封信要大儿子送给旧日的好友庄生，并对长子说："到楚国后，要把千金送到庄生家，一切听从他去办理，千万不要与他发生争执。"长子走时，也私自携带了几百镒黄金。

长子到达楚国，看见庄生家靠近楚都外城，披开野草才能到达庄生家门，庄生居住条件十分贫穷。可是长子还是打开信，向庄生进献了千金，完全照父亲所嘱去做。庄生说："你可以赶快离去了，千万不要留在此地！等弟弟释放后，不要问原因。"长子离去，不再探望庄生，但私自留在了楚国，把自己携带的黄金送给了楚国主事的达官贵人。

庄生虽然住在穷乡陋巷，可是由于廉洁正直在楚国很闻名，从楚王以下无不尊奉他为老师。朱公献上黄金，他并非有心收下，只是想事成之后再归还给朱公以示讲信用。所以黄金送来后，他对妻子说："这是朱公的钱财，以后再如数归还朱公，但哪一天归还却不得而知，这就如同自己哪一天生病也不能事先告知别人一样，千万不要动用。"但朱公长子不知庄生的意思，以为财产送给庄生不会起什么作用。

庄生乘便入宫会见楚王，说："某星宿移到某处，这将对楚国有危害。"楚王平时十分信任庄生，就问："现在怎么办？"庄生说："只有实行仁义道德才可以免除灾害。"楚王说："您不用多说了，我将照办。"楚王就派使者查封贮藏三钱的仓库。楚国达官贵人吃惊地告诉朱公长子说："楚王将要实行大赦。"长子问："怎么见得呢?"贵人说:"每当楚王大赦时,常常先查封贮藏三钱的仓库。昨晚楚王已派使者查封了。"朱公长子认为既然大赦,弟弟自然可以释放了,一千镒黄金等于虚掷庄生处,没有发挥作用,于是又去见庄生。庄生惊奇地问:"你没离开吗?"长子说:"始终没离开。当初我为弟弟一事来,今天楚国正商议大赦,弟弟自然得到释放,所以我特意来向您告辞。"庄生知道他的意思是想拿回黄金,说:"你自己到房间里去取黄金吧。"大儿子便入室取走黄金离开庄生,私自庆幸黄金失而复得。

庄生被小儿辈出卖深感羞耻,就又入宫会见楚王说:"我上次所说的某星宿的事,您说想用做好事来回报它。现在,我在外面听路人都说陶地富翁朱公的儿子杀人后被楚囚禁,他家派人拿出很多金钱贿赂楚王左右的人,所以君王并非体恤楚国人而实行大赦,却是因为朱公儿子才大赦的。"楚王大怒道:"我虽然无德,怎么会因为朱公的儿子布施恩惠呢!"就下令先杀掉朱公儿子,第二天才下达赦免的诏令。朱公长子只能携带弟弟尸体回家了。

回到家后,母亲和乡邻们都十分悲痛,只有朱公笑着说:"我本来就知道长子一定救不了弟弟!他不是不爱自己的弟弟,只是有不能忍心放弃的。他年幼就与我生活在一起,经受过各种辛苦,知道为生的艰难,所以把钱财看得很重,不敢轻易花钱。至于小弟弟呢,一生下来就看到我十分富有,乘坐上等车,驱驾千里马,到郊外去打猎,哪里知道钱财从何处来,所以把钱财看得极轻,弃之也毫不吝惜。原来我打算让小儿子去,本来因为他舍得弃财,但长子不能弃财,所以终于害了自己的弟弟,这很合乎事理,不值得悲痛。我本来日日夜夜盼的就是二儿子的尸首送回来。"

大儿子不受信任要自杀,范蠡只好派他去。我们要感慨古时人血性足。可是他犯了错误害死了弟弟,倒送回尸首算了,没有想到自杀谢罪。范蠡明知委派大儿要送二儿性命,等尸首回来还笑着说明原委,这都是非常之人的奇异心理和言行。

范蠡在儿子被杀的事件中,有三个忍耐:一是大儿、小儿争着要去，他隐忍内心的选择，让大儿去；大儿葬送了弟弟的性命，范蠡只能忍耐。一则大儿不是存心害人，二则大儿也是自己的儿子，不能向他报复。二是庄生与自己的儿子憋气，致使二儿死亡。范蠡忍耐不发，不向庄生报仇。此因一则大儿有失误，二则庄生本是善良正直的好人，好人有时犯糊涂或有失误，范蠡不想与他为敌。三是二儿子被楚王杀了，范蠡只能忍耐，这是自己儿子杀人犯法。有的富豪，不分是非，自己的亲人犯法遭诛，救不成就报复，横行霸道。有许多怨恨，不是都可以报复的。

孙膑、范雎、吴起和韩信的受辱忍耐和奇妙报仇方式

孙子死后，隔了一百多年又出了一个孙膑。孙膑出生在阿城和鄄城一带，是孙武的后代子孙，他曾经和庞涓一道学习兵法。庞涓奉事魏国以后，当上了魏惠王的将军，却知道自己的才能比不上孙膑，害怕他比自己贤能，忌恨他，就秘密地把孙膑找来。罗织罪名砍掉他两只脚，并且在他脸上刺了字，想让他隐藏起来不敢抛头露面。

齐国的使臣来到魏国的京城大梁，孙膑以犯人的身份秘密地会见了齐使，进行游说。齐国的使臣认为他是个难得的人才，就偷偷地用车把他载回齐国。齐国将军田忌不仅赏识他而且还像对待客人一样对待他。孙膑就随着田忌，帮助他在赛马中赢得了齐王千金赌注，于是田忌就把孙子推荐给齐威王。威王向他请教兵法后，就把他当作老师。

后来魏国攻打赵国，赵国形势危急，向齐国求救。齐威王打算任用孙膑为主将，孙膑辞谢说："受过酷刑的人，不能任主将。"于是就任命田忌做主将，孙膑做军师，坐在带篷帐的车里，暗中谋划。田忌想要率领救兵直奔赵国，孙膑教他用围魏救赵之计，打得魏军大败。

十三年后，孙膑终于有了报仇的机会。魏国和赵国联合攻打韩国，韩国向齐国告急。齐王派田忌率领军队前去救援，径直进

军大梁。魏将庞涓听到这个消息，率师撤离韩国回魏，而齐军已经越过边界向西挺进了。孙膑对田忌说："那魏军向来凶悍勇猛，看不起齐兵，认为齐兵胆小怯懦。善于指挥作战的将领，就要顺应这样的趋势而加以引导。兵法上说：'用急行军走百里和敌人争利的，有可能折损上将军；用急行军走五十里和敌人争利的，可能有一半士兵掉队。'命令军队进入魏境先砌十万人做饭的灶，第二天砌五万人做饭的灶，第三天砌三万人做饭的灶。"庞涓行军三日，特别高兴地说："我本来就知道齐军胆小怯懦，进入我国境才三天，开小差的就超过了半数啊！"于是他放弃了他的步兵，只和他轻装精锐的部队，日夜兼程地追击齐军。孙膑估计他的行程，当晚可以赶到马陵。马陵的道路狭窄，两旁又多是峻岭幽谷，适合埋伏军队。孙膑就叫人砍去树皮，露出白木，写上："庞涓死于此树之下。"于是命令一万名善于射箭的齐兵，隐伏在马陵道两边，约定说："晚上看见树下火光亮起，就万箭齐发。"庞涓当晚果然赶到砍去树皮的大树下，看见白木上写着字，就点火照树干上的字，上边的字还没读完，齐军伏兵就万箭齐发，魏军大乱，互不接应。庞涓自知无计可施，败成定局，就拔剑自刎，临死说："倒成就了这小子的名声！"齐军乘胜追击，把魏军彻底击溃，俘虏了魏国太子申回国。孙膑从此名扬天下，他的《孙膑兵法》，也一直流传后世。

孙膑以残疾犯人的身份，暗中接近齐国使者，说服使者将他偷带到齐国。在齐国忍耐了十几年，孙膑终于利用齐军，发挥自己的军事才华，彻底击败仇人庞涓带领的魏军，迫使他自杀，而且让他知道自己死在谁的手中。孙膑还精心设计了使庞涓陷于绝境的戏剧性场面，幽默有趣而又出人意外，特别解恨。

范雎是魏国人，字叔。他曾周游列国希图有国君接受自己的主张而有所作为，但没有成功，便回到魏国打算效力魏王，可是家境贫寒又没有办法筹集活动资金，就先在魏国中大夫须贾门下混事。

有一次，须贾奉魏昭王命出使到齐国，范雎也跟着去了。他们在齐国逗留了几个月，也没有什么结果。当时齐襄王得知范雎很有口才，就派专人给范雎送去了十斤黄金以及牛肉美酒之类的礼物，但范雎一再推辞不敢接受。须贾知道了这件事，大为恼火，认为范雎必是把魏国的秘密出卖给齐国了，所以才得到这种馈赠，于是他让范雎收下牛肉美酒之类的食品，而把黄金送回去。回到魏国后，须贾心里恼怒嫉恨范雎，就把这件事报告给魏国宰相。魏国的宰相是魏国公子之一，叫魏齐。魏齐听了后大怒，就命令左右近臣用板子、荆条抽打范雎，打得范雎胁折齿断。当时范雎假装死去，魏齐就派人用席子把他卷了卷，扔在厕所里。又让宴饮的宾客喝醉了，轮番往范雎身上撒尿，故意污辱他，以惩一儆百。

卷在席子里的范雎还活着，他对看守说："您如果放走我，我日后必定重重地谢您。"看守有意放走范雎，就向魏齐请示把席子里的死人扔掉算了。可巧魏齐喝得酩酊大醉，就顺口答应说："可以吧。"范雎因而得以逃脱。后来魏齐后悔把范雎当死人扔掉，又派人去搜索范雎。魏国人郑安平听说了这件事，于是就带着范雎一起逃跑了，他们隐藏起来，范雎更改了姓名叫张禄。

这时，秦昭王派出的使臣王稽正在魏国。郑安平就假装当差役，侍候王稽。王稽问他："魏国有贤能的人士可愿跟我一起到西边去吗？"郑安平回答说："我的乡里有位张禄先生，想求见您，谈谈天下大事。不过，他有仇人，不敢白天出来。"王稽说："夜里你跟他一起来好了。"郑安平就在夜里带着张禄来拜见王稽。两个人的话还没谈完，王稽就发现范雎是个贤才，便对他说："先生请在三亭冈的南边等着我。"范雎与王稽暗中约好见面时间就离去了。

王稽离开魏国上路后，经过三亭冈南边时，载上范雎很快进入了秦国国境。车到湖邑时，远远望见有一队车马从西边奔驰而来。范雎便问："那边过来的是谁？"王稽答道："那是秦国国相穰侯去东边巡行视察县邑。"范雎一听是穰侯便说:"我听说穰侯独揽秦国大权,他最讨厌收纳各国的说客,这样见面恐怕他要侮辱我,我宁可暂在车里躲藏一下。"不一会儿,穰侯果然来到,向王稽道过问候,便停下车询问说:"关东的局势有什么变化?"王稽答道:"没有。"穰侯又对王稽说:"使臣先生该不会带着那般说客一起来吧?这种人一点好处也没有,只会扰乱别人的国家罢了。"王稽赶快回答说:"臣下不敢。"两人随即告别而去。

范雎又对王稽说:"我听说穰侯是个智谋之士,处理事情多有疑惑,刚才他怀疑车中藏着人,可是忘记搜查了。"于是范雎就跳下车来奔走,说:"这件事穰侯不会甘休,他必定后悔没有搜查车子。"大约走了十几里路,穰侯果然派骑兵追回来搜查车子,没发现有人,这才作罢。王稽于是与范雎进了咸阳。

王稽向秦王报告了出使情况后,趁机进言道:"魏国有个张禄先生,此人是天下难得的能言善辩之士。他说'秦王的国家处境危险已到了危若累卵的地步,能采用我的方略便可安全。但需面谈不能用书信传达'。我所以把他载到秦国来。"秦王不相信这套话,只让范雎住在客舍,给他粗劣的饭食吃。就这样,范雎等待秦王接见有一年多。

当时,秦昭王已经即位36年了。秦国曾多次围攻韩、赵、魏三国,扩张了领土。昭王武功赫赫,因而讨厌那些说客,从不听信他们。

昭王母亲宣太后的弟弟穰侯担任国相,另一个弟弟华阳君、昭王的同胞弟弟泾阳君和高陵君轮番担任将军,他们都有封赐的领地,由于宣太后庇护的缘故,他们私家的富有甚至超过了国家。等到穰侯担任了秦国将军,他又要越过韩国和魏国去攻打齐国的纲寿,想借此扩大他的陶邑封地。为此,范雎就上书启奏秦王,讲了一大通道理和历史上的经验教训。读了这封书信,秦昭王心中大喜,便向王稽表示了歉意,派他用专车去接范雎。

这样,范雎才得以去离宫拜见秦昭王。到了宫门口,他假装不知道是内宫的通道，就往里走。这时恰巧秦昭王出来，宦官发了怒，驱赶范雎，呵斥道："大王来了！"范雎故意乱嚷着说："秦国哪里有王？秦国只有太后和穰侯罢了。"他想用这些话激怒秦昭王。昭王走过来，听到范雎正在与宦官争吵，便上前去迎接范雎，并向他道歉说："我本早该就向您请教了，正遇到处理义渠事件很紧迫，早晚都要向太后请示。现在义渠事件已经处理完毕，我才得机会向您请教。我这个人很糊涂、不聪敏，让我向您敬行一礼。"范雎客气地还了礼。这一天凡是看到范雎谒见昭王情况的文武百官，没有一个不是肃然起敬的。

秦昭王喝退了左右近臣，宫中没有别的人。这时秦昭王长跪着向范雎请求说："先生怎么赐教我？"范雎说："嗯嗯。"停了一会，秦昭王又长跪着向范雎请求说："先生怎么赐教我？"范雎说："嗯嗯。"像这样询问连续三次。秦昭王长跪着说："先生终究也不赐教我了吗？"范雎就谈起吕尚遇到周文王时，他只是个渭水边上钓鱼的渔夫罢了。文王得到吕尚的辅佐而终于统一了天下。假使当初文王疏远吕尚而不与他深谈，这样周朝就没有做天子的德望，而文王、武王也就无人辅佐来成就他们统一天下的大业了。如今我是个寄居异国他乡的臣子，与大王交情生疏，而我所希望陈述的都是匡扶补正国君的大事，我处在大王与亲人的骨肉关系之间来谈这些大事。现在您在上面害怕太后的威严，在下面被奸佞臣子的惺惺作态所迷惑，自己身居深宫禁院，离不开左右近臣的把持，终身迷惑不清，也没人帮助您辨出邪恶。长此下去，从大处说国家覆亡，从小处说您孤立无援岌岌可危，这是我所担忧的，只此而已。

秦王继续请求他说下去，范雎谈了一些具体的建议。秦王于是授给范雎客卿官职，同他一起谋划军事。秦王听从了范雎的谋略，派五大夫绾带兵攻打魏国，拿下了怀邑。两年后，又夺取了邢丘。范雎接着建议秦王拉拢韩国，然后提醒和帮助昭王摆脱了太后的控制，把穰侯、高陵君以及华阳君、泾阳君驱逐出国都。

秦昭王就任命范雎为相国，并把应城封给范雎，封号称应侯。此时，是秦昭王四十一年（前266）。

范雎做了秦国相国之后，秦国人仍称他张禄，而魏国人对此毫无所知，认为范雎早已死了。魏王听到秦国即将向东攻打韩、魏两国的消息，便派须贾出使秦国。范雎得知须贾到了秦国，便隐蔽了相国的身份改装出行，他穿着破旧的衣服步行到客馆，见到了须贾。须贾一见范雎不禁惊愕道："范叔原来没有灾祸啊！"范雎说："是啊。"须贾笑着说："范叔是来秦国游说的吧？"范雎答道："不是的。我前时得罪了魏国宰相，所以流落逃跑到这里，怎么还敢游说呢！"须贾问道："如今你干些什么事？"范雎答道："我给人家当差役。"须贾听了有些怜悯他，便留下范雎一起坐下吃饭，又不无同情地说："范叔怎么竟贫寒到这个样子！"于是就取出了自己一件粗丝袍送给了他。须贾趁便问道："秦国的相国张君，你知道他吧。我听说他在秦王那里很得宠，有关天下的大事都由相国张君决定。这次我办的事情成败也都取决于张君。你这个年轻人有没有跟相国张君熟悉的朋友啊？"范雎说："我的主人很熟悉他，就是我也能求见的，请让我把您引见给张君。"须贾很不以为然地说："我的马病了，车轴也断了，不是四匹马拉的大车，我是决不出门的。"范雎说："我愿意替您向我的主人借来四匹马拉的大车。"

范雎回去叫来四匹马拉的大车，并亲自给须贾驾车，直进了秦国相府。相府里的人看到范雎驾着车子来了，有些认识他的人都回避离开了。须贾见到这般情景感到很奇怪。到了相国办公的地方，范雎对须贾说："等等我，我替您先进去向相国张君通报一声。"须贾就在门口等着，拽着马缰绳等了很长时间不见人来，便问门卒说："范叔进去很长时间了不出来，是怎么回事？"门卒说："这里没有范叔。"须贾说："就是刚才跟我一起乘车进去的那个人。"门卒说："他就是我们相国张君啊。"须贾一听大惊失色，自知被诳骗进来，就赶紧脱掉上衣，光着膀子，双膝跪地而行，托门卒向范雎认罪。

　　于是范雎派人挂上盛大的帐幕，召来许多侍从，才让须贾上堂来见。须贾见到范雎连叩响头口称死罪，说："我没想到您靠自己的能力达到这么高的尊位，我不敢再读天下的书，也不敢再参与天下的事了。我犯下了应该煮杀的大罪，把我抛到荒凉野蛮的胡貉地区我也心甘情愿，让我活让我死只听凭您的决定了！"范雎说："你的罪状有多少？"须贾连忙答道："拔下我的头发来数我的罪过，也不够数。"范雎说："你的罪状有三条。从前楚昭王时申包胥为楚国谋划打退了吴国军队，楚王把楚地的五千户封给他作食邑，申包胥推辞不肯接受，因为他的祖坟安葬在楚国，打退吴军也可保住他的祖坟。现在我的祖坟在魏国，可是你前时认为我对魏国有外心，暗通齐国，在魏齐面前说我的坏话，这是你的第一条罪状。当魏齐把我扔到厕所里肆意侮辱我时，你不加制止，这是第二条罪状。更有甚者你喝醉之后往我身上撒尿，你何等地忍心啊？这是第三条罪状。但是你之所以能不被处死，是因为从今天你赠我一件粗丝袍看还有点老朋友的依恋之情，所以给你一条生路，放了你。"随即范雎进宫把事情的原委报告了昭王，决定不接受魏国来使，责令须贾回国。须贾去向范雎辞行，范雎便大摆宴席，请来所有诸侯国的使臣，与他同坐堂上，酒菜饭食摆设得很丰盛。而让须贾坐在堂下，在他面前放了一槽草豆掺拌的饲料，又命令两个受过墨刑的犯人在两旁夹着，像马一样喂他吃饲料。范雎责令他道："给我告诉魏王，赶快把魏齐的脑袋拿来！不然的话，我就要屠平大梁。"须贾回到魏国，把情况告诉了魏齐，魏齐大为惊恐，便逃到了赵国，躲藏在平原君的家里。

　　范雎担任了秦相之后，为报答王稽的恩情，请求秦昭王任命他做河东郡守，并且允许他三年之内可以不向朝廷汇报郡内的政治、经济情况。范雎又向秦昭王举荐曾保护过他的郑安平，昭王便任命郑安平为将军。范雎于是散发家里的财物，用来报答所有那些曾经帮助过他而处境困苦的人。凡是给过他一顿饭吃的小恩小惠他是必定报答的，而瞪过他一眼的小怨小仇他也是必定报复的。

　　范雎任秦相的第二年，也就是秦昭王四十二年（前265），秦昭王听说魏齐藏在平原君的家里，想替范雎报仇，就假装交好写了一封信给平原君，邀请他来秦国小住。平原君本就畏惧秦国，看了信又认为秦昭王真的有意交好，便到秦国见了秦昭王。昭王陪着平原君宴饮了几天，便对平原君说："从前周文王得到吕尚尊他为太公，齐桓公得到管夷吾尊他为仲父，如今范先生也是我的叔父啊。范先生的仇人住在您家里，希望您派人把他的脑袋取来；不然的话，我就不让您出函谷关。"平原君不肯出卖朋友，昭王又给赵国国君写了一封信说："大王的弟弟在我秦国这里，而范先生的仇人魏齐就在平原君家里。大王派人赶快拿他的脑袋来；不然的话，我要发动军队攻打赵国，而且不把大王的弟弟放出函谷关。"魏齐闻讯出逃后，走投无路，刎颈自杀了。赵王得知魏齐自杀身亡，终于取了他的脑袋送到秦国。秦昭王这才放平原君回赵。

　　范雎在魏国被魏相魏齐屈打几乎致死，但他能够忍耐，后来"羁旅入秦"，发挥能言善辩、足智多谋的惊世才华，终于位居秦相。范雎任相后对外提出远交近攻的策略，对内剪灭外戚势力，巩固中央集权，为秦国成就帝业奠定了基础，功绩颇大。但他功成名就之后，其致命弱点"每饭之德必赏，眦睚之怨必报"的狭隘性格膨胀，秦军在长平大败赵军后不久，他与武安君白起结下了怨仇，将相不和，就向昭王进谗言，而把白起杀了。而他荐举的恩人王稽犯法被杀，郑安平兵败投敌，范雎一筹莫展，声誉扫地。

　　吴起是卫国人，善于用兵，曾经向曾子求学，奉事鲁国国君，率领军队攻打齐国，把齐军打得大败。由于战功卓著，树大招风，鲁国就有人诋毁吴起，吴起只好投奔魏国。魏文侯任用他为主将，攻打秦国，夺取了五座城池。魏文侯死后，吴起在魏国待不住，来到楚国。

星汉灿烂　《史记》纵览新说

167

楚悼王一向就听说吴起贤能，刚到楚国就任命他为国相。他执法严明，令出必行，淘汰并裁减无关紧要的冗员，停止旁系王族的按例供给，来抚养战士；他还致力于加强军事力量，揭穿往来奔走的游说之客。于是向南平定了百越，向北吞并了陈国和蔡国，打退韩、赵、魏三国的进攻，向西又讨伐了秦国。诸侯各国对楚国的强大感到忧虑。

可是以往被吴起停止供给的王族都想谋害吴起。

等悼公一死，王室大臣发动骚乱，攻打吴起，吴起逃到楚王停尸的地方，附伏在悼王的尸体上。攻打吴起的那帮人趁机用箭射吴起，同时也射中了悼王的尸体。等把悼王安葬停当后，太子即位，就让令尹把射杀吴起同时射中悼王尸体的人全部处死，由于射杀吴起而被灭族的有七十多家。

当时吴起自知死日已到，无法自救，被攻杀时，他无暇思索，逃到楚王停尸之处，马上伏在楚王的尸体上。这些杀害他的贵族都是笨蛋，只想杀人，中了吴起之计。他救不了自己，就用同归于尽的方法引诱仇敌，七十多个仇敌全部被处死且灭族，几百口人，老幼全死。吴起这个仇报得痛快。他死的时候，已经预知这个结局，所以减少了不少遗憾和痛苦。

《萧何月下追韩信》（民国京剧折子戏，香烟牌子，上海大东烟公司）

韩信忍辱功夫很好，但他对欺凌自己的仇人的态度，出人意外。

韩信年轻时非常落魄，当时，"淮阴屠（以宰杀牲畜为业的人）中少年有侮信者，曰："若虽长大，好带刀剑，中情（内心）怯耳。"众辱（当众污辱）之曰："信能死（不怕死），刺我；不能死，出我袴下（通"胯"，两腿间）。"于是信孰视之（仔细地打量了他一番），俯出袴下，蒲伏（"匍匐"，跪在地上爬行）。一市人皆笑信，以为怯。"

韩信投奔汉高祖刘邦，任大将军，封为楚王。他衣锦还乡之后，报答恩赐他饭食的漂母，召辱己之少年令出胯下者以为楚中尉。告诸将相曰："此壮士也。方辱我时，我宁不能杀之邪？杀之无名（没有意义），故忍而就于此。"他解释当时忍辱的原因，不仅不报仇，反而赏赐此人当官。不少人因此而称赞韩信大度。

其实，他的这种言行除了表现他能忍并大度外，别无深远意义。给曾经羞辱过自己的无赖少年以中尉之职，还乱捧他为"壮士"，是故作姿态，此人是否有此才德任职？韩信无疑是在"作秀"。江山易改，本性难易。此人还可能会利用手中的权力欺压和残害百姓。韩信赏他官职是慷国家之慨，损害了国家和民众的利益。

星汉灿烂 《史记》纵览新说

第四章 "无韵之离骚"

——《史记》的伟大文学成就

《史记》取得了伟大的文学成就，达到了"艺进乎道"的高度。

《庄子》说："艺进乎道。"这是对技艺、著作的最高要求。

《淮南子·要略》说："言道而不言事，则无以与世沉浮；言事而不言道，则无以与化游息。"文艺创作要入世，也可适俗，但必须还能出世，更不能疏于问道。"与化游息"，是参透人心精微，找到这个世界原始图景的问道追求。道是人世人事的最高规律，宇宙的真理，《史记》究天人之际，通古今之变，又有出神入化的文学成就，"艺进乎道"也。

第一节 "想见为人"：传记文学的巅峰之作

司马迁在《史记·孔子世家》篇末说："余读孔氏书，想见其为人。"《屈原贾生列传》最后也说："余读《离骚》《天问》《招魂》《哀郢》，悲其志。适长沙，观屈原所自沉渊，未尝不垂涕，想见其为人。"司马迁对他所心仪的孔子、屈原和其他文化泰斗、杰出人物，都"相见其为人"，也写出其为人。

《史记》全书除了书、表，都记载人物，《本纪》和《世家》中记载朝代和列国的，也主要是记载人物。

琳琅满目的人物画廊

《史记》记载历史人物的传记有本纪和列传两类，前者记叙帝王，后者记叙将相和各类人物，包括政治家、军事家、谋略家、诗人学者、医生商人、侠客刺客和一些女性。《史记》将远古以来至西汉的名人全部收进。此外，它极其重视对神奇、奇异人物生平和事迹的记叙，为我们展开了琳琅满目的人物画廊。

本书各章已经评论了多位帝王将相，这里选择《扁鹊仓公列传》介绍古代名医的高超医术和传奇事迹。

战国时期的扁鹊，是渤海郡鄚（mào）人，姓秦，叫越人。年轻时做人家客馆的主管。他从客馆的客人奇人长桑君那里，学到秘藏的医方。长桑君将自己的全部秘方都给了扁鹊，忽然间就不见了。扁鹊按照他说的服药30天，就能看见墙外边的人，因此诊视别人的疾病时，能看到五脏内所有的病症，只是表面上还在为病人切脉。

晋昭公的时候，赵简子是大夫，却独掌国事。赵简子病了，五天不省人事，大夫们都很忧惧，于是召来扁鹊。扁鹊入室诊视病后走出，大夫董安于向扁鹊询问病情。扁鹊说："他的血脉正常，你们何必惊怪！从前秦穆公曾出现这种情形，昏迷了七天才苏醒。醒来的当天，他告诉公孙支和子舆说：'我到天帝那里后非常快乐。我所以去那么长时间，正好碰上天帝要指教我。天帝告诉我，"晋国将要大乱，会五代不安定。之后将有人成为霸主，称霸不久他就会死去。霸主的儿子将使你的国家男女淫乱"。'公孙支把这些话记下收藏起来，后来秦国的史书才记载了此事。晋献公的混乱，晋文公的称霸，及晋襄公打败秦军在殽山后的放纵淫乱，这些都是你所闻知的。现在你们主君的病和他相同，不出三天就会痊愈，痊愈后必定也会说一些话。"

过了两天半，赵简子苏醒了，他告诉众大夫说："我到天帝那儿非常快乐，与百神游玩在天的中央，那里各种乐器奏着许多乐曲，跳着各种各样的舞蹈，不像上古三代时的乐舞，乐声动人心魄。有一只熊要抓我，天帝命令我射杀它，我射中了熊，熊死了。有一只罴走过来，我又射它，又射中了，罴也死了。天帝非常高兴，赏赐我两个竹笥（sì），里边都装有首饰。我看见我的儿子在天帝的身边，天帝把一只翟犬托付给我，并说：'等到你的儿子长大成人时赐给他。'天帝告诉我说：'晋国将会一代一代地衰微下去，过了七代就会灭亡。秦国人将在范魁的西边打败周人，但他们也不能拥有他的政权。'"董安于听了这些话后，记录并收藏起来。人们把扁鹊说过的话告诉赵简子，赵简子赐给扁鹊田地四万亩。

扁鹊到了齐国，他告诉桓侯："您有小病在皮肤和肌肉之间，不治将会深入体内。"桓侯说："我没有病。"过了五天，扁鹊再去见桓侯，说："您的病已在血脉里，不治恐怕会深入体内。"桓侯说："我没有病。"过了五天，扁鹊又去见桓侯，说："您的病已在肠胃间，不治将更深侵入体内。"桓侯不肯答话。过了五天，扁鹊又去，看见桓侯就向后退跑走了。桓侯派人问他跑的缘故，扁鹊说："疾病在皮肉之间，汤剂、药熨的效力就能达到治病的目的；疾病在血脉中，靠针刺和砭石的效力就能达到治病的目的；疾病在肠胃中，药酒的效力就能达到治病的目的；疾病进入骨髓，就是掌管生命的神也无可奈何。现在疾病已进入骨髓，我因此不再要求为他治病。"过了五天，桓侯身上患了重病，他派人召请扁鹊，扁鹊已逃离齐国。桓侯于是就病死了。

扁鹊总结出六种患病的情形不能医治：为人傲慢放纵不讲道理，是一不治；轻视身体看重钱财，是二不治；衣着饮食不能调节适当，是三不治；阴阳错乱，五脏功能不正常，是四不治；形体非常赢弱，不能服药的，是五不治；信巫不信医（**迷信巫术不相信医术的**），是六不治。

扁鹊名声传扬天下，他到处为人治病。秦国的太医令李醯自知医术不如扁鹊，派人刺杀了扁鹊。

西汉太仓是齐国都城管理粮仓的长官，临淄（zī）人，姓淳于名意。拜师学习医术，学了三年之后，为人治病，预断死生，多能应验。

汉文帝四年（前176），有人上书朝廷控告他，根据刑律罪状，要用传车押解到长安去。淳于意最小的女儿缇萦上书朝廷救出父亲。文帝亲自询问他的医术。淳于意介绍自己得到高手的真传，对脸色诊病术、听诊术、揆度阴阳术、药理、砭石神术、房中术等进行了系统的研究。学习时注意解析体验。学习三年后，诊视病情决断生死都有效，已达到了精妙的程度。接着他举例回忆自己治好的24个病例，例如：

齐国名叫信的中御府得病，淳于意切脉后告诉他："是热病的脉气，然而暑热多汗，脉稍衰，不至于死。"淳于意还告诉他："得这种病，是因为天气严寒时曾在流水中洗浴，洗浴后身体就发热了。"他说："嗯，就是这样！去年冬天，我为齐王出使楚国，走到莒（jǔ）县阳周水边，看到莒桥坏得很厉害，我就揽住车辕不想过河。马突然受惊，一下子坠到河里，我的身子也淹进水里，差一点儿淹死。随从官吏马上跑来救我，我从水中出来，衣服全湿了，身体冰冷，冷一止住全身发热如火，到现在不能受寒。"淳于意立即为他调制液汤火剂驱除热邪。他服一剂药不再出汗，服两剂药热退去了，服三剂药病止住了。又让他服药大约20天，他就像没病的人了。

济北王召淳于意给他的侍女们诊病，诊到名叫竖的女子时，她看起来没有病。淳于意告诉永巷长说："竖伤了脾脏，不能太劳累，依病理看，到了春天会吐血而死。"淳于意问济北王："这个人有什么才能？"济北王说："她喜好方技，有多种技能，能在旧方技上创出新意来。去年从民间买的，和她一样的四个人，共用四百七十万钱。"济北王又问："她是不是有病？"淳于意回答说："她病得很重，依病理会死去。"济北王又一次叫她来就诊，她的脸色没有变化，认为淳于意说的不对，没有把她卖给其他诸侯。

173

星汉灿烂 《史记》纵览新说

到了第二年春天，她捧着剑随王去厕所，王离去，她仍留在后边，王派人去叫她，她已脸向前倒在厕所里，吐血而死。

齐国丞相门客的奴仆跟随主人上朝进入王宫，淳于意看到他在闱门外吃东西，望见他的容颜有病色，淳于意当即把此事告诉了名叫平的宦官，他因喜好诊脉而向我学习。淳于意就用这个奴仆做例子指导他，告诉他说："这是伤害脾脏的容色，到明年春天，胸膈会阻塞不通，不能吃东西，依病理到夏天将泄血而死。"他就到丞相那裏禀报说："您们客的奴仆有病，病得很重，死期指日可待。"丞相问："你怎么知道的？"他回答说："丞相上朝入宫时，他在闱门外吃饭，我和太仓公站在那里，太仓公告诉我，患这种病是要死的。"丞相就把这个门客召请来问他："您的奴仆有病吗？"门客说："我的奴仆没有病，身体没有疼痛的地方。"到了春天奴仆果然病了，四月时泄血而死。他的病是因流汗太多，受火烤后又在外面受了风邪而得。

齐国姓淳于的司马病了，淳于意诊脉后说："你应该是'洞风病'。洞风病的症状是，食物咽下后就又呕吐出，得这种病的原因，是吃过饱饭接着疾跑的缘故。"他回答说："我到君王家吃马肝，吃得很饱，看到送上酒来，就跑开了，后来又骑着快马回家，到家就下泄几十次。"淳于意告诉他说："把火剂汤用米汁送服，过七八天就会痊愈。"

齐王名叫遂的侍医生病，自己炼五石散服用，他说是根据扁鹊医书，他不听淳于意的劝告而死。淳于意指出：名医总结的理论只是概括大体情形，提出大体的原则。平庸的医生如有一处没能深入学习理解，就会使识辨阴阳条理的事出现差错。

淳于意说："其他能正确诊治决断生死时间以及治好的病太多了，因为时间一长忘了，不能完全记住。"以上病例的内容已经非常精彩，显示了先秦和西汉时期中医的高超医术。

司马迁最后说：像扁鹊和仓公淳于意这样的名医，造福于人，但是受到同样的妒忌暗算或小人的诬告。因此，在篇末，"太史公曰：女无美恶，居宫见妒（**女人无论美与丑，住进宫中就会被人嫉妒**）；士无贤不肖，入朝见疑。故扁鹊以其伎见殃，仓公乃匿亦自隐而当刑。"他甚至说：故老子曰"美好者不祥之器"①（**美好的东西都是不吉祥之物**），岂谓扁鹊等邪？若仓公者，可谓近之矣。

这篇名医的传记，写法特殊，重点不在于记载传主扁鹊和仓生的生平，主要内容是展示众多疗效神奇的医案，让我们大开眼界；而通过这些医案，作者描写了多个病人的故事，展示了当时社会、生活的风貌，也让我们增长了不少见识。司马迁最后又揭示：有大本领的人，天才人物，常常受人妒忌，惨遭暗算。世道是严峻的，古今中外一样，善良的人们要善于保护自己。

神奇的人物形象与事迹

前已言及，司马迁极其重视记叙神奇、奇异人物的生平和事迹。对于司马迁的爱奇，扬雄说："文丽用寡，长卿也；多爱不忍，子长也。仲尼多爱，爱义也；子长多爱，爱奇也。"② 刘勰《文心雕龙》说《史记》"爱奇反经之尤"③。苏辙则高度评价《史记》的"奇气"，识见更高。其《上枢密韩太尉书》中说："以为文者，气之所形，然文不可以学而能，气可以养而致。孟子曰：'我善养吾浩然之气。'今观其文宽厚宏博，充乎天地之间，称其气之小大。太史公行天下，周览四海名山大川，与燕赵间豪俊交游，故其文疏荡，颇有奇气。"

司马迁文有奇气，他"好奇""爱奇"——喜欢记载和描写各类奇异人物和奇异事迹。《刺客列传》依次记载了春秋战国时代曹沫、专诸、豫让、聂政和荆轲 5 位著名刺客的事迹。《太史公自序》说"曹子匕首，鲁获其田，齐明其信；豫让不为二心"，而未

175

提及专诸、聂政、荆轲。太史公在本传的赞语中说：自曹沫至荆轲五人，"此其义（义举，指行刺活动）或成或不成，然其主意较然（清楚，明白），不欺（违背）其志，名垂后世，岂妄（虚妄，荒诞）也哉！"司马迁赞誉他们的志向意图都很清楚明朗，都没有违背自己的良心，名声流传到后代。

《史记》专门记叙奇异人物的篇章有《刺客列传》《游侠列传》《滑稽列传》《日者列传》和《龟策列传》。实际上，用今人的眼光看，《扁鹊仓公列传》也属此类。

《刺客列传》是第一篇关于奇异人物的传记。吴见思《〈史记〉论文》说：太史公"遇一种题，便成一种文字"。本传堪称《史记》全书中"第一种激烈文字"。

本传第一个刺客曹沫劫持齐桓公，幸亏有管仲缘情理而谏说，桓公权利害而宽容，曹沫得以身名两全。专诸刺王僚，略作铺叙之后进入高潮段，伏甲、具酒、藏刃和王前擘鱼行刺，系列动作清晰完成，事成身死，其子得封。豫让刺襄子，过程曲折，"义不二心"而襄子偏又义之，最后以刺衣伏剑结束。聂政刺侠累，过程更为曲折。聂政避仇市井，仲子具酒奉金，仲子固让、聂政坚

谢，以母死归葬告一段落，后以感恩图报再做行刺，最后以聂政姊哭尸结束。本传最后写荆轲刺秦王，易水钱行，"图穷匕首见"等，皆已为千古名篇文字。荆轲的人生和行刺过程，悲壮而富于诗意，因此本书在第三章第三节《诗意人生和悲剧精神》中着重分析和评论。

值得注意的是，战国四大刺客专诸、豫让、聂政、荆轲，竟然皆武功平平。卓异之处，在于"主意"，或曰"意志"，也即扶弱拯危、不畏强暴、为达到行刺或

专诸（民国京剧脸谱，香烟牌子，华成烟公司）

行劫的目的而置生死于度外的刚烈精神。他们的人生价值，唯在敢于赴死。而这种精神的基础则是"士为知己者死"。

《滑稽列传》是滑（gǔ）稽人物的类传。滑稽今作诙谐幽默之意，而《滑稽列传》的"滑稽"定义是言辞流利，正言若反，思维敏捷，没有阻难。这个定义据《太史公自序》曰："不流世俗，不争势利，上下无所凝滞，人莫之害，以道之用。作《滑稽列传》。"此篇记叙的淳于髡、优孟、优旃一类滑稽人物具有"不流世俗，不争势利"的可贵精神，及其"谈言微中，亦可以解纷"的非凡讽谏才能。"齐髡以一言而罢长夜之饮，优孟以一言而恤故吏之家，优旃以一言而禁暴主之欲。"他们出身虽然微贱，未受过高深教育，但却机智聪敏，能言多辩，善于缘理设喻，察情取譬，借事托讽，因而其言其行起到了与"六艺于治一也"的重要作用，具有影响历史的重大意义。因此此篇开首即说：

> 孔子曰："六艺（即儒家的经典著作"六经"，指《礼》《乐》《书》《诗》《易》《春秋》）于治一也（对于治理国家来讲，作用是相同的）。《礼》以节人（节制、规范人的言行和生活方式），《乐》以发和（促进和谐团结），《书》以道事（记述往古事迹和典章制度），《诗》以达意（抒情达意），《易》以神化（窥探天地万物的神奇变化），《春秋》以义（用来通晓微言大义、衡量是非曲直的）。"

篇末太史公曰："天道恢恢（广阔无垠），岂不大哉！谈言微中，亦可以解纷。"说理广阔无垠，难道不伟大么！谈话微妙而切中事理，也是能排解不少纷扰的。

《游侠列传》是《史记》名篇之一，记述了汉代著名侠士朱家、剧孟和郭解的史实。司马迁归纳不同类型的侠客，充分地肯定了"布衣之侠""乡曲之侠""闾巷之侠"，赞扬了他们"其言必信，其行必果，已诺必诚，不爱其躯，赴士之厄困"，"不矜其能，不伐其德"，是倾倒天下大众的英雄，并对他们的不幸遭遇表示同情，对迫害他们的人表示极大愤慨；批评公孙弘等的诛侠之举。于是班固称此文是"退处士而进奸雄"①。

《史记》在其他传记中也有侠士，如《季布栾布田叔列传》记叙："季布者，楚人也，为气任侠，有名于楚。"他曾为项羽部下，率军"数窘汉王"，归汉后，当然为刘邦所恨；他在汉朝任官，并不因自己是降臣而胆小怕事、畏首畏尾。吕后因受匈奴侮辱而欲起兵讨伐，功臣樊哙大言"臣愿得十万众，横行匈奴中"，诸将起哄响应，独季布断然反对：当年高帝将兵40万尚被困平城，樊哙之言纯属"面欺"！进一步，更警告道：昔秦为讨胡，引起陈胜起义，今樊哙的"面谀"亦将使天下摇动。季布的话难听得很，吕后大怒，群臣大恐，吕后悻悻然宣布罢朝，但伐匈奴的事也就从此罢议。后来他又曾当面批评汉文帝，真可谓侠性难改②。

《汲郑列传》记载文臣汲黯"学黄老之言"，但他没有黄老的柔性，"为人性倨，少礼，面折，不能容人之过。合己者善待之，

萧何月下追韩信（明传奇《千金记》插图）

不合己者不能忍见，士亦以此不附焉"。脾气坏，有话当面冲撞，不能团结持不同意见的朋友，"然（汲黯）好学，游侠，任气节，内行修洁，好直谏，数犯上之颜色"。他敢于不断批评、坚持一生批评汉武帝。

司马迁看到有侠义风骨的大臣，能将侠气带到朝廷上，赤心为国，敢于谏诤。而汉高祖、吕太后、汉文帝和汉武帝能够容忍和重用他们，是西

① 《汉书·游侠传》。
② 董乃斌、程蔷《正史中的侠——兼论侠的正面意义》，《中华读书报》2008年3月27日。

汉朝廷民主氛围和正气弥漫的一种体现。

除了奇异人物的专记，历史人物中也有不少奇异者，如旷古绝今的"西楚霸王"项羽即有两个奇异之处。

《史记·项羽本纪》首先记载项羽的奇异之处："籍长八尺余，力能扛鼎，才气过人，虽吴中子弟皆已惮籍矣。"结尾又强调他的奇异之处："吾闻之周生曰，舜目盖重瞳子，又闻项羽亦重瞳子。"

秦汉时期，有多个"力能扛鼎"的人，却因《史记·项羽本纪》的渲染，项羽最为有名，以至于王立群在百家讲坛说《史记》，说《史记》记载了仅两位。实际不止。事实上，《史记·秦本纪》记载了秦武王和他周边陪他训练的武士皆"力能扛鼎"，后来他举鼎时不慎受伤而死。另有刘邦少子淮南厉王刘长、武帝子广陵厉王刘胥。汉在宫中设鼎官，判定殿前举鼎的成绩，可见能举鼎者颇多。

至于重瞳①，古代相术认为重瞳是一种异相、吉相，象征着吉利和富贵，且是帝王的象征。除项羽外，中国史书和典籍上记载或提到重瞳的有多人：仓颉、虞舜、重耳、王莽、沈约、吕光、高洋、鱼俱罗、李煜。其中一眼重瞳的是沈约、李煜。

另外有人提到的还有：颜回（十四岁拜孔子为师，是孔子最中意的弟子）、黄初平（328—386，东晋金华著名道士，据说能以双瞳搜索犯罪的鬼魂，最后得道，香港人称"黄大仙"，有著名的黄大仙庙。）、黄巢。野史小说《续英烈传》说明成祖朱棣也是重瞳。

其中因《史记·项羽本纪》而最出名的是舜和项羽。后人诗文中常称项羽为"楚重瞳"。

杰出的妇女形象与事迹

反传统者歪曲史实，说古代都藐视女子。实际并非如此，《史

179

---

① 重瞳，眼睛有两个瞳孔，与双瞳——有两个眼珠——不同。

记》即用力挖掘优秀女子和奇特妇女的品格和事迹。这在整个西方古近代是做不到的。

《史记》记叙的妇女有百人之多，且遍布各个阶层，从皇后贵戚到下层妇女，塑造了一系列出色的令人难以忘怀的妇女形象，反映了古代妇女的精神面貌。

《史记》以卓越的眼光和极大的胆识，为吕雉立传，它是世界史学史上第一个妇女的传记。司马迁以宽宏的胸怀卓越的见识，记载了中国历史上第一位成熟的女政治家吕后非凡的一生，并将她列入封建帝王的等级，为她撰写《吕太后本纪》。他不写《惠帝本纪》，按照历史的实际贡献，承认吕雉代替惠帝执政、惠帝死后又单独执政和富于政绩的历史事实，肯定她"高后女主称制"。"女主"即女皇的历史地位。赏识她"政不出房户，天下晏然。刑罚罕用，罪人是希。民务稼穑，衣食滋殖"的出色政绩。

除了吕雉，《史记》还记叙了推动秦国强盛的宣太后芈八子、帮助秦始皇父亲子楚夺得王位从而一定程度上决定秦国历史的华阳夫人、接受触詟谏诤将儿子送当人质的赵太后等才能卓越的帝王的后妃，以及介子推母、晋文公的齐国妻子、赵括母、王陵母这样深明大义、识见超群的将相家属。

后宫姬妾、贵族妇女中为争权夺位、争名夺利而耍弄权术、狠毒贪婪、荒淫放荡的骊姬、郑秀、鲁桓公夫人、文姜、鲁潜公夫人、秦昭王爱姬、汉梁平王任王后、秦始皇亲母赵姬等众多形象。

下层民间女子中的晏子御者妻、聂荣、饭信漂母、看相高人许负（大侠郭解是其外孙）等。有的虽只是在书中寥寥数笔，但其好义与刚烈，或技艺出众，令人一睹而难忘。

还有太史嫩女、卓文君和缇萦这样的奇女子，则光辉照人。卓文君眼光深远，善于择夫，敢于首创私奔，《史记》记叙了她与司马相如爱情和婚姻的千古佳话。尤其是缇萦救父，还能推动西汉皇朝取消酷刑，而其父即是上节介绍的名医太仓。

上节已言及《扁鹊太仓列传》记叙太仓是齐国都城管理粮仓

的长官，汉文帝四年（前176），有人上书朝廷控告他，根据刑律罪状，要用传车押解到长安去。淳于意有五个女儿，跟在后面哭泣。他发怒而骂道："生孩子不生男孩，到紧要关头就没有可用的人！"最小的女儿缇萦听了父亲的话很感伤，于是就跟随父亲西行到了长安。她上书朝廷说："我父亲是朝廷的官吏，齐国人民都称赞他的廉洁公正，现在犯法被判刑。我非常痛心处死的人不能再生，而受刑致残的人也不能再复原，即使想改过自新，也

缇萦（清上官周《晚笑堂竹庄画传》）

无路可行，最终不能如愿。我情愿自己没入官府做奴婢，来赎父亲的罪，使父亲能有改过自新的机会。"汉文帝看了缇萦的上书，悲悯她的孝心，便赦免了淳于意，并在这一年废除了肉刑。

这位神医生了五个女儿，他危急时候，着急于没有一个儿子能够出头露面为自己奔走出力，女孩子胆小体弱，不堪远途奔走和出头争执。没有想到最小的女儿，魄力冲天，智慧出众，不仅救出其父，还推动文帝废除肉刑，惠及天下。

众多出众的妇女，在历史上长袖善舞，演出精彩人间戏剧，影响了历史的进展。

例如秦国宣太后芈八子因搭配了她的长弟魏冉执政，而使秦国兴旺。与魏丑夫的生死之恋，缠绵到要他为己殉葬，却并没有影响国事；与匈奴小王建立情爱，竟然借此并吞其领地而拓展了秦国的领土。拙著《临朝太后》一书有详述和评论，此不赘述。

大侠郭解的外祖母许负善于看相，她用看相的奇术打动臧氏，使其决策将女儿王娡从贫穷的女婿手中夺回，设计成为太子宠姬，最终在文帝长公主的帮助下，给外孙夺到太子之位，然后继位为汉武帝，决定了西汉历史的走向。拙著《汉匈四千年之战》记叙

其全过程，此不重复。

第二节　变幻多端——高超的艺术手段

《史记》作为一部历史散文的顶峰之作，显示了司马迁高超的艺术手段。详细论述，需要专书，今略述大概，举例予以说明。

现实主义、浪漫主义，真实和虚构

《史记》既是一部伟大的历史著作，又是一部伟大的文学著作。

《史记》记载历史事件和人物，"其文直，其事核，不虚美，不隐恶"，这是班固对其史学成就的评价，这些同时也是现实主义文学优秀作品的要求。

《史记》虽然是历史著作，记载真人真事，但是不少人物的记载和描写达到"典型环境中的典型性格"的高度，是一部现实主义的伟大著作。

《史记》中还有很多神秘现实主义的记载，尤其是占卜，例如《黥布列传》开首即说：

> 黥布，秦时为布衣（穿麻布衣服，因以指代平民百姓）。少年，有客相（看相，相面）之曰："当刑而王。"及壮，坐法（犯法被判罪）黥（墨刑的别称）。布欣然笑曰："人相我当刑而王，几（近似，差不多）是乎？"人有闻者，共俳笑（戏笑）之。

后来黥布果然封王。此类描写过去称之为浪漫主义，因为相信科学的人认为这不可能是真实的。

同时《史记》浪漫主义的描写也颇多。例如蔺相如怒发冲冠，樊哙在鸿门宴上"瞋目视项王，头发上指，目眦尽裂"，这都是现实中做不到的。另如李广射箭没石，箭头是竹子做的，其硬度远低于石头，怎么可能射入石头？《李将军列传》也说李广以后再也做不到了，我们相信也无其他人可以做到。

《史记》充满激情，富有诗意，有着追求理想人物和社会的不懈努力，将历史上追求理想的光辉人物（如吴起、屈原等）荟萃一书，是一部浪漫主义的光辉巨著，因此鲁迅赞之为"无韵之离骚"。

《史记》中记叙的不少场面，如荆轲和高渐离燕市悲歌、易水送别，田横五百客闻说田横自杀一起死节，司马相如琴挑文君，等等，都是后世欧洲浪漫主义小说相似的情节。

文学巨著的手段高明，其中有实写，也有虚构。而像韩信不肯自立的心理活动，是实写还是作者代拟，即虚构，难以辨别。

另如韩信的军事谋略，曾国藩断言不可能在真实的战争中实施；蔺相如临潼斗智、刘邦和张良在鸿门宴中的避难计谋和行动、项羽的垓下悲歌，钱钟书等皆怀疑其可能性和真实性。原作的描写是生动、真实而奇妙的，怀疑和否定者的理由也是难以驳倒的。

《史记》这种介于写实和虚构之间的纵横捭阖，造成了令读者击节赞叹的艺术魅力。

肖像描写和心理描写

古代没有影像资料，没有照相术，司马迁无法看到历史人物的形象，他只能据历史记载和时代传说，有时则根据画像，做肖像描写。

秦始皇的肖像，通过《史记》流传至今，根据的是亲见秦始皇的当事人尉缭的叙述：

> 尉缭说："秦王这个人，高鼻梁，大眼睛，老鹰的胸脯，豺狼的声音，缺乏仁德，而有虎狼之心，穷困的时候容易对人谦下，得志的时候也会轻易地吃人。我是个平民，然而他

183

见到我总是那样谦下。如果秦王夺取天下的心愿得以实现，天下的人就都成为奴隶了。我不能跟他长久交往。"①

秦始皇（东周列国志人物，香烟牌子，中国瑞伦烟公司）

这是得到秦始皇赏识并重用的人士的叙述。他对秦始皇的相貌，结合体型和声音，做了传神的立体的描绘。

另如项羽"长八尺余，力能扛鼎，才气过人"，李广"为人长，猿臂，其善射亦天性也"。都是"人长"（人高，江南话至今用人长，而不说人高），李广还"猿臂"，即臂长，显示其威武的一二特征。《史记》还写出项羽面貌的一个特征，即"重瞳"。

还有一些肖像描写，结合其处境而写出：

"屈原至于江滨，被发行吟泽畔。颜色憔悴，形容枯槁。"

张文戏

张良全身（清上官周《晚笑堂竹庄画传》）

太史公曰：学者多称七十子之徒誉者过其实，毁者损其真，如方朔之流，大率皆有智虑，观子房之所以为智者，独后世所不敢知矣。予观子房图状貌，如妇人好女。其计魁梧奇伟……乃子羽蜀候亦击

张良全身（清上官周《晚笑堂竹庄画传》）

（《屈原列传》）这是屡受打击和迫害，心灵受到严重摧残，而忧国忧民之心不死的诗人形象。

"樊哙遂入，披帷西向立，瞋目视项王，头发上指，目眦尽裂。"（《项羽本纪》）这是怒视妄图杀害主公之人，奋身护主的猛将面目。

根据画像的，有张良。据司马迁的想象，"以为其人计魁梧奇伟"，结果"至见其图，状貌如妇人好女"②。

---

① 《秦始皇本纪》。
② 《留侯世家》。

还有司马迁亲见的，如《佞幸传》的男宠，"皆冠鹎鸡（鸟名），贝带（用贝壳装饰的腰带），傅（通"敷"，抹搽）脂粉。"（都戴着用鹎鸡鸟毛装饰的帽子，系着饰有贝壳的衣带，涂脂抹粉。）

虽然亲见，只写其打扮，而不及容貌。因为美男与美女一样，容貌难以仔细描写。而且，司马迁可能感到不必仔细描写。

后世史书都不做肖像描写，所以《史记》有一些形容和描写，颇有价值。

心理描写也同样如此，后世史书多无记载，《史记》偶有表现，也弥足珍贵。

如刘邦待人倨傲，《黥布列传》记载；

> 淮南王（黥布）至，上方踞床洗（蹲踞在床边洗脚），召布入见，布（甚）大怒，悔来，欲自杀。出就舍，帐御饮食从官如汉王居，布又大喜过望（超出自己的希望）。

黥布的心理，用"大怒""悔""欲自杀"和"大喜过望"等动词或短语来表达。

有的则用对话或自白来表达。例如李斯在临刑前，与儿子的对话。

还有直接的心理描写。例如蒯彻动员韩信背汉独立，"韩信犹豫，不忍悖汉，又自以为功多，汉终不夺我齐"。可是有不少学者怀疑是司马迁为韩信代拟的心理活动，因为韩信心里的秘密心思，无人知晓，司马迁何从知道？

汉高皇濯足气英布（元杂剧插图）

有的心理则用行动表现，如惠帝死后发丧时对吕后的描写：

> 太后哭，泣（眼泪）不下。留侯子张辟强为侍中，年十五，谓丞相（左丞相陈平）曰："太后独有孝惠，今崩，哭不悲，君知其解（解释，这里指道理、原因）乎？"丞相曰："何解？"辟强曰："帝毋（同"无"）壮子，太后畏君等。君今请拜吕台、吕产、吕禄为将，将兵居南北军，及诸吕皆入宫，居中用事（执政，当权），如此则太后心安，君等幸得脱祸矣。"丞相乃如（依照）辟强计。太后说（同"悦"），其哭乃哀。

太后的独子皇帝死了，她极度悲伤，但是哭的时候竟然干哭而没有眼泪。这个不引人注意的微妙行为，引起了张良年仅15的儿子张辟强的注意。他迅即看懂了吕太后的心理，及时提醒陈平。陈平智慧极度出众，曾为高祖屡出奇计，此时竟没有丝毫觉察。辟强告诉他，太后因为没有成年儿子了，她害怕你们这班老臣包围她，她孤立无援。你立即请求太后将她的众多兄弟拜为将军，统领两宫卫队南北二军，并请吕家的人都进入宫中，在朝廷里掌握重权，这样太后就会安心，你们这些老臣也就能够幸免于祸了。丞相照张辟强的办法做了。太后很满意，才哭得哀痛起来。

张良的儿子张辟强，虽然只有虚龄15岁，能够看透老谋深算的吕太后极其隐秘而深远的心理活动，真是"有其父必有其子"。古人的智慧真是变化莫测，令人惊叹。

场面描写和细节描写

《史记》善于描写多种场面，有戏剧性的场面、抒情性场面和对比性场面等。

《史记》中精彩的戏剧性场面实在太多了，单是《项羽本纪》即有诸侯"作壁上观"的巨鹿恶战、鸿门宴、霸王别姬和垓下自

刿等一系列好戏。其中霸
王别姬还属于抒情性的
场面。

秦始皇陵兵马俑

另以《伍子胥列传》
为例。伍子胥过昭关时，
前临大江，后有追兵，与
太子胜各自只身徒步逃跑
的慌恐，危急之中偶遇渔
父的紧张场面，都很富于戏剧性，简直像小说的情节描写。攻克
郢都，没有找到昭王，竟"掘楚平王之墓，出其尸，鞭三百，然
后已"。疯狂的复仇火焰就像在我们的面前焚烧那样地逼真，而人
们还是禁不住同情他多年来忍辱负重，把深仇大恨压抑在内心的
行为，又钦佩其鲜明深刻和坚韧不拔的强烈个性。《史记》在字里
行间突然迸发出来烈火般的感情，存心为伍子胥这位复仇天使造
势，从而将这个鞭尸场面，隆重推出，我们也不得不叹为千古
奇闻。

《史记》描写的精彩的戏剧性场面太多了，我们不胜例举。我
在这里倒要举例说明，司马迁因为偏见而不录的精彩场面。

司马迁痛恨秦始皇，所以有一个关于秦始皇的精彩场面不做
记录：

秦始皇母后，原为赵姬，即赵国歌舞场中的美女。她被巨商
吕不韦看中，深受宠爱，并已怀孕。吕不韦此时正巨款资助在赵
国做人质的秦国公子子楚，要帮助他回国夺权，争当秦国国王。
想不到子楚和吕不韦一起饮酒时，见到赵姬这位大美人，得陇望
蜀，厚脸向吕不韦索讨美人。吕不韦大怒，但想到已经为他破费
了大量家产，半途而废岂不可惜，只好忍痛送他此女。此女隐瞒
有孕在身，而且怀孕到十二个月之后才生子，这个奇迹使人错以
为是子楚到手后结的珠胎。子楚就立此姬为夫人。他在吕不韦的
精心谋划下果然当上秦王，赵姬之子为太子。

子楚死后，太子当上皇帝，这位太子就是后来的秦始皇。此时他继承当了秦王，还年幼，即由其母执政，为临朝太后，实际上由吕不韦运作朝政。太后赵姬还非常年轻，夫君已死，她就与吕不韦重温旧情，而且情欲旺盛，不避众目。吕不韦害怕事发，小王长大后难以处置，就找嫪毐为替身。

不久儿子已经长大，这种私情如果被他知晓怎么办？太后贪图情欲，竟怂恿情夫叛乱，要杀掉亲生儿子，让情夫当秦王，这样两人可以公开做明路夫妻。秦朝的政治和权力斗争已经够复杂的了，而秦始皇生母还要节外生枝，弄出事端。嫪毐善于奉承，甜言蜜语之后又有极强的性能力，床上功夫极度了得，太后被他"折腾"到死去活来。伺候得太后心满意足，他竟然突发奇想，不如乘机篡夺皇位。人说"皇帝不急太监急"，他太监竟然要当皇帝，还得到皇帝亲母的全力支持，还发动叛乱。嬴政大怒，雄才大略的秦始皇迅即剿灭叛军，杀了其母的奸夫和两个私生子。

秦始皇评定叛乱后，认为杀母不妥，不惩办也不妥，就幽禁了太后，并下令，有敢为太后事诤谏者，杀无赦！结果竟有二十七人照样进谏，劝说秦始皇赦免而善待太后，他们一一被杀。这二十七人，不顾生死，不恋官职，丢弃妻儿，前仆后继，接连被杀，场面壮观。秦始皇哭笑不得，气得无可奈何，只能口吐白沫。

已经死了二十七个，没想到还有第二十八个不怕死的，他向秦始皇声称，天上有二十八星宿，现在死了二十七人，他愿意凑满二十八此数，"成全"秦始皇的残暴声名。此人便是齐国的茅焦。他对按剑而坐，气得口泛白沫的秦始皇说："陛下车裂假父（竟当面称嫪毐为秦始皇的继父），有嫉妒之心，囊扑（用口袋蒙罩着摔死）二弟（指两个私生子），有不慈之名；迁母萯阳宫（将母亲打入冷宫），有不孝之行；从蒺藜于谏士（将棘刺放在进谏人的身上），有桀纣之治。今天下闻之，尽瓦解无向秦者，臣窃恐秦亡，为陛下危之。所言已毕，乞行就质。"

有趣的是这位进谏者进宫时不肯快走，双脚像在快走，实际上只是双脚快速倒换地慢慢向前移动。使者催他，他说："我到前面就要死了，难道你不能容忍我多活一会儿吗？"

他进宫的步伐是如此地迟缓，进谏完毕，他却立即解衣伏身在刑具上，催秦始皇下令杀他。其言行幽默潇洒，令人解颐。秦始皇竟被他说服，立即下令赦免他，并自行迎接太后回咸阳。"太后大喜，乃大置酒待茅焦，及饮，太后曰：'抗枉令直，使败更成，安秦之社稷，使妾母子复得相会者，尽茅君之力也。'"①

当时竟有茅焦其人理直气壮地为太后通奸、其奸夫和私生子的合法地位辩护，秦始皇还认为他讲得有理，太后也兴高采烈地回宫，宴请和感谢这位茅君，这在后世是难以想象的。

但是这个场面是精彩的，更是意味深长的。这说明，在古代，自先秦至宋朝，朝廷上颇有民主的气氛，大臣可以畅所欲言，可以批评皇帝，提出自己种种的主张和建议。有时碰到像秦始皇这样的暴君，提反对意见的大臣就要倒霉，遭严厉惩罚或被杀，而历代的臣子多敢于直言相谏，这是一个悠久的传统。

暴君秦始皇竟然被茅焦的一番言辞打动，还改过自新，这么精彩的场面，《史记》不写，留给刘向的《说苑》来做，未免可惜了。当然，有可能秦始皇的表现太大度了，这个故事是伪造的，为司马迁所不齿，所以没有收入《史记》。

再回到原来的话题，《史记》记载和描写的对比性场面也很多很好。

例如项羽唱《垓下歌》和刘邦唱《大风歌》，便是精彩的对比性场面。清牛运震《空山堂史记评注》（卷二）评论说：

"垓下歌，楚声之雄。两'虞兮'，两'骓不逝'，叠言有情。'可奈何'，'奈若何'，深衷苦调，暗哑中有呜咽之神。项王夜饮悲歌一段，于兵戈抢攘中，写出风骚哀怨之致，真神笔。"

而"《大风歌》亦楚声也，雄风霸气，悲壮激昂，真有笼络一

① 刘向《说苑·正谏》。

世，顿挫千古之概"。

两个场面相比较，"叙项王败垓下，高祖还沛中，皆用'自为歌诗'，'泣数行下'字样。妙，有深情。盖项王身遭败亡，高祖去沛道病，旋亦遂崩，写其'歌诗''泣下'，皆英雄气尽时也。"

这是从赞誉和歌颂《史记》善于做对比性描写的角度做比较。而拙著《流民皇帝》则从更高的层次上，将这两个场面和汉高祖与楚霸王临终的两个场面做比较，说明楚霸王只为私利，而汉高祖胸怀天下的不同人生境界和结局。

《史记》的种种细节描写也都精彩，精彩之处也不胜枚举，本书在分析《史记》各种优点和成就时，实际上已经带到不少。而更妙的是索性不写的细节，却有着很大的艺术力量。

在"将相和"与"屈原骂子兰"故事中，《史记》对不可或缺的"传话人"采取缺席描写态度，这种高明的不写之写，即是中国美学中"大象无形"，"不着一字，尽得风流"的美学原理的出色表现。

《史记》的这种高明写作手段，使《史记》取得了世界领先性的伟大成就，不仅当世独步，后世也难以超越。

第三节　千年神合——小说家的学习典范

《史记》记载的内容和描写手段丰富多彩，理所当然地成为后世学习和仿效的典范。由于小说是叙事体文学作品，因此小说家学习《史记》最为自觉，成绩卓著。

《游侠列传》和武侠小说

众所周知，《史记·游侠列传》，高度赞扬游侠精神，栩栩如生地记载和描绘了大侠的性格、事迹和风范，成为后世武侠小说的源头。

自司马迁《史记》之后，到唐代兴起侠义文学：有游侠诗，著名的如王维《少年行》和李白《侠客行》《白马篇》等；有侠客小说，还有理论文章，唐代宰相李德裕做《豪侠论》，说："夫侠者，盖非常之人也。虽然以诺许人，必以节义为本。义非侠不立，侠非义不成，难兼之矣。"首次"侠义"并提，并作强调。

唐代的豪侠小说，著名的有《虬髯客传》《无双传》等，尤以女侠红线女①、谢小娥②、聂隐娘③等，芳名远播，流传千古。

红拂私奔（明传奇《红拂记》插图）

此后明代《水浒传》是豪侠小说的经典之作。

清代侠义小说兴盛，而其往往与公案小说结合，成为公案侠义小说，例如《施公案》《彭公案》，尤以晚清描写包公手下的展昭等的《三侠五义》④为最著名。

《七侠五义》（民国连环画封面）

《七侠五义》（民国连环画选页）

民国的武侠小说达到高峰，名家名作林立。最有名的为平江不肖生、还珠楼主。平江不肖生的《江湖奇侠传》中的一段情节，

---

① 《红线传》。
② 《谢小娥传》。
③ 《聂隐娘》。
④ 又改编为《七侠五义》。

被改编为京剧连台本戏和电影《火烧红莲寺》后，极为火爆，后者甚至造成万人空巷的市场效果。还珠楼主的《蜀山剑侠传》，气魄宏大，想象力极为丰富，情节怪异，想落天外，令人赞叹。

20世纪50年代起，港台的新派武侠小说达到新的空前的高峰，出现了梁羽生、金庸和古龙三大家。其中金庸的武侠小说风靡两岸三地，盛极一时。据其改编的电视连续剧也持久风靡华人世界。

中国武侠小说自古至今，越来越风行，20世纪上半期平江不肖生、还珠楼主等旧派武侠长篇巨著和下半期金庸、古龙、梁羽生等新派武侠长篇杰作，都继承了《史记·游侠列传》的精神。

武侠电影如《卧虎藏龙》《叶问》等，一直极受欢迎。据唐代至清代武侠小说改编的电视连续剧，也盛行不衰。

武侠小说描写的活动场景，从《水浒传》的山头和绿林，发展到江湖。张文江在分析范蠡扁舟一叶，浮于五湖的结局时说：

> 扁舟有文学色彩，而江湖也有文学色彩。《国语·越语下》写越王勾践灭吴回来，到了五湖，范蠡就不跟他回去了，"遂乘轻舟，以浮于五湖，莫知其所终极"。《国语》的"五湖"是一个地理或山水概念，《史记》的江湖是个社会或文化概念。司马迁的改动有其思想性，其语来自《庄子·大宗师》："泉涸，鱼相与处于陆，相以湿，相濡以沫，不如相忘于江湖。"江湖既泛指天南地北、五湖四海，也暗含和朝廷的庙堂文化的对立。也就是这样的江湖概念，启发了后来的武侠小说。对于武侠小说的写作来讲，武功怎么打其实都是细枝末节，而要紧在于后面驱动的思想。有人问金庸，古今中外你最佩服的人是谁，金庸不假思索地回答，古人是范蠡，今人是吴清源①。"江湖"描述的是社会的广阔、复杂、多层

---

① 金庸《天外有天：一代棋圣吴清源传》序，燕山出版社1996年版。

次，如果用西方的观念来比拟，最接近的是哈耶克所谓的"大社会"（the Great Society）。古龙说，有人的地方就是江湖。甚至还可以进一步说，人心就是江湖①。

《史记》对后世武侠小说的引领和影响是多方面的。

后世小说对《史记》的继承，成绩最大的是《夷坚志》和《水浒传》，而金圣叹甚至认为《水浒传》不仅学习《史记》，也有超过《史记》的成绩，并做了精彩深入的理论总结。

《夷坚志》有意继承《史记》的自信

后世的野史和带有实录性质的笔记著作，多以继承《史记》为志愿。其中，宋代洪迈《夷坚志》是作者有志于继承《史记》的名著。

作者洪迈（1123—1202），字景卢，别号野处。鄱阳（今江西鄱阳县）人。其父洪皓，兄洪适、洪遵，都是著名的学者、官员，洪适官至宰相。洪迈年仅七岁时，其父洪皓使金，遭金人扣留，他随兄适、遵攻读。天资聪颖，"博极载籍，虽稗官虞初，释老傍行，靡不涉猎"。

洪皓得罪秦桧，一直不得重用，一生闲淡置散。

后孝宗召对，洪迈对于淮东抗金边备要地的守备，提出具体的加强措施，孝宗甚为嘉许，提举佑神观兼侍讲，同修国史。迈入史馆后预修《四朝帝纪》，又进敷文阁直学士。

洪迈著作宏富，撰有笔记名著《容斋随笔》等书。

《夷坚志》的书名出自《列子·汤问》：《山海经》为"大禹行而见之，伯益知而名之，夷坚闻而志之"。意为《山海经》中的故事是大禹看到的，伯益定的名称，夷坚听说后记载下来。洪迈自称"夷坚"，可见此书是他像夷坚一样记录的类似《山海经》的故事集。

书名如此，可是洪迈明确表示自己的志向是学习和继承《史

193

星汉灿烂　《史记》纵览新说

① 张文江《范蠡讲记》。

记》。洪迈《夷坚丁志·序》说：

> 凡甲丁四书，为千一百有五十事，亡虑三十万言。
>
> 昔太史公之说，吾请即子之言而印焉。彼记秦穆公、赵简子，不神奇乎？长陵神君、圯下黄石，不荒怪乎？书荆轲事证侍医夏无且，书留侯容貌证画工；侍医、画工，与前所谓寒人、巫隶何以异？善学太史公，宜未有如吾者①。

他自认为"善学太史公，宜未有如吾者"，非常自信和自负。钱钟书反驳说："洪迈《夷坚丁志·自序》至举《史记》记秦穆公、赵简子、长陵神君、圯下黄石等事，为己之道听途说，'从事于神奇荒怪'解嘲，几以太史公为鬼董狐！马迁盖知而未能悉见之行者。"②

尽管当代文学史家认为《夷坚志》是笔记小说，甚至是志怪小说，但作者本人和古近代读者则认为是实录之作。

古人对《夷坚志》的评价很高，与他同时代的著名诗人陆游（1125—1210）特撰《题夷坚志后》诗云："笔近反离骚，书非支诺皋。岂惟堪补史，端足擅文豪。驰骋空凡马，从容立断鳌。陋儒哪得议，汝辈亦徒劳。"对此书评价非常高。《四库全书总目》说小说家唯《太平广记》为五百卷，然卷帙虽繁，乃搜集众书所成者，"其出于一人之手而卷帙遂有《广记》十之七八者，唯有此书"。

洪迈在熟背经典之后，还能博览群书；任职地方，在繁忙的政事之余，还能不断著书。他还兴教育、建水利、造桥，造福百姓，恰当处置突发事件，有力打击骄兵恶吏。他忠孝两全，学问

---

① 洪迈《夷坚丁志·序》，《夷坚志》第二册第537页，中华书局2006年第2版。

② 钱钟书《谈艺录》第一册第252—253页，中华书局1986年第2版。

渊博、见识高远、能力卓著，又能广览博闻，从中年起，开始杂采古今奇闻逸事，长年坚持观察历史、世情、民情和民俗文化，不断收集大量资料，从而写出《夷坚志》这部巨著。作者以一人之力，一代见闻，成此巨著，贡献巨大。因此，洪迈立志学习、继承《史记》，确有成绩。

《夷坚志》虽然学习《史记》，但洪迈不是呆板照搬，而是活学《史记》。与《史记》记载帝王将相不同，此书记叙和描写的多是下层社会中的人物和故事，其中多涉人的命运，尤其是仕途前程，有时还牵涉战事。

研究家盛赞《夷坚志》是洪迈所经历的宋代社会生活、宗教文化、伦理道德、民情风俗的一面镜子。书中诸凡梦幻杂艺、冤对报应、仙鬼神怪、医卜妖巫、忠臣孝子、释道淫祀、贪谋诈骗、诗词杂著、风俗习尚等等，无不收录，为后世提供了宋代社会丰富的历史资料。从小说发展史上看，《夷坚志》又是宋代志怪小说发展到顶峰的产物，是自《搜神记》以来中国小说发展史上的又一座高峰。《夷坚志》当时即有很大影响，《醉翁谈录》说：当时的"说话"艺人"《夷坚志》无有不览"。对后世更是产生了极大的影响，明清拟宋市井小说，有不少取材于其中，仅凌蒙初"二拍"的正话、入话出于《夷坚志》的，即有30余篇。

《夷坚志》众多精彩的篇章，从多个角度反映了当时社会生活的面貌。例如丙志卷十三《蓝姐》：

> 绍兴十二年，京东人王知军者，寓居临江新淦之青泥寺。寺去城邑远，地迥多盗，而王以多赀闻。尝与客饮，中夕乃散，夫妇皆醉眠。俄有盗入几三十辈，悉取诸子及群婢缚之。婢呼曰："主张（掌握）家事，独蓝姐一人，我辈何预也。"蓝盖王所嬖，即从众中出，应曰："主家凡物皆在我手，诸君欲之，非敢惜。但主公主母方熟睡，愿勿相惊恐。"秉席间大烛，引盗入西偏一室，指床上箧笥曰："此为酒器，此为彩

帛，此为衣衾。"付以钥，使称意自取。盗拆被为大复（将被子拆开，作为大包袱），取器皿蹴踏置于中，烛尽又继之。大喜过望，凡留十刻许乃去。去良久，王老亦醒，蓝始告其故，且悉解众缚。明旦诉于县，县达于郡，王老戚戚成疾。蓝姐密白曰："官何用忧，盗不难捕也。"王怒骂曰："汝妇人何知，既尽以家赀与贼，乃言易捕何邪！"对曰："三十盗皆著白布袍，妾秉烛时，尽以炧（蜡烛）泪污其背，但以是验之，其必败。"王用其言，以告逐捕者。不两日，得七人于牛肆中，展转求迹，不逸一人。所劫物皆在，初无所失。汉张敞传所记，偷长以赭污群偷裾而执之，此事与之暗合。婢妾忠于主人，正已不易得。至于遇难不慑怯，仓卒有奇智。虽编之列女传不愧也。

蓝姐面对约有三十人的群盗，镇定自如，冷静应对，一面保护主人家不受侵害，一面假装害怕而爽气地引领强盗偷盗。她知道一味硬顶，并不能阻止群盗的抢劫，居处不大也不可能藏匿财物。所以她索性手持蜡烛，亲自引盗畅快自取。她的言行麻痹了群盗，她得以在暗中将烛油点污群盗穿的白布袍。做了这样的记号，群盗终被一网打尽，财物全数索回。

此篇与《天方夜谭》中《阿里巴巴与四十大盗》中的女仆马尔吉娜的手法一致，效果一样，堪为双璧。

《水浒传》和明清小说以《史记》为榜样

明清小说，多以《史记》为榜样，钱钟书指出：

> 它（指后世新兴的文学体裁）一方面强调自己是崭新的东西，和不兼容的原有传统立异；而另一方面要表示自己大有来头，非同小可，向古代另找一个传统作为渊源所自。例如明、清的批评家要把《水浒》《儒林外史》等白话小说和

《史记》《汉书》挂钩搭线，西方十七八世纪批评家也要把新兴的长篇散文小说遥承古希腊、罗马的史诗……这类暴发户造谱牒或者野孩子认父亲的事例，在文学史上常有。它会影响创作，使作品从自发的天真转而为自觉的有教养、有师承，所以未可忽视①。

钱钟书强调小说借用《史记》的名头，自抬身价。而金圣叹在明末刻印的《金批水浒》（《贯华堂第五才子书水浒传》）则在将《水浒》比拟《史记》的同时，强调了《水浒》超过了《史记》。

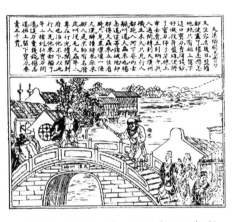

《水浒传·杨志卖刀》（民国连环画选页）

197

金圣叹认为《水浒传》的方法虽然学自《史记》，但青出于蓝而胜于蓝，比《史记》更高明。他在《读法》中说：

> 《水浒传》方法，都从《史记》出来，却有许多胜似《史记》处。若《史记》妙处，《水浒》已是件件有。
>
> 某尝道《水浒》胜似《史记》，人都不肯信，殊不知某却不是乱说。其实《史记》是以文运事，《水浒》是因文生事。以文运事，是先有事生成如此如此，却要算计出一篇文字来，虽是史公高才，也毕竟是吃苦事。因文生事即不然，只是顺着笔性去，削高补低都由我。

① 钱钟书《中国诗和中国画》，《七缀集》第2页。

他指出《水浒》比《史记》高明，是因为《史记》以文运事，而《水浒》则因文生事。

以文运事和因文生事，有三层意思：第一层次，表达了文学著作和历史著作在写作上的基本区别。第二层次，"因文生事"高于"以文运事"，表现为"事文分立"，事与文是可以分离的两个成分。第三层次，"因文生事"高于"以文运事"，更体现为"文"超越"事"，引导"事"，创造"事"。史书的"文"，为"事"服务，"事"是主导，而"文"是从属，是工具，故而"以文运事"。而在小说中，"文"是主导，"事"是从属，"事"为"文"服务，故而"因文生事"。

在具体描写上，举例说明《水浒》有众多学自《史记》精彩之处。例如评论杨志比武：

> 一段写满校场眼睛都在两人身上，却不知作者眼睛乃在满校场人身上。作者眼睛在满校场人身上，遂使读者眼睛不觉在两人身上。真是自有笔墨未有此文也。此段须知在史公《项羽纪》"诸侯皆壁上观"一句化出来。（第十二回夹批）

这是指《项羽本纪》记叙项羽破釜沉舟，只留三日粮，激励部下义无反顾地与秦军主力决一死战而大获全胜，气势逼人的壮烈事迹。

有时《水浒》的一些奇恣笔法甚至超过《史记》，例如《水浒传》描写林冲：

> 此回多用奇恣笔法。如林冲娘子受辱，本应林冲气恣，他人劝回，今偏倒将鲁达写得声势，反用林冲来劝，一也。阅武坊卖刀，大汉自说宝刀，林冲、鲁达自说闲话；大汉又说可惜宝刀，林冲、鲁达只顾说闲话。此时譬如两峰对插，抗不相下，后忽突然合笋，虽惊蛇脱兔，无以为喻，二也。

还过刀钱，便可去矣，却为要写林冲爱刀之至，却去问他祖上是谁，此时将答是谁为是耶！故便就林冲问处，借作收科云："若说时，辱没杀人。"此句虽极会看书人，亦只知其余墨淋漓，岂能知其惜墨如金耶！三也。白虎节堂，是不可进去之处，今写林冲误入，则应出其不意，一气赚入矣，偏用厅前立住了脚，屏风后堂又立住了脚，然后曲曲折折来至节堂，四也。如此奇文，吾谓虽起史迁示之，亦复安能出手哉！

（第六回总批）

认为《水浒》的以上描写奇恣笔法，即使司马迁也写不出。这个评价是奇高的。

有时《水浒》甚至在事件的叙述和描写方面也胜过《史记》，例如：

《水浒传·野猪林》（民国连环画封面）

199

（圣叹归纳梁山义军到江州劫法场，相救宋江的共有）三路人马：第一路，梁山泊来的共计一十七人，（看他许多大将。）领带着八九十个悍勇壮健小喽啰。（看人许多手下人。〇一结。）第二路，浔阳江上来接应的九筹好汉，（看他又是许多大将。）也带四十余人，（看他亦有许多手下人。）都是江面上做私商的火家，撑驾三只大船，前来接应。第三路是黑旋风李逵。夹批特地指出："看他单是一个人。〇上文结叙山泊、江上两枝人马，可称雄师。此单是李逵一个，亦不可不称雄师。笔墨之妙，史迁未及。"（第四十回）

钱钟书带着非常赞赏的语气，引述金圣叹的论点，举了《金批水浒》和《史记》做例子，为金圣叹提出的"《水浒传》方法，都从《史记》出来，却有许多胜似《史记》处。若《史记》妙处，《水浒》已是件件有"这个重要观点提供了例证。他还正面肯定小说与史书的写作颇有相通之处。①

在《管锥编》第一册《史记会注考证五八则》之《五 项羽本纪》"用字重而非赘"一节，钱先生说：

"诸将皆从壁上观，楚战士无不一当以十，楚兵呼声动天，诸侯军无不人人惴恐。于是已破秦军，项羽召见诸侯，将入辕门，无不膝行而前。"《考证》："陈仁锡曰：'叠用三无不字，有精神；《汉书》去其二，遂乏气魄。'"按陈氏评是，数语有如火如荼之观。贯华堂本《水浒》第四四回裴闍黎见石秀出来，"连忙放茶"，"连忙问道"，"连忙道：'不敢！不敢！'"，"连忙出门去了"，"连忙走"；殆得法于此而踵事增华者欤。马迁行文，深得累叠之妙，如本篇末写项羽"自度不能脱"，一则曰："此天之亡我，非战之罪也"，再则曰："令诸君知天亡我，非战之罪也"，三则曰："天之亡我，我何渡为！"心已死而意犹未平，认输而不服气，故言之不足，再三言之也。又如《袁盎、鼂错传》记错父曰："刘氏安矣！而鼂氏危矣！吾去公归矣！"叠三"矣"字，纸上如闻太息，断为三句，删去衔接之词，顿挫而兼急迅错落之致。《汉书》却作："刘氏安矣而鼂氏危，吾去公归矣！"索然有底情味？②

这一段引文和评论，更是将《金批水浒》和《史记》名篇的精彩描写直接比较，用《水浒传》的精彩片段，以证《史记》文

---

① 可参见拙著《金圣叹文艺美学研究》中的的《钱钟书的金圣叹评论述评》。

② 钱钟书《管锥编》第一册 272—273 页，中华书局 1986 第二版。

字，不仅"用字重而非赘，而且还"深得累叠之妙"。

后世对《史记》的继承颇多。例如《史记》记载汉王刘邦的名臣王陵，其母被项羽抓去后自杀，要其子铁心在刘邦处效力。《三国演义》中的徐庶之母被曹操抓去后自杀的情节，明显取自《史记》中王陵母亲被项羽抓去后自杀的记叙。

另如《项羽本纪》描写项羽破釜沉舟、背水一战，击败巨鹿秦军主力，诸侯军因绝端的恐惧，而膝行——两腿发软，趴在地上爬着走。

著名电视连续剧《潜伏》中孙红雷演的男主角余则成，从电台的暗语中获悉战友、妻子翠平牺牲，他伤心和恐惧（**为妻子突然遇难而产生的恐惧，极端害怕亲人死亡的反映**），立即呕吐，接着两腿发软，跌倒在地，躺在地上，然后爬行到床上。

前者模仿的痕迹明显，后者的运用，是不露痕迹的化用。

星汉灿烂 《史记》纵览新说

第五章 江河万古史公书

——《史记》的传播与接受

《史记》在完成后，司马迁珍藏不宣，宣帝时期其外孙杨恽向外公开，《史记》从而流播终致风行天下。

第一节 "藏之名山，传之其人"，《史记》的横空出世与风行天下

司马迁著《史记》，曾自谓"仆诚已（以）著此书，藏之名山，传之其人，通邑大都……"（《报任安书》）。"传之其人"：给有志治世的志士仁人阅读和研究。在他生前，只能"藏之名山"，秘藏此书，怕受到禁毁。

《汉书·司马迁传》说："迁既死后，其书稍出。宣帝时，迁外孙平通侯杨恽祖述其书，遂播焉。"杨恽认真阅读外祖父留下的《史记》巨著，懂得这部伟作的巨大价值，他及时上书汉宣帝，献出《史记》，公开发行，从此天下人才得以共享这部伟大的史著。

可是当时的书籍是竹上刻字，抄录和传播都非常困难，到东汉班彪和班固父子，经过仔细而认真的研究，在《汉书》中首先指出《史记》已有缺失。《汉书·司马迁传》列举《史记》篇目后云："而十篇缺，有录无书。"三国魏张晏注："迁殁之后，亡《景纪》《武纪》《礼书》《乐书》《兵书》《汉兴以来将相年表》

《日者列传》《三王世家》《龟策列传》《傅靳列传》。"颜师古注："序目本无《兵书》，张云亡失，此说非也。"刘知几《史通·古今正史》以为"十篇未成，有录而已"。

据学者研究，今之《史记》，缺《五帝本纪》一篇；《礼书》《乐书》和《兵书》，书亡，存序。共残亡16197字，占《史记》全书总篇幅的3%。

今本《史记》编入后人补写的《武帝本纪》和《礼书》《乐书》《律书》，共4篇，16878字。今本《史记》还有西汉褚少孙在《三代世表》《建元以来侯者年表》《陈涉世家》《外戚世家》《梁孝王世家》《三王世家》《田叔列传》《滑稽列传》《日者列传》《龟策列传》共10篇，原文之后"褚少孙曰"所补写的内容。另《汉兴以来将相名臣年表》征和四年以后，和《张丞相列传》续补，研究家认为也是褚少孙所续。褚少孙续补的文字共25055字①。

今本《史记》有10篇，读史者将旁注或抄录资料混入正文。今人统计：例如《秦始皇本纪》，"秦孝公据崤函之固"以下文字，来自贾谊《过秦论》中下篇，及秦世系，共2872字。《乐书》序文，"又尝得神马渥洼水中"至丞相公孙弘曰："黯诽谤圣制，当族"，158字。《历书》，原本只有七十六年岁名，今本岁名下所书年号196字，乃后人据《正义》之注误入②。等等。

总之，《史记》已有小部分散佚，幸好在整体上保存至今，最重要缺失仅有《武帝本纪》。

《史记》成为历代文人必读书，自南北朝开始有详尽注释，至唐代正式形成《史记》学，后世的《史记》以三家注本风行天下，明代以后评点本流行。《史记》今已作为"二十四史"的第一部典范之作，被公认为中国文化最基本的经典著作之一。

---

① 张大可《司马迁评传》第413页，南京大学出版社1994。
② 张大可《司马迁评传》第411—412页，南京大学出版社1994。

《史记》很早就传到日本，已有一千多年的研究史，国外《史记》研究以日本的成就最大。

日本的《史记》研究成果极多，注释、翻译、考证、汇集资料和研究，也做普及，品种齐全，著述众多。日本学者对《史记》评价极高，他们的研究范围广阔，兼有深度和新意。日本的《史记》研究，成就最高、影响最大的是泷川资言《史记会注考证》，钱钟书《管锥编》即以此书为《史记》的研究版本。

第二节 继承发展：《汉书》《资治通鉴》和《新五代史》

《汉书》和《资治通鉴》是继承《史记》的最成功之作，《新五代史》是大文学家欧阳修认真继承《史记》的名著。

《汉书》对《史记》的继承与发展

《史记》的第一继承者是班固，他撰写的《汉书》是有志于继承《史记》并给以发展的史学经典。说他是第一继承者，是指他完成了完整地继承《史记》的成果《汉书》，但他并不是最早的继承者，最早的继承者是他的父亲班彪。

班彪（3—54），字叔皮，东汉扶风安陵（今陕西咸阳）人。他是第一个批评《史记》的史家和学者。《后汉书·班彪传》载："武帝时，司马迁著《史记》，自太初以后，阙而不录，后好事者颇或缀集时事，然多鄙俗，不足以踵继其书。彪乃继采前史遗事，傍贯异闻，作后传数十篇，因斟酌前史而讥正得失。其略论曰：'……采经摭传，分散百家之事，甚多疎略，不如其本，务欲以多闻广载为功，论议浅而不笃。其论术学，则崇黄老而薄'五经'；序货殖，则轻仁义而羞贫穷；道游侠，则贱守节而贵俗功：此其大敝伤道，所以遇极刑之咎也。'①"他因《史记》的汉代史只写

---

① 《史记》。

到武帝太初年间，而有不少人续写的后传则内容粗陋而论议浅薄，所以致力于编写汉史，同时给《史记》以严厉的批评。

班彪生前未及完成他补写和继续汉史的计划，其子班固主动接下这个任务。

班固（32—92），字孟坚，扶风安陵（今陕西咸阳东北）人，东汉著名史学家、文学家。

班固出身儒学世家，其父班彪、伯父班嗣，皆为当时著名学者。在父祖的熏陶下，"年九岁，能属文诵诗赋，及长，遂博贯载籍，九流百家之言，无不穷究。所学无常师，不为章句，举大义而已。性宽和容众，不以才能高人，诸儒以此慕之。"[①] 16 岁入太学，已精通儒家经典及历史。建武三十年（54），班彪去世，班固从京城

班固（清上官周《晚笑堂竹庄画传》）

205

迁回老家居住，开始在班彪《史记后传》的基础上，撰写《汉书》，前后历时 20 余年，于建初（76—84）中基本修成。

汉和帝永元元年（89），大将军窦宪率军北伐匈奴，班固随军出征，任中护军，行中郎将，参议军机大事，大败北单于后撰写了著名的《封燕然山铭》。后窦宪因擅权被杀，班固受株连，死于狱中，时年 61 岁。

班固一生著述颇丰。作为史学家，他撰写的《汉书》是继《史记》之后中国古代又一部重要史书；他又是辞赋家，名列"汉赋四大家"之一，《两都赋》开创了京都赋的范例，列入《文选》第一篇。班固还是经学理论家，他编辑撰成的《白虎通义》，集当时经学之大成，使谶纬神学理论化、法典化。

――――――――――

① 《后汉书·班固传》。

《汉书》，又称《前汉书》，是中国第一部纪传体断代史，"二十四史"之一。《汉书》是继《史记》之后我国古代又一部重要史书，与《史记》《后汉书》《三国志》并称为"前四史"。

《汉书》继承《史记》，在一定程度上又可与《史记》媲美，历代研究家给班固和《汉书》以极高评价，公认其与《史记》并列为我国史学史和文学史上的辉煌巨著。因此两书被合称为《史》《汉》，两人被并称为"马班"或"班马"。

《史记》是通史，其记事上起黄帝，下至汉武，历时约3000年；《汉书》的断代史，专写西汉，其记事上起汉高祖元年（前206），下至王莽地皇四年（23），共230年。

《汉书》记叙西汉的高祖元年至汉武太初末年（前101），106年的时间，是楚汉战争至武帝时期，但也追叙高祖起兵反秦的始末和战事，与《史记》所记重叠，他继续撰写的前101年至公元23年，有124年，是武帝后期至西汉末年的历史。因武帝以后史系新撰，故详后而略前，其中最重要的是汉昭帝和汉宣帝时期"昭宣中兴"的历史。

《汉书》与《史记》比较，两书于事件叙述、人物刻画等方面各具特色，多有引人入胜处，但《汉书》的语言风格已开始走向艰涩古奥，整体上显示文学向史学的回归趋势。

《汉书》记叙西汉前半期106年的内容，并未重新编写，没有另起炉灶，而是基本承袭了《史记》的内容，也即基本照抄《史记》，只是改变了个别词语或句子。

《汉书》大量照抄《史记》的原因，我认为一是班固没有新的资料可以补充《史记》，而且更可能司马迁当年看到的资料，到班固的时代不少已经散佚了，班固看到的材料甚至比司马迁更少；而且司马迁时代，西汉开创者的直系后裔和当时的不少重要人物都还活着，司马迁可以听到他们直接的讲述和前代传闻，班固没有这个优势，于是班固只能袭用《史记》提供的资料。二是班固尊重和钦佩司马迁，他认为司马迁的文笔极好，他自感自己无力超越，也做不到各呈千秋，所以不再重写。但他对《史记》原文也做了少量的改动。

他对汉武帝时期的史料，凡是《史记》佚失的或未予记载的做了一些补充，续写了汉武至西汉末的历史。汉武帝以后的史事记载，显示了班固本人的功力。班固《汉书》吸收了班彪的遗书和当时十几家《史记》注解的资料外，还采用了大量的诏令、奏议、诗赋、类似起居注的《汉著记》、天文历法书，以及班氏父子的目睹和耳闻。不少原始史料，班固都是全文录入书中，因此这些地方比《史记》显得更有史料价值。

其中关于李陵战败的详细描写，震惊千古，但当代史家和学者未予重视。

《汉书》包括纪12篇，表8篇，志10篇，传70篇，共100篇，计80万字。到了唐代，《汉书》的注释者颜师古认为《汉书》卷帙繁重，便将篇幅较长者分为上、下卷或上、中、下卷，成为现行本《汉书》一百二十卷。

在全书体例上，《汉书》开创了"包举一代"的纪传体断代史体例。

在编写体例上，《汉书》将《史记》的"本纪"省称"纪"，"列传"省称"传"，"书"改曰"志"，取消了"世家"，汉代勋臣世家一律编入传。这些变化和创举，被后来的一些史书沿袭下来。

《汉书》中的"纪"共12篇，是从汉高祖至汉平帝的编年大事记。其写法虽与《史记》略同，但不称"本纪"，如《高帝纪》《武帝纪》等。由于《汉书》始记汉高祖立国元年，故将本在《史记》中《本纪》的有些人物，如项羽等，改置入"传"中；又由于东汉不承认王莽建立的政权——新朝，故将王莽置于"传"中，并贬于传末。

《汉书》中的"表"共8篇，多依《史记》旧表，而新增汉武帝以后的沿革。

前 6 篇有记载汉初同姓诸侯王的《诸侯王表》，记载异姓诸侯王的《异姓诸侯王表》，记载汉高祖至汉成帝的《功臣年表》等，借由记录统治阶级来达到尊汉的目的。后二篇为《汉书》所增：《百官公卿表》《古今人表》。《百官公卿表》则详细介绍了秦汉时期的官制。

《古今人表》，从太昊帝记到吴广，把历史上的著名人物，以儒家思想为标准，分为四类九等，表列出来；可是此表有"古"而无"今"，因此引起了后人的讥责。而对《百官公卿表》，后人则非常推崇。这篇表首先讲述了秦汉分官设职的情况，各种官职的权限和俸禄的数量，然后用分为十四级、三十四官格的简表，记录汉代公卿大臣的升降迁免，篇幅简练地把当时的官僚制度和官僚的变迁清晰展现出来。

《汉书》中的"志"共分 10 篇，专记典章制度的兴废沿革。由于《汉书》已用"书"为大题，为免混淆，故改《史记》中的"书"为"志"。

《汉书》十"志"，以《史记》八"书"的基础而做发展：将《史记》的《礼书》《乐书》改为《礼乐志》，将《律书》《历书》改为《律历志》；将《天官书》改为《天文志》，将《封禅书》改为《郊祀志》，将《河渠书》改为《沟洫志》，将《平准书》改为《食货志》。又新增《刑法志》《五行志》《地理志》《艺文志》。各志内容多贯通古今，而不专叙西汉一朝的历史。

如《天文志》保存上古至汉哀帝元寿年间大量有关星运、日食、月食等天文资料。《沟洫志》则记述上古至汉朝的水利工程，并说明治理水文的策略。《食货志》则详述上古至汉代的经济发展情况，上卷谈"食"，即农业经济状况；下卷论"货"，即商业和货币的情况。新增的《刑法志》概述上古至西汉时期的刑法，第一次系统地叙述了法律制度的沿革和一些具体的律令规定，还点出汉文帝、汉景帝用刑之重，更指出汉武帝进用酷吏而导致的恶果。《五行志》集有关五行灾异之说而编成，保存了大量的自然史资料。《地理志》详述战国时期、秦朝、西汉时期的领土疆域、郡国行政区划、历史沿革和户口数字，还有封建世系、形势风俗、名门望族和帝王的奢靡等；还记录了当时的有关各地物产、经济发展状况、民情风俗。《艺文志》考证了各种学术派别的源流，记录了存世的书籍，它是我国现存最早的图书目录。

《汉书》中的"列传"共 70 篇，以记载西汉一朝为主。仍依《史记》之法，以公卿将相为列传，同时以时代顺序为主，先专传，次类传，再次为边疆各族传和外国传，最后以乱臣贼子《王莽传》居末，体统分明。至于传的篇名，除《诸侯王传》外，一律均以姓或姓名为标题。

《汉书》列传中有关文学之士的部分，多记载其人有关学术、政治的内容，如《贾谊传》记有"治安策"；《公孙弘传》记有"贤良策"等，《史记》都未收录。

列传中的类传有《儒林传》《循吏传》《游侠传》《酷吏传》等，此外又新增《外戚传》《元后传》《宗室传》，也为《史记》所无。

四夷方面，有《匈奴传》《西南夷两粤朝鲜传》《西域传》三传。

最后一篇"列传"为《叙传》，仿"太史公自序"之意，述其写作动机、编纂、凡例等。

"列传"各篇后均附以"赞"，即仿《史记》篇末"太史公曰"的体例，说明作者对人或事的批评或见解。

至于《汉书》与《史记》重复部分的改动和增删，是由于作者思想的差异和材料取舍标准的不同，以及语言使用的审美水平不尽一致，历代学者都有详尽的研究，形成"班马异同"课题。当代学者则总结历代的研究，并有自己的见解，发表了众多论著。今据安平秋等著《史记通论》所归纳的，《汉书》继承、发展了《史记》的成就，比《史记》有改进之处表现为六条优点：

其一，《汉书》的体例比《史记》更为严整、更为统一了。如

《史记·吕后本纪》只写了吕氏集团的兴亡史，名虽为"纪"，实际上只是"传"。而《汉书·吕后纪》则补写了全国大事，真正成立"纪"体。同时增加了《惠帝纪》，增详了《景帝纪》。

其二，《汉书》记载汉代的典章制度更为详细具体。例如《汉书·外戚传》开头增加一段文字叙述汉代后宫的制度与官阶。

其三，《汉书》多收经世文章。例如《吕后纪》《文帝纪》《景帝纪》等加进了许多皇帝的诏令和群臣的上书；在《贾谊传》收进了《治安策》；在《晁错传》收入《削藩》《贤良对策》《论贵粟》，在《董仲舒传》加入《贤良三策》等。这些文章不仅有助于读者认识当时国家的情势，也突出了作品所要表现的文章作者的思想与人格。尤其是《史记·屈原贾生列传》只收贾谊的《吊屈原赋》和《鵩鸟赋》，显示了贾谊牢骚满腹和怀才不遇；而《汉书》收入其《治安策》，则凸显他是一个政治思想家。

文帝（明刻《历代帝贤像》）

其四，《汉书》补充了许多重要的史实。如司马迁把汉文帝当作一个理想的皇帝来写，毫无保留地热情歌颂他废除肉刑，《汉书》则指出其名为德政，其实杀人更多的本质。《史记·酷吏列传》一般地谈到汉武帝晚年法之残酷，而《汉书》则在《公孙贺传》里写出了一连串宰相皆不得其死，以至于再让谁当宰相，谁就吓得趴在地上叩头求饶的情景。又如《汉书·匈奴传》增加叙述匈奴民族的前身猃狁与周宣王发生战争的情景，并引用《诗经》中的篇章加以说明。《史记·匈奴列传》竟然只字不提周宣王讨伐猃狁的史实。

其五，班固驳正了司马迁的一些偏颇之见。例如《史记·贾生列传》说绛、灌诸老臣"排挤"贾谊，同情贾谊的"怀才不遇"，而《汉书》则说，贾谊的许多意见在当时或稍后几乎都被皇帝采纳了，说贾谊"虽未至公卿，非不遇也"。再如晁错削藩，汉景帝顶不住"清君侧"的压力，背信弃义地杀了晁错。司马迁评论说："语曰：'变古乱常，不死则亡。'岂错等谓耶?"《史记》中的议论失衡，没有比这篇更为严重的了。而班固则说："错虽不终，世哀其忠。"这显然就平允公道得多了。又如司马迁说郦况协助周勃、陈平从吕禄手中骗来北军的兵符的做法是"卖友"，而班固则说："为安社稷、救君亲，不得云'卖友'。"

其六，《汉书》的文字虽然没有《史记》那么生动，但它简洁整饬，叙事明晰。例如，《史记·魏其武安侯列传》里有一段文字是：

> 窦婴守荥阳，监齐赵兵，七国兵已尽破，封婴为魏其侯。诸游士宾客争归魏其侯。孝景时每朝议大事，条侯、魏其侯，诸列侯莫敢与亢礼。孝景四年，立栗太子，使魏其侯为太子傅。孝景七年，栗太子废，魏其数争不能得。魏其谢病，屏居蓝田南山之下数月。

《汉书》记此事的同一段文字说：

> 婴守荥阳，监齐赵兵。七国破，封为魏其侯。游士宾客争归之。每朝议大事，条侯魏其侯，列侯莫敢与亢礼。四年，立栗太子，以婴为傅。七年，栗太子废，婴争不能得，谢病，屏居蓝田南山下数月。

明代王懋对此评论说："文不满百字，《汉书》删去三十余字不嫌简，此减字法也。"

又如《司马相如传》写卓王孙请司马相如到他家做客时说："至日中，谒司马长卿，相如谢病不能往。临邛令不敢尝食，自往迎相如。相如不得已，强往，一座尽倾。"既然如此，"不得已"，那么到了宴会上也就不应该再有什么过分积极的表现了，事实却不如此，当人们邀请司马相如鼓琴时，司马相如"为鼓一再。是时卓王孙有女文君新寡，好音，故相如缪与令相重，而以琴心挑之"。前后的表现完全矛盾，实不可解。到了《汉书》中，班固更换了一个字，将其改为："相如为不得已而强往。""为"者，"伪"也。原来前面的"不得已"，乃是故意装的，假撇清！实际上他早就迫不及待要去"勾引"卓文君了。这个"为（伪）"字怎么能省？

《汉书》改动后的短处，也可归纳为六条：

其一是正统气、儒学气大大地增强了。司马迁对汉代统治者是有许多批判的，而对于汉景帝和汉武帝的批判尤其厉害。而班固则"为尊者讳，为王者讳"，还指责司马迁不能"依五经之语言，问圣人之是非"。这种地方集中反映了两人的思想分歧。司马迁不完全以"圣人"孔子思想作为判断是非的标准，有时是值得肯定的。而班固的见识却往往不及司马迁。

其二是《史记》有比较强烈的反天道、反迷信思想，而《汉书》则相对迂腐。

其三是对待下层人民的态度，《史记》重视下层人民，一是为许多下层人物立传，如刺客、游侠、日者、滑稽、医生和商人等；二是有些传主虽是王侯将相，但助成他们一生功业的仍是下层人物，如侯嬴、朱亥、毛遂、冯谖等；三是对陈涉的评价高得出奇："桀纣失其道而汤武作，周失其道而春秋作，秦失其道而陈涉发迹。"竟然把陈涉列入他心目中的大"圣人"行列。到了《汉书》里，一部分固有的写下层人物的类传不见了；陈胜、项羽也都被从"世家"与"本纪"里拉下来合为一篇。还指责司马迁"序游侠则退处士而进奸雄"，司马迁所歌颂的朱家、郭解等是"以匹夫之细，窃生杀之权，其罪已不容于诛矣。"

其四是《史记》的爱憎感情、主观色彩异常突出，而到《汉书》里则往往变成不动声色的"客观"叙述了。

其五是《汉书》比《史记》生动性大大降低，在文学性上大踏步地后退了。例如《史记·郦生陆贾列传》写郦食其在被齐王田广杀害前，还有与齐王的一段对答，以见其狂放豪迈的性格。班固写《郦陆朱刘叔孙传》时，将其通通删去，遂使人物形象黯然失色。

其六是《汉书》有些地方对《史记》因袭得不合理。如《史记·留侯世家》篇末太史公曰："学者多言无鬼神，然言有物。至如留侯所见老父予书，亦可怪矣。高祖离困者数矣，而留侯常有功力焉，岂可谓非天乎？上曰：'夫运筹策帷帐之中，决胜千里外，吾不如子房。'余以为其人计魁梧奇伟，至见其图，状貌如妇人好女。

张良像（明刻《历代帝贤像》）

盖孔子曰：'以貌取人，失之子羽。'留侯亦云。"这些都是司马迁个人的感想，而《汉书·张良传》最后也同样说这段话，难道班固与司马迁刚好也有相同的思想过程？

以上是《史记通论》的归纳，代表了当代史学界的研究水平。其中，"《史记》有比较强烈的反天道、反迷信思想"这个观点不确。《史记》不信天道，但信天命；不信鬼魅，但信卜筮。

此外，《汉书》删节或改动《史记》，《汉书》喜用古字古词，两书各有特点，但改坏的也不少。钱钟书对此颇有批评。

总之对《汉书》改动《史记》的文字之优劣，历来争议很多，但大多认为《汉书》这样的改动大多是失败的。

《资治通鉴》对《史记》的继承与发展

《资治通鉴》作者司马光（1019—1086），字君实，陕州夏县（今属山西）人。

《资治通鉴》是司马光和他的助手刘恕、刘攽、范祖禹、司马

马光像（明刻《历代帝贤像》）

康等人编纂的一部规模空前的编年体通史巨著。

《资治通鉴》全书294卷，约300多万字。《资治通鉴》所记历史断限，上起周威烈王二十三年（前403），下迄后周显德六年（959），前后共1362年。

《资治通鉴》的内容以政治、军事和民族关系为主，兼及经济、文化和历史人物评价，目的是通过对事关国家盛衰、民族兴亡的统治阶级政策的描述，以警示后人。

《资治通鉴》自成书以来，历代帝王将相、文人骚客、各界要人争读不止。点评批注《资治通鉴》的帝王、贤臣、鸿儒及现代的政治家、思想家、学者不胜枚举。对《资治通鉴》的称誉，除《史记》之外，几乎没有一部史著可与《资治通鉴》比美。

司马光的《资治通鉴》与《史记》并列为中国史学的不朽巨著，司马光与司马迁也被合称为"史学两司马"。

清代顾炎武在《日知录·著书之难》中高度评价《资治通鉴》和马端临的《文献通考》，称赞这两部著作"皆以一生精力成之，遂为后世不可无之书"。王鸣盛认为："此天地间必不可无之书，亦学者必不可不读之书"，"读十七史，不可不兼读《通鉴》。《通鉴》之取材，多有出正史之外者，又能考诸史之异同而裁正之。昔人所言，事增于前，文省于旧，惟《通鉴》可以当之。"曾国藩评价说："窃以先哲惊世之书，莫善于司马文正公之《资治通鉴》，其论古皆折衷至当，开拓心胸。"梁启超说："司马温公《通鉴》，亦天地一大文也。其结构之宏伟，其取材之丰赡，使后世有欲著通史者，势不能不据以为蓝本，而至今卒未有能愈之者焉。温公亦伟人哉！"

司马迁的《史记》是一部纪传体通史，叙事范围为黄帝到汉武帝；而司马光的《资治通鉴》是一部编年体通史，叙事范围为战国到五代。两书重合的历史时期从战国到汉武帝。

司马迁著《史记》，"仆诚已（以）著此书，藏之名山，传之其人通邑大都"[①]。"传之其人"：给有志治世的志士仁人阅读和研究。司马光则明确是给皇帝看。范围虽然不同，但司马光期望皇帝有志治世，目的在于有志治世是一样的。

司马迁自诉《史记》写作的目的："近自托于无能之辞，网罗天下放失（佚）旧闻，考之行事，稽（考察）其成败兴坏之理（道理）。"[②]司马光的《资治通鉴》为皇帝编写历史教材，也以天下历史兴亡的经验总结为目的，与《史记》的大方向是一致的。

《资治通鉴》与《史记》记载重合的历史阶段，尤其是反秦战争、楚汉战争和西汉初年至武帝中期的历史，采用了《史记》的不少材料。

《史记》是纪传体史书，以全方位、各阶层人物传记为主，刻画人物偏重渲染细节，以突出其性格、品格和精神；《资治通鉴》则是一本给皇帝总结政治经验做警示作用的历史教材，是"专取关国家盛衰，系生民休戚，善可为法，恶可为戒者，为编年一书，使先后有伦，精粗不杂"的"相研书"（"讲的正是内幕"）。主要记叙历史中的宏大事件和关键事件，着重于重大施政行为和重大谏言，因此司马光对于《史记》和其他史料，恢复《左传》的编年体体裁，做删繁就简的剪裁。

《史记》对于同一事件、同一人物的相异资料，用"互见"法，分散用在不同篇目的传记中，避免互相矛盾；《资治通鉴》采用"考异"法，放在一起互做比较。

《史记》每篇末都有"太史公曰"，发表评论和议论，《资治通鉴》则在历史阶段告一段落时发表分析和评论。

《资治通鉴》全书的历史评论全由司马光撰写，共有 228 条史

215

---

①② 《报任安书》。

论，其中 119 条是"臣光曰"，引前人史论 99 条。引前人史论，班固最多，共 15 条；司马迁最少，只有 2 条。

《资治通鉴》引司马迁史论，第一条在卷一，取自《史记·魏世家》篇中的叙述语言：战国时期魏之不分灭，"君终，无适子，其国可破也"，强调嫡长制的价值。另一条即《史记·项羽本纪》太史公曰，指责项羽"奋其私智而不师古"，荒谬地以"天亡我，非用兵之罪"自解。

216

司馬文正

司马光（清上官周《晚笑堂竹庄画传》）

《资治通鉴》史论还针对《史记》的言论，做出相反的结论。例如对于"战国四豪"春申、孟尝、平原、信陵，司马迁诸传和《太史公自序》既揭示其为争权夺利而养士的本质，也认为其礼贤下士有利于国，且弘扬了尊重人才的风气。而《资治通鉴》卷六，司马光引用扬子论四豪，仅指责"立私党"之罪，一无褒词。荆轲刺秦王，《史记·刺客列传》"太史公曰"赞其"义"能"名垂后世"，《通鉴》卷七"臣光曰"讥荆轲为"愚"，"不可谓之义"，正面驳斥《史记》。对韩信之死，《通鉴》卷十二"臣光曰"引太史公曰后，指责韩信怀"市井之志"，其死完全是咎由自取。等等。

《新五代史》对《史记》的继承与发展

《新五代史》是"二十四史"中的一部，是宋代名列唐宋八大家之一的大文豪欧阳修的著作。

欧阳修（1007—1072）于嘉祐五年（1060）完成《新唐书》的修撰之后，在宋初薛居正等人所著的官修《旧五代史》的基础上，重新编写《新五代史》这部私人著作。

《新五代史》七十四卷，分本纪、传、考、世家、年谱和附录6个部分。全书记载了从朱温篡夺唐朝政权，建立梁，中经后唐、后晋、后汉、后周，这5个朝代，到赵匡胤篡夺后周政权，建立宋朝，共60余年的历史。

《新五代史》历来受到文学和历史研究者的重视和好评，甚至被赞誉为"深得《史记》神髓"，是后代历史学家学习《史记》学得最好的一部史著。

欧阳修（清上官周《晚笑堂竹庄画传》）

《新五代史》学习《史记》的成功之处：

《新五代史》有着强烈的推重德行、弘扬正义、崇尚气节的倾向。欧阳修之子欧阳发说其父："作本记，用'春秋'笔法，虽司马迁、班固不如也。""其于五代史，尤所留心褒贬，为法精密，发论必以'呜呼'。曰：'此乱世之书也！昔孔子作《春秋》，因乱世而立乱法，余述本纪，以治法而正乱君。'此其志也。"

《新五代史》有着大一统的思想，面对四分五裂的五代乱世，歌颂抗击契丹的英雄，如《王晏球传》记叙唐将王晏球大破契丹，写得虎虎有生气；谴责引狼入室、卖国求荣的败类，如割让燕云十六州的后晋"儿皇帝"石敬瑭；二次倒戈，引契丹入屠京师，使后晋灭亡的杜重威和张彦泽等。

《新五代史》标名立传的人物有400多人，其中有50多人的故事比较生动，性格比较独特鲜明。由于五代战乱频仍，杀伐惨重，是个绝望和悲哀的时代，所以这些人物多以悲剧告终。

欧阳修作为一代文章大家，文笔俊秀，议论风生，如其《伶官传序》为一代名文，是后世学习古文的典范文章。"盛衰之理，虽曰天命，岂非人事哉！原庄宗之所以得天下与其所以失之者，可以知之矣。岂得之难而失之易欤？《书》曰：'满招损，谦得益.'忧劳可以兴国,逸豫可以亡身,自然之理也。故方其盛也,举天下之豪杰莫能与之争;及其衰也,数十伶人困之,而身死国灭,为天下笑。夫祸患常积于忽微,而智勇多困于所溺,岂独伶人也哉!"用铿锵的音节,生动的语言,流转的语气,总结历史经验,是历代学子背诵的名篇。

特别要注意的是,《新五代史》和《资治通鉴》关于冯道的评价。《新五代史》卷五四《冯道传》记叙冯道,身处乱世,沉浮自如,历五朝八姓,历仕唐、晋、汉、周四朝九君,竟能长保贵显荣禄。此传开篇,即引《管子》:"礼义廉耻,国之四维。四维不张,国乃灭亡。"从亡国的高度,政治的层面,斥责冯道"无廉耻"。司马光《资治通鉴》卷二九一"臣光曰"引欧阳修此论,又补充说冯道"大节已亏","为臣不忠,虽复材智之多,治行之优,不足贵矣",乃"奸臣之尤",且不但是冯道个人之过,"时君亦有责焉"。

陈寅恪先生在《赠蒋秉南序》中说:"欧阳永叔学韩昌黎文,晚撰《五代史记》,作'义儿''冯道'传,贬斥势利,尊崇气节,遂一匡五代之浇漓,返之纯正。"范文澜《中国通史简编》贬斥冯道是五代时文官中丑恶的代表,"是这个时期的特产,是官僚的最高典型",是官僚中最无可救药者,"哀莫大于心死,冯道就是心死透了的人"。

对冯道的贬斥似乎成为千年定评。实际并不如此,直接承续五代的北宋一朝,对冯道的评价则基本上是正面的。成书于宋初、由时任宰相薛居正领衔编撰的《旧五代史》固然批评"然事四朝,相六帝,可得为忠乎!夫一女二夫,人之不幸,况于再三哉!"但在记叙中,将冯道写成道德的完人、大臣的表率。明朝的李贽也颇赞冯道。20世纪末,谭其骧教授也提出了异议,认为冯道在极其恶劣的政治社会环境中,言行洁身自好,为官廉洁,勉力保护百姓,极为不易。他要学生适当时撰文,为冯道维护公道。

于是其学生葛剑雄教授在《读书》发表《乱世的两难选择——

冯道其人其事》长文，认为冯道走了一条"曲线救国"的道路，他为了天下苍生而"以人类的最高利益和当地人民的根本利益为前提，不顾个人的毁誉，打破狭隘的国家、民族、宗教观念，以政治家的智慧和技巧来调和矛盾、弥合创伤，寻求实现和平和恢复的途径"。

中华书局《二十四史》修订版《新五代史》整理者、五代史著名研究家陈尚君教授在修订本出版前夕，发表文章说：

冯道的作为并没有违反儒臣立身的基本原则。欧阳修在百年以后，为了建构宋代士人的道德高地，将仅仕一朝或历仕数朝视为评价人物的根本原则，因此而斥冯道为无耻之尤者，实在是脱离时代、强人所难的苛评。当然，冯道绝非完人，他的学养因为《兔园策》的披露而稍显不足，为郭威去请湘阴王刘赟知他不足知人，对周世宗的轻视更显出他的怕硬欺软。《旧五代史》本传赞以孔子相比当然有些不伦，但也不是不讲道德底线、不择手段谋取个人利益的政客。身处乱世，他勤勉一生，在可能的范围内，尽了自己的努力①。

历史是复杂的，要正确认清和评价历史人物与历史事件，极为不易。学习《史记》，也极为不易，学得好是非常不易的。

《史记》是历代史家学习的典范，众多文人学者也表达了对《史记》的倾慕。如清初的明遗民李世熊，面对鼎革，极想奋笔写史，其《与魏和公》称："后当有如司马太史者描写生气，照耀千载。某虽老，犹能私笔逸事，载诸箧衍，以俟将来也。"② 其友康熙二十四年（1685）《答李化舒》亦云："恨世无班、马、欧、苏，

---

① 陈尚君 《五代：政治文化转型的关键时期——五代十国之我见》，《文汇报》2015 年 6 月 26 日。

② 李世熊《寒支集》，《四库禁毁丛刊》第 89 册 483 页，北京出版社2000。

使扬厉幽芳，令神气溢流，倾动寰宇。"①

《史记》激励和启发后人创作，作用巨大。

第三节　汗牛充栋：盛况不衰的历代"史记学"研究

《史记》问世至今的两千多年来，研究成果极多。宋代著名学者王应麟首先提出"《史记》之学"，并认为"《史记》之学"形成于唐代②。

历代《史记》的传播和研究概况

《史记》流传到东汉，开始产生研究成果。较早的有班彪和班固父子。

班固对《史记》的赞赏，先重复其父的观点："然自刘向、扬雄博极群书，皆称迁有良史之材，服其善序事理，辨而不华，质而不俚。"紧接着他发表自己的观点："其文直，其事核，不虚美，不隐恶，故谓之实录。"他的文章秉笔直书，他所记述的史事真实不做虚假的赞美，不掩饰丑恶的东西，所以称作实录。这是班固对《史记》的最基本和最高的评价，他认为《史记》是"实录"，也即"信史"，这是对《史记》的最基本的定论。

班固和其父班彪对《史记》的批评，颇有保守的倾向，但是班固高度评价《史记》是"实录"的论点，成为后世信奉的权威性的观点，无人有争议。而班固继承其父而发表的批评："论大道而先黄、老而后六经，序游侠则退处士而进奸雄，述货殖则崇势利而羞贱贫"，这三句话被称作他批评的"史公三失"，也成为流传后世的名言，并引起自魏晋之明清经久不衰的争议。

---

① 李世熊《寒支集》，《四库禁毁丛刊》第 89 册 48 页，北京出版社 2000。

② 《玉海》卷四十六《唐十七家正史》。

班固的《汉书·司马迁列传》最后给予司马迁以总结性的评价："乌呼！以迁之博物洽闻（博学广闻），而不能以知自全（却不能靠智慧保全自己），既陷极刑，幽而发愤（已经遭受极刑仍在狱中发愤写作），书亦信矣（他给任安的信中所陈述的也是可信的）。迹其所以自伤悼，《小雅》巷伯之伦。夫唯《大雅》'既明且哲，能保其身'，难矣哉！"最后说：究察其所以哀伤自己，是属于《诗经·小雅》中巷伯一类的人。像《诗经·大雅》所说的"既明辨又聪明，还能保全自己"，这太难了！

南朝宋史学家范晔（398—445）记叙东汉历史的《后汉书》，是二十四史中成就很高的一部史书。《后汉书》既是东汉的历史著作，所以西汉司马迁不属于此书记载和评论的范围，此书通过评论班彪和班固的"《史记》评论"，来评论《史记》和班氏父子评论《史记》的得失。

《后汉书·班彪班超传》的最后作者评论说：

论曰：司马迁、班固父子，其言史官载籍之作，大义粲然著矣（其主旨都是十分清楚的）。议者咸称二子有良史之才。迁文直而事核，固文赡而事详。若固之序事，不激诡，不抑抗，赡而不秽，详而有体，使读之者亹亹（wěi wěi，勤勉）而不厌，信哉其能成名也。彪、固讥迁，以为是非颇廖于圣人。然其论议常排死节，否正直，而不叙杀身成仁之为美，则轻仁义，贱守节愈矣。固伤迁博物洽闻，不能以智免极刑；然亦身陷大戮，智及之而不能守之。呜呼，古人所以致论于目睫也！

《后汉书》引用即赞同评论者称二人有良史之才的观点。他比较马班两人的异同说：司马迁文辞正直而且叙事真实，班固文辞丰富而且事情详尽。像班固的陈述史实，不毁誉过当，不随波逐流，丰富而不芜杂，详细而有条理，使人读而不厌，他能成名也是理所当然的。范晔对《汉书》做了充分的肯定。

接着评论班氏父子的《史记》评论："班彪、班固批评司马迁，认为他的是非观与圣人很不相合。但他们的议论常常排斥为坚守道义而死去的人，否定正直的行为，不去叙述杀身成仁这样的美德之事，就显得有些轻视仁义，过分鄙薄守节之人了。"对班氏父子对司马迁的批评做了反批评。

最后针对班固批评司马迁不能自保，自己也不能自保的人生结局，说："班固感伤司马迁博闻强记知识丰富，但却不能免予受刑；但他也身受杀戮，智慧虽与司马迁相同却依然不能自保。呜呼，这就是古人之所以对眼睛看不到睫毛而发表议论的原因吧！"

范晔对班氏父子对司马迁错误评论的批评是颇有道理的，他还批评班固讥评司马迁不能自保，他本人也死于狱中，结局相同。

班固与大将军窦宪关系密切，永元四年（92）窦宪因擅权和密谋叛乱事发被革职，后自杀。班固受株连，被捕入狱，同年死于狱中，年61岁。

巧的是，范晔批评班固，他自己也被处死，与班固的结局相同。此因范晔一生狂狷不羁，且不满时政，晚年终于发作到了顶点，加入了彭城王谋反阵营。元嘉二十二年（445）十一月，同党徐湛之上表首告，供出了所有谋反同党及往来檄书信札，谋反失败。不久，范晔等被处死，连坐从诛的还有其弟广渊、其子范蔼等。范晔死时才48岁，比班固还短命。

两汉盛世，是中国古近代无与伦比的辉煌的时代，可是为两汉写史的三位大史家都遭受牢狱之灾，两人死于非命。相比之下，司马迁实得善终，强于批评他的班固，还有范晔。

自魏晋至清代，《史记》的研究著作、论文或涉及的评论汗牛充栋，数量极多。著名的研究成果亦不在少数，最著名的注疏有《史记集解》（南朝宋·裴骃著）、《史记索隐》（唐·司马贞著）和《史记正义》（唐·张守节著），合称"三家注"。

明代出现了多种著名的评点本，有杨慎《史记题评》、唐顺之

《荆川先生精选批点史记》、茅坤《史记钞》、归有光《归震川评点史记》、钟惺《钟伯敬评史记》等。明代又出现了多种评语荟萃的著作，著名的有凌稚隆《史记评林》、李光缙等《史记萃宝评林》、陈仁锡《史记评林》、葛鼎和金蟠《史记汇评》、邓以讚《史记辑评》、朱子蕃《百大家评注史记》和陈子龙、徐孚远《史记测义》等。

清代有研究《史记》的专著文章存世的作者就多达 300 多人。有清一代《史记》的考证和评论著作，名著即有几十部。最著名的考证著作有王鸣盛《十七史商榷》、钱大昕《廿二史考证》和赵翼《廿二史札记》中的《史记》部分。评点著作有吴见思《史记论文》、吴汝纶《点勘史记》和姚苎田《史记菁华录》等。

20 世纪上半期的研究成果也非常多，考证、注释、评议专著也有几十部，著名的如李景星《史记评议》、朱东润《史记考索》、李长之《司马迁的人格与风格》等。众多史学大师和著名学者梁启超、王国维、鲁迅、朱自清、吕思勉、范文澜等皆有著作或论文。

20 世纪下半期至今，出现了一批新的名家，出版了多种研究专著、论文和《史记》注释评论本和《史记全译》等。

20 世纪的《史记》研究，由于西方现代科学研究方法的传入，产生了大量的专著和论文，名家和名作林立，蔚为大观。其中最重要或影响最大的文化大家王国维、鲁迅和钱钟书的《史记》研究，值得做简要介绍。

第一国学大师王国维证明和补充《史记》的记载

王国维（1877—1927），字静安、静庵，号观堂、永观、人间，浙江海宁人。晚年先后任北京大学国学门通讯导师（因胡适等人的极力推荐，北京大学四次敦请他出任教授，皆为其所拒绝）、清华大学（时称清华学校）国学院研究院导师，是 20 世纪中国国学第一大学者，人文—社会科学第一大学者，20 世纪世界学术史上的巨擘之一。

鲁迅对王国维的评价极高，认为要讲国学，"他（指王国维）才可以算一个研究国学的人物"[①]。郭沫若认为王国维的著作"领导着百万后学"[②]。缪钺的评价更为具体："海宁王静安先生为近世中国学术史上之奇才。学无专师，自辟户牖，生平治经史，古文字，古器物之学，兼及文学史，文学批评，均有深诣创获，而能开新风气，诗词骈散文亦无不精工，其心中如具灵光，各种学术，经此灵光所照，即生异彩。论其方面之广博，识解之莹彻，方法之谨密，文辞之精洁，一人而兼具数美，求诸近三百年，殆罕其匹。"[③]（《诗词散论·王静安与叔本华》）而陈寅恪先生对王国维著作的重大历史意义阐发得最充分，他因王国维说过"学术之发达，存乎其独立而已"的名言并终身实践，在《清华大学王观堂先生纪念碑铭》中说："来世不可知者也。先生之著述，或有时而不章。先生之学说，或有时而可商。惟此独立之精神，自由之思想，历千万祀，与天壤而同久，共三光而永光。"这些都是对王国维作出的至为精当的总体评价，成为权威性的意见。

已故国学大师姜亮夫曾赞美："陈寅恪先生广博深邃的学问使我一辈子也摸探不着他的底。"[④] 而学界泰斗陈寅恪则赞美："（王国维）先生之学，博矣精矣，几若无涯岸之可望，辙迹之可寻。"其遗书"为吾国近代学术界最重要之产物也"[⑤]。陈寅恪在王国维挽词里讲："风义平生师友间"，在学问上将他作为师长看待。姜、陈的评价都是恰当的，由此可见王国维在 20 世纪学术界至高无上的地位。

王国维学贯古今、融会中西、博大精深，在中国文学、哲学、美学、艺术学、文化学、古文字学、历史学、教育学、敦煌学、

---

① 《热风·不懂的音译》。
② 《历史人物·鲁迅与王国维》。
③ 《诗词散论·王静安与叔本华》。
④ 《忆清华国学研究院》。
⑤ 《王静安先生遗书序》。

文献学、图书馆学等多种学科上面取得领先性的成就，其学问和著作深广精新兼备，因此，王国维是 20 世纪中国现代学术最重要的开辟人和奠基者之一。他还是成果颇多的翻译家和成就卓异的诗词创作家，取得独创性的成就。

王国维的《史记》研究共有三大贡献：一，研究司马迁之生平，发表《太史公行年考》。二，通过甲骨文研究，证实《史记·殷本纪》记载商代历史的可靠性，从而使国际术界承认的中国古代历史推前近千年；又因而可以推知《史记·夏本纪》记载夏朝历史的可靠性。三，发表《鬼方昆夷猃狁考》和《殷周制度论》等著名论文，补充了《史记》未曾研究和总结过的重大历史问题。

《太史公行年考》是司马迁的简明年谱，并探讨了他的生卒年代和生平事迹，是研究司马迁和《史记》的著名成果。司马迁的生卒年皆无从知晓，王国维《太史公行年考》说："史公卒年，绝不可考。……然视为与武帝相始终，当无大误也。"他认为他的生平大致与汉武帝相始终，这已成为一个权威性的观点。

王国维的甲骨文研究处于学界的前列，他的甲骨文研究是结合古文字和历史学而进行的。其中《古史新证》是他晚年在清华国学研究院担任导师时撰写的经典讲课教材，也是用甲骨文和金文研究和论述上古、夏商历史的总结性的权威著作。

在第一章"总论"中，王国维针对当时因五四彻底反传统的思潮而大得其势的"疑古派"否定中国古代史书的真实性，从而彻底否定中国上古和夏商历史的思潮提出了强烈的批评，并提出了他自己首创的以"地下之新材料"（主要指甲骨卜辞和金文）印证"纸上之材料"（指古书记载）的"二重证据法"。他自信而坚定地说："吾辈生于今日，幸于纸上之材料外更得地下之新材料。由此种材料，我辈固得据以补正纸上之材料，亦得证明古书之某部分全为实录，即百家不雅驯之言（指《山海经》、屈原《天问》和《竹书纪年》等）亦不无表示一面之事实。此二重证据法惟在今日始得为之。虽古书之未得证明者不能加以否定，而其已得证明者不能不加以肯定可断言也。"在第四章之后，王国维又根据第三章和第四章"商诸臣"的内容，写了如下一段按语："右商之先公先王及先正见于卜辞者大率如此，而名字之不见于古书者不与焉。由此观之，则《史记》所述商一代世系，以卜辞证之，虽不免小有舛驳而大致不误。可知《史记》所据之《世本》全是实录。而由殷周世系之确实，因之推想夏后氏世系之确实，此又当然之事也。又虽谬悠缘饰之书如《山海经》《楚辞·天问》，成于后世之书如《晏子春秋》《墨子》《吕氏春秋》，晚出之书如《竹书纪午》，其所言古事亦有一部分之确实性。然则经典所记上古之事，今日虽有未得二重证明者，固未可以完全抹杀也。"这和"总论"前后呼应，高度肯定了自己的研究贡献，成为高于信古派和疑古派的"释古派"的理论宣言。

王国维以上论说的根据是他前已发表的研究甲骨文和商殷史的名作《殷卜辞中所见先公先王考》和《殷卜辞中所见先公先王续考》。正是这两篇论文的精当研究，证明了《史记·殷本纪》的准确可靠和商朝历史的真实存在，并可以推断《史记》对夏朝历史记载的可靠性，又因此而读通屈原《天问》，搞清屈原此文对商朝历史的记载，具有极为重要的学术价值。

《殷周制度论》论述殷商至西周的重大政治变革和文化转换，论证商朝王位的兄弟继承制度之弊病：容易发生争端和叛乱。而西周嫡长制度（王位传给嫡长子）的建立及其重大的历史意义和深远影响——君位的传承有了无可争议的制度，成为中国封建时代社会稳定的重要因素。此文成就卓著，影响巨大。

《鬼方昆夷玁狁考》是久负盛名的研究匈奴的论文。此文是继《史记·匈奴列传》之后，研究匈奴早期历史的最重要的文章。此文肯定《史记》"唐虞以上，有山戎、猃允、荤粥，居于北蛮"[①]

---

① 《史记·匈奴列传》。

"自三代以来，匈奴常为中国患害"① 的重要论点，厘清商周时期匈奴史的现存史料，论证匈奴在商时称为鬼方，周时则称戎狄的史实，弥补《史记》的不足。对于王国维此论及其所理解的《史记·匈奴列传》和有关的记载，持支持态度的有梁启超、陈寅恪、吕思勉、方壮猷、钱穆等一流史家，另有王锺翰主编《中国民族史》②、白寿彝总主编《中国通史》③、林幹《匈奴通史》④ 等专著，史学界绝大多数的学者赞同此说。

文学革命领袖鲁迅的《史记》评论

鲁迅（1881—1936），原名周树人，浙江绍兴人。

他有志于撰写一部中国文学史，但没有写成，仅有《汉文学史纲要》，也没有写完，只写了10篇。

鲁迅的《史记》研究，仅有一篇文章，即《汉文学史纲·第十篇　司马相如与司马迁》。其中论及司马迁和《史记》的仅千余字，首段说：

> 武帝时文人，赋莫若司马相如，文莫若司马迁，而一则寥寂，一则被刑。盖雄于文者，常桀骜不欲迎雄主之意，故遇合常不及凡文人。

中间略述司马迁生平、司马迁列举古人发愤著书的佳例。宣帝时，其外孙杨恽祖述其书，遂宣布焉。班彪的批评意见，司马迁《报任安书》有云："仆之先人，非有剖符丹书之功，文史星

①　《史记·太史公自序》。

②　中国社会科学院民族学和人类学研究所、中央民族大学等专家所著，国家社会科学七五规划重点项目，中国社会科学出版社1988、1999。

③　全国众多高校的专家合著，国家社会科学六五至八五重点项目，上海人民出版社1994—1999。

④　中华书局1986。

星汉灿烂　《史记》纵览新说

历……假令仆伏法受诛，若九牛亡一毛，与蝼蚁何异。"接着鲁迅评论说：

> 恨为弄臣，寄心楮墨，感身世之戮辱，传畸人于千秋，虽背《春秋》之义，固不失为史家之绝唱，无韵之《离骚》矣。惟不拘于史法，不囿于字句，发于情，肆于心而为文，故能如茅坤所言："读游侠传即欲轻生，读屈原，贾谊传即欲流涕，读庄周，鲁仲连传即欲遗世，读李广传即欲立斗，读石建传即欲俯躬，读信陵，平原君传即欲养士"也。

最后说："迁雄于文，而亦爱赋，颇喜纳之列传中。于《贾谊传》录其《吊屈原赋》及《服赋》，而《汉书》则全载《治安策》，赋无一也。《司马相如传》上下篇，收赋尤多，为《子虚》（合《上林》），《哀二世》，《大人》等。自亦造赋，《汉志》云八篇，今仅传《士不遇赋》一篇，明胡应麟以为伪作。"

鲁迅此文的第一段开首即说汉朝"武帝时文人，赋莫若司马相如，文莫若司马迁"，指出两司马是汉武帝时代地位最高的文学家。但是两人的身世遭遇"一则寥寂，一则被刑"，两人都是"雄于文者，常桀骜不欲迎雄主之意，故遇合常不及凡文人"。

此文最重要的是鲁迅评论《史记》"固不失为史家之绝唱，无韵之《离骚》矣"。又认为：《史记》因"惟不拘于史法，不囿于字句，发于情，肆于心而为文"，故能如茅坤所言，《史记》有非常强烈的感染力。

茅坤（1512—1601），字顺甫，号鹿门，明归安（今浙江吴兴）人。嘉靖进士，官至大名兵备副使。鲁迅的引文是《茅鹿门先生文集》卷一《与蔡白石太守论文书》，但其中"立斗""养士"都引错了，原作是"力斗""好士"。

此文的资料都是常见的，引前人的观点也很少，他本人的观点只有一个，即赞誉《史记》为"史家之绝唱，无韵之《离骚》"，成为当今评论《史记》的名言。可是鲁迅在前面有"不失为"这个限定，减少了这句赞评的分量。

鲁迅其他文章谈及《史记》的仅有三处。

如《热风·随感录五十八》：

> 慷慨激昂的人说，"世道浇漓，人心不古，国粹将亡，此吾所为仰天扼腕切齿三叹息者也！"
>
> 我初听这话，也曾大吃一惊；后来翻翻旧书，偶然看见《史记》《赵世家》里面记着公子成反对主父改胡服的一段话：
>
> "臣闻中国者，盖聪明徇智之所居也，万物财用之所聚也，贤圣之所教也，仁义之所施也，《诗》《书》礼乐之所用也，异敏技能之所试也，远方之所观赴也，蛮夷之所义行也；今王舍此而袭远方之服，变古之教，易古之道，逆人之心，而佛学者，离中国，故臣愿王图之也。"①。

鲁迅引用《史记·赵世家》史实为赵武灵王十九年（前307），赵国国君武灵王推行军事改革，改穿匈奴族服装，学习骑射。这一措施，曾遭到公子成的反对。

鲁迅这里以《史记》中记载的史实作为例证，说明今古的人们心理还是相同的，驳斥有人所说的"人心不古"，讽刺"阻抑革新的人"。

综上所述，鲁迅虽然反传统，对于中国古代文化持严峻的批判态度，而对于《史记》在文学史上的崇高地位是肯定的，对于《史记》的艺术成就也是肯定的，但鲁迅的《史记》研究，没有什么重要成果。

而他误读《史记》，将汉高祖刘邦错贬为"无赖"，我前文已

---

① 本篇最初发表于 1919 年 5 月《新青年》第六卷第五号，《鲁迅全集》第一卷第 368 页。

有批评。

鲁迅虽然对《史记》缺乏深入全面的研究，但"史家之绝唱，无韵之《离骚》"二语，影响巨大，读书人几乎无人不晓；而他叱骂汉高祖刘邦为"无赖"，也影响深远，所以他成为《史记》评论的极为重要的一家。

文化昆仑钱钟书的《史记》精彩评论

钱钟书（1910—1998），字默存，江苏无锡人。他学贯中西，博大精深，被誉为"文化昆仑"。

钱钟书的名著《管锥编》，研究古代经典 10 种，其第四种为《史记》研究，用的是《史记会注考证》。此书是日本著名汉学家泷川资言研究《史记》的集大成的权威著作，也是《史记》的一个重要版本。

泷川资言（1865—1946），通称泷川龟太郎，号君山，日本汉学家。1865 年 11 月 12 日出生于日本岛根县的松江市。为藩士之子。其父出生于岛根县，长年为小学教员，精修汉学。泷川资言自幼学习汉文。1887 年毕业于东京大学附设古典讲习科。因为非东京大学本科毕业，不通洋学，竟然 10 年找不到固定工作。1888年与市村瓒太郎合写《支那史》6 卷，1892 年完成。1897 年 9 月，前往仙台第二高等学校就职。1915 年 8 月，来到中国上海。1922年前后，开始利用日本各种卷子本作《史记》校注，撰《史记会注考证》。此书于 1932—1934 年由日本东方文化学院东京研究所出版，1955—1957 年再版，受到中国史学界和世界汉学界的高度评价。

钱钟书以此书作为他研究《史记》的底本，他按照其对名家名著多有批评的一贯作风，开首即评论《史记会注考证》说："泷川此书，荟蕞之功不小，挂漏在所难免，涉猎所及，偶为补益，匪吾思存也。"① 在论述时，也不时指出泷川的失误或错误，并做了纠正，或提出不同的意见。

《管锥编》共 5 册，第一册共有《周易正义》27 篇（第 1—56 页）、《毛诗正义》60 篇（第 57—160 页）、《左传正义》67 篇（第 161—248 页）和《史记会注考证》58 篇（第 249—395 页）。《史记》研究共有 146 页，是篇幅最多的。

《管锥编》中的《史记》研究共 58 篇，第一篇为《裴骃集解序》，其他 57 则全论《史记》正文。最后一则是《太史公自序》，其他 56 篇，按照《史记》原书的顺序，依次评述本纪 6 篇（《五帝本纪》《周本纪》《秦始皇本纪》《项羽本纪》《高祖本纪》《吕后本纪》），书 3 篇（《礼书》《律书》《封禅书》），世家 11 篇（《宋微子世家》、《赵世家》和孔子、陈涉、外戚、齐悼惠王、萧相国、留侯、陈丞相、绛侯周勃、《五宗世家》），列传 36 篇。

列传 36 篇，除了 46《匈奴列传》、53《大宛列传》是民族史，57《货殖列传》谈经济，其他 33 篇都是人物列传。

33 篇人物列传中，类型人物有 34《刺客列传》、51《儒林列传》、52《酷吏列传》、54《游侠列传》、55《佞幸列传》、56《滑稽列传》，共 6 篇；其他 27 篇为著名历史人物的传记。

著名历史人物的 27 篇，有伯夷、管晏、老子韩非、孙子吴起、苏秦、樗里子甘茂、孟尝君、春申君、廉颇蔺相如、田单、鲁仲连邹阳、吕不韦、李斯、张耳陈馀、魏豹彭越、黥布、淮阴侯、田儋、郦生陆贾、扁鹊仓公、魏其武安侯、韩长孺、李将军、卫将军骠骑、平津侯主父、司马相如、汲郑，共 36 人的传记。

钱钟书每篇以《史记》为主，将其他中西史著、文章、诗歌、评论和小说、戏曲中同类内容和有关资料、观点荟萃在一起，展示中西古今相似的内容，做比较或互证，给读者以完整全面的知识，他自己则做要言不烦的提示、总结或褒贬。

---

① 《管锥编》第一册第 249 页，中华书局 1986。

综观钱钟书的《史记》论述，他的总体评价共有四则。

1.《史记》为我国史学之始，其载笔取材的标准，成为后世史家继承的原则和方法：

> "学者多称五帝尚矣。然《尚书》独载尧以来，而百家言黄帝，其文不雅驯，缙绅先生难言之。……轶事时见于他说，余择其言尤雅者。"按《封禅书》："其语不经见，缙绅者不道"；《大宛列传》："故言九州山川，《尚书》近之矣；至《禹本纪》《山海经》所有怪物，余不敢言也。"此三则足征马迁载笔取材之旨，亦即为后世史家立则发凡。黑格尔言东土惟中国古代撰史最多，他邦有传说而无史。然有史书未遽即有史学，吾国之有史学，殆肇端于马迁钦①。

这是说《史记》三次强调古代属于传说的不经之谈，不予采用，这样的"载笔取材之旨"，"为后世史家立则发凡"，即定下了规范的标准，所以《史记》不仅是历史著作，也创立了中国的史学。

2.《史记》记载史实，非常谨慎：

> 《论语·述而》："子不语怪、力、乱、神"，《庄子·齐物论》："六合之外，圣人存而不论"；皆哲人之明理，用心异乎史家之征事。屈原《天问》取古来"传道"即马迁"不敢言"之"轶事""怪物"，条诘而件询之，剧类小儿听说故事，追根穷底，有如李贽《焚书·童心说》所谓"至文出于童心"，乃出于好奇认真，非同汰虚课实。……《孟子·尽心》论《武成》曰："尽信书则不如无书"，又《万章》记万章频举古事问："有诸?""信乎?"孟子答："齐东野人之语

---

① 《管锥编》第一册第251—252页。

文化中国·永恒的话题（第五辑）

也"，"好事者为之也"。

钱钟书赞成《论语》和孔子不谈怪力乱神，《庄子》说圣人对于"六合"（东南西北和天地）之外的事情"存而不论"，即不否决也不承认，采取放在一边不谈的处置方法。而屈原《天问》所讲到的事情，奇怪而荒诞，属于司马迁"不敢言"的范围。如果一件件一条条询问，就等于小孩听故事，追根到底，是"童心"式的好奇和认真，而不是淘汰虚妄彰显真实的态度。应该遵循《孟子》"尽信书则不如无书"的原则，善于辨别"好事者（喜欢多事的人）为之"的"齐东野语"（没有根据的荒唐的话）。

> 马迁奋笔，乃以哲人析理之真通于史家求事之实，特书大号，言：前载之不可尽信，传闻之必须裁择，似史而非之"轶事"俗说（quasi－history）应沟而外之于史，"野人"虽为常"语"，而"缙绅"未许易"言"。孟子开宗，至马迁而明义焉。其曰"不敢言"者，小心也，亦谦词也，实则大胆而敢于不言、置之不论尔。

赞扬《史记》"以哲人析理之真"与"史家求事之实"相结合，强调"前载之不可尽信"，前人的记载不可以全部相信；"传闻"必须正确选择，看上去像历史，实际不真实的遗闻、"轶事"、俗说，不能作为历史记载。钱钟书还分析，司马迁说对这些不经之谈、前人不真实的记载，采取"不敢言"的态度，既是小心谨慎，也是谦虚的说法，实际上是大胆地"敢于不言""置之不论"啊。

接着引前人的言论，作为佐证。刘知几《史通·采撰》看到司马迁所采纳的"皆当代雅言，事无邪僻"；李因笃赞《史记》不

"好奇轻信"①。即司马迁虽然"好奇"，但绝不轻信前人的记载。

以《五帝本纪》黄帝的事迹来观察，《封禅书》："或曰：'黄帝得土德，黄龙地蚓见'"。《本纪》只说："有土德之瑞，故号黄帝"。《封禅书》：申公曰："黄帝且战且学仙，……百余岁然后得与神通。……有龙垂胡髯，下迎黄帝，黄帝上骑"。《本纪》只说："黄帝崩，葬桥山"。"黄帝一面打仗一面学神仙，一百多年后得与神仙相通……天上有条胡须下垂的龙，下来迎接黄帝，黄帝骑上龙"，此类荒诞不经的故事，《本纪》全都删削不用。

又如《刺客列传》记赵襄子"使持衣与豫让，豫让拔剑三跃而击之"；《战国策》还记载："衣尽出血，襄子迴车，车轮未周而亡"。《史记》删去"衣尽出血"之类的情节，"恐涉怪妄"，即恐怕涉及怪妄之事②。

钱钟书也指出《史记》于"怪事""轶闻"，固未能芟除净尽，如刘媪交龙、武安谢鬼，时复一遭。并批评："洪迈《夷坚丁志·自序》至举《史记》记秦穆公、赵简子、长陵神君、圯下黄石等事，为己之道听途说，'从事于神奇荒怪'解嘲，几以太史公为鬼董狐！马迁盖知而未能悉见之行者。虽然，其于乙部之学，不啻如判别清浑之疏凿手，'史之称通'，得不以斯人为首出哉！③"

3. 司马迁《史记》很有创识。

钱钟书引《佞幸列传》：

"谚言：'力田不如逢年，善仕不如遇合'，固无虚言。非独女以色媚，而士宦亦有之。"按此传亦征马迁创识，别详《毛诗》卷论《驷铁》。特拈出"士宦"者，盖以害于其政，

---

① 《受祺堂文集》卷一《策》之六《史法》。
② 司马贞《索隐》。
③ 《管锥编》第一册第251—253页。

故着之史策。《汉书·佞幸传·赞》始曰："柔曼之倾意，非独女德，盖亦有男色焉"，终曰："王者不私人以官，殆为此也"；即马迁之旨①。

《史记·佞幸列传》揭示了有些君王不仅好女色，也好男色。有些善于阿谀逢迎而面容姣好的青少年男子得到君王的宠爱。上引论述中，钱钟书特地提到《管锥编》第一册《毛诗》卷论《驷铁》篇。在此篇中，钱钟书汇聚众多"媚于天子"之评论资料，尤其是《墨子·尚贤》中、下两篇反复论"王公大人"于"面目姣好则使之"，"爱其色而使之"。钱先生指出："盖古之女宠多仅于帷中屏后，发踪指示，而男宠均得出入内外，深闱广廷，无适不可，是以宫邻金虎，为患更甚。《史记》创《佞幸列传》之例，开宗明义曰：'非独女以色媚，而士宦亦有之'，亦征心所谓危，故大书特书焉。"②

近年也有"姿本"一说，谓不管男女，凡面容姣好者，在职场容易得到支持或赏识。这是社会世相的一个总结。而司马迁早就关注这种现象，并专门为官场和宫廷中得势的佞幸之臣作传，所以钱钟书誉此为"马迁创识"。

司马迁《史记》创识甚多，他为刺客、游侠、医生、卜者作传并有评论，皆是创识，而其《货殖列传》关注和总结古代经济发展的规律，更是创识。因此钱先生对《货殖列传》给予了极高评价③。

4.《史记》的写作手段高明

钱钟书梳理了《史记》精彩高明的写作方法，并作分析。

善用累叠词句。

235

---

① 《管锥编》第一册第375页。
② 《管锥编》第一册第121、122页。
③ 《管锥编》第一册第382页。

钱钟书分析和评论《史记》的"马迁行文，深得累叠之妙"：

"诸将皆从壁上观，楚战士无不一以当十，楚兵呼声动天，诸侯军无不人人惴恐。于是已破秦军，项羽召见诸侯将，入辕门，无不膝行而前。"《考证》：陈仁锡曰："叠用三无不字，有精神；《汉书》去其二，遂乏气魄。"按陈氏评是，数语有如火如荼之观。

楚霸王乌江自刎（明刻《全汉志传》插图）

马迁行文，深得累叠之妙，如本篇末写项羽"自度不能脱"，一则曰："此天之亡我，非战之罪也"，再则曰："令诸君知天亡我，非战之罪也"，三则曰："天之亡我，我何渡为！"心已死而意犹未平，认输而不服气，故言之不足，再三言之也。又如《袁盎、晁错列传》记错父曰："刘氏安矣！而晁氏危矣！吾去公归矣！"叠三"矣"字，纸上如闻太息，断为三句，削去衔接之词（asyndeton），顿挫而兼急迅错落之致。《汉书》却作："刘氏安矣而晁氏危，吾去公归矣！"索然有底情味？

又分析上面第一段引文：倘病其冗复而削去"无不"，则三叠减一，声势随杀；苟删"人人"而存"无不"，以保三叠，则它两句皆六字，此句仅余四字，失其平衡，如鼎折足而将覆𫗦，别须拆补之词，仍着涂附之迹。……《汉书·项籍传》作"诸侯军人人惴恐""膝行而前"；盖知删一"无不"，即坏却累叠之势，何若径删两"无不"，勿复示此形之为愈矣①。

---

① 《管锥编》第一册第272—273页。

首创"搭天桥"法。

将前后远隔百十年的人物和实践，联系在一处；将同时而地方相隔千百里的事情，映带相连的方法，称为"搭天桥"法。

　　"管仲卒，……后百余年而有晏子焉。"按明、清批尾家所谓"搭天桥"法，马迁习为之。叶大庆《考古质疑》卷二、周密《齐东野语》卷一〇皆更举《孙子、吴起列传》之"孙武死后百余年有孙膑"及《屈、贾列传》之"自屈原沉汩罗后百有余年，汉有贾生"；叶氏又举《滑稽列传》之"其后百余年，楚有优孟"，斥其"颠倒错谬"，谓当曰："其前百余年"。均漏却《刺客列传》："其后百六十有七年而吴有专诸之事。……其后七十余年而晋有豫让之事。……其后四十余年而轵有聂政之事。……其后二百二十余年秦又有荆轲之事"；略同《滑稽列传》："其后百余年，楚有优孟。……其后二百余年秦有优旃"。皆事隔百十载，而捉置一处者也。亦有其事同时而地距千百里，乃映带及之者，如《春申君列传》："尽灭春申君之家；而李园女弟初幸春申君，有身而入之王，所生子者，遂立为楚幽王。是岁也，秦始皇立九年矣，嫪毐亦为乱于秦，觉夷其三族，而吕不韦废。"此则全用《战国策·楚策》四之文，祇删一字（"觉夷三族"）移一字（"幽王也，是岁秦始皇立"）。记楚事而忽及秦事，一似节外生枝。盖吕不韦乃《法言·渊骞》所谓"穿窬之雄"，托梁换柱，舆黄歇行事不谋而合，身败名裂，又适相同，载笔者瞩高聚远，以类相并，大有浮山越海而会罗山之观，亦行文之佳致也。参观《诗经》论《卷耳》。①

　　自铸伟词。这是对《史记》独创性的语言的最高评价。例如：

---

①　《管锥编》第一册第308—309 页。

"聂政曰：'老母在，政身未敢以许人也'。"按此语全本《战国策·韩策》二。《游侠列传》言郭解"以躯借交，报仇藏命"，《货殖列传》亦言侠少"借交报仇"，则马迁自铸伟词。《水浒》第一五回："阮小五和阮小七把手拍着脖项道：'这腔热血只要卖与识货的！'""许身""卖血"似皆不如"借躯"之语尤奇也。[①]

《史记》的语言成就胜过《汉书》。钱钟书多次做马班比较，并举"马之胜班"之例，还批评《汉书》妄改《史记》。[②]

钱钟书关于《史记》的具体评论，精义甚多，今略作归纳如上。

历史事件的同类先例和同类记载与描写的资料汇集

《管锥编》善于将中西同类先例和同类记载与描写的资料汇集在一起，组成蔚为大观的资料荟萃，使读者大开眼界，并从中寻求规律或奥义。《管锥编》的《史记》研究也是如此。

例如，项羽作战英勇，其"破釜沉舟"的必胜勇气，追本溯源，古已有之：

"乃悉引兵渡河，皆沉船，破釜甑，持三日粮，以示士卒必死，无一还心。"按太公《六韬·必出》："先燔吾辎重，烧吾粮食"。又《太平御览》卷四八二引太公《犬韬》："武王伐殷，乘舟济河，兵车出，坏船于河中。太公曰：'太子为父报仇，今死无生。'所过津梁，皆悉烧之"。《孙子·九地》："帅与之期，如登高而去其梯，焚舟破釜，若驱群羊而往"，

---

① 《管锥编》第一册第326—328页。
② 《管锥编》第一册第274、336、376页。

杜牧注："使无退心，孟明焚舟是也"①。《晋书·蔡谟传》上
疏："夫以白起、韩信、项籍之勇，犹发梁、焚舟、背水而
阵。今欲停船水渚，引兵造城，前对坚敌，后临归路，此兵
法之所戒也。"又《苻健载记》："起浮桥于盟津，……既济焚
桥。"《宋书·王镇恶传》率水军自河直至渭桥，弃船登岸，
诸舰悉逐急流去，乃抚士卒曰："去家万里，而舫乘衣粮并已
逐流，唯宜死战。"《新五代史·梁臣传》之九燕兵攻馆陶门，
葛从周"以五百骑出战，曰：'大敌在前，何可返顾！'使闭
门而后战"。用意全同。古罗马大将（Fabius Maximus）行师，
亦既济而焚舟楫，使士卒知有进无退。②

说明项羽之前已有此类战例，以
证此非项羽发明也非项羽所独有之勇
气；还列举后世之例，和西方之例。
这便在一定程度上消去了项羽头上无
与伦比的战争英雄的光环。

又如项羽不甘心于兵败，要与刘
邦单独决斗：

239

"项王谓汉王曰：'天下匈匈
数岁者，徒以吾两人耳。愿与汉
王挑战决雌雄，毋徒苦天下之民

汉高祖（清上官周《晚笑堂
竹庄画传》）

父子为也。'汉王笑谢曰：'吾宁斗智，不能斗力。'"《集解》：
"李奇曰：'挑身独战，不复须众也。'"《考证》："李说是。"
按杜甫《寄张山人彪》云："萧索论兵地，苍茫斗将辰。"
"挑身独战"即"斗将"，章回小说中之两马相交、厮杀若干

① 见《左传》文公三年，杜预注："示必死"。
② 《管锥编》第一册第271—272页。

"回合"是也。赵翼《陔余丛考》卷四〇尝补《池北偶谈》引《剧谈录》，援征史传中斗将事。余观《谷梁传》僖公元年，"公子友谓莒挐曰：'吾二人不相说，士卒何罪！'屏去左右而相搏。"窃谓记斗将事莫先于此，其言正与项羽同；后世如《隋书·史万岁传》窦荣定谓突厥曰："士卒何罪过，令杀之？但当遣一壮士决胜负耳"，莫非此意。西方中世纪，两国攻伐，亦每由君若帅"挑战""斗将"（single combat），以判胜负，常曰"宁亡一人，毋覆全师"，"免兆民流血丧生"（Better for one to fall than the whole army；……），即所谓"士卒何罪"。①

冷兵器时代，两人单独决斗，阵上两将决战是最为常见的，后世的《三国演义》等小说中经常有这样的描写。钱先生在这里列举古代和西方的例子，还揭示最早的出处，富于知识性和趣味性，甚便读者。

世态洞悉曲传，洞明人情世故

司马迁识透了人情世故和世间曲折，《史记》提供了无数的佳例。

例如，良医面对不治之症，出于安慰病人及其家属的心理，避免刺激病人和家属，或畏惧病人的权势，说一些必要的假话。

"行道病，病甚，吕后迎良医。医入见，高祖问医，医曰：'病可治。'"按《汉书·高祖纪》下作："上问医曰疾可治不？医曰可治"，宋祁谓旧本无"不医曰可治"五字。窃意若句读为："上问医曰：'病可治不？'医曰：'可治'"，则五字诚为骈枝，可以点烦；然倘句读为："上问，医曰：'疾可

---

① 《管锥编》第一册第277—278页。

治！'——不医曰'可治'"，则五字乃班固穿插申意，明医之畏诲至尊，不敢质言，又于世态洞悉曲传矣。《周书·艺术传》高祖寝疾，柳升私间姚僧垣曰："至尊贬膳日久，脉候何如？"对曰："天子上应天心，或当非愚所及；若凡庶如此，万无一全！"《北齐书·方伎传》武成以己生年月托为异人而问魏宁，宁曰："极富贵，今年入墓！"武成惊曰："是我！"宁变词曰："若帝王自有法。"盖医、卜、星、相之徒于大富贵人休咎死生，恐触讳撄怒，为自全计而不肯直言。《左传》成公十年、昭公元年秦先后使医缓，医和诊视晋侯，皆面告曰："疾不可为也！"真，岂二医之质率，抑古道之敦朴欤？又岂本国之君威不足以慑邻国之宾萌，而奉使以来之行人更可无避忌欤？《红楼梦》一〇回贾蓉妻秦氏病，请张先生治之，因问："还治得治不得？与性命终久有妨无妨？"张对："总是过了春分，就可望全愈了"。亦"不医"之症而婉言曰"可治"也①。

《红楼梦》中张医生诊治秦可卿后给贾蓉的回答，暗示过了春分，秦可卿死日即到。②

又如《郦生陆贾列传》记叙陆贾与五个儿子约定"一岁中往来过他客，率不过。再三过，数见不鲜。无久恩公为也。"《索隐》："谓时时来见汝也。不解，言必令鲜美作食，莫令见不鲜之物也。"《考证》："刘攽曰：'人情频见则不美，故毋久溷汝。'"按《汉书·郦、陆、朱、刘、叔孙传》作"数击鲜，毋久溷汝为也"，师古注："谓：'我至之时，汝宜数数击杀牲牢，与我鲜食，我不久住，乱累妆也'。"

---

① 《管锥编》第一册第281—282页。

② 参见拙著《红楼梦的人生智慧》第五章第2节"良医哲士张友士和虎狼医生胡君荣的不同表现"，海潮出版社2006，上海锦绣文章出版社2012。

接着引顾炎武《日知录》等多人的著作，他们认为《史记》指出了"语为频烦则生厌，父子间亦宜少过往"——多言多语令人生厌，即使父子之间，也宜于少作来往。方苞又解释为"凡物数见则不见鲜好"，即一样东西多见了就失去新鲜和美好的感觉了。

钱钟书则认为这些解释还没有到位。他认为：

钱钟书体会陆贾自知老而不受欢迎，尽量不打扰儿子，用巧妙的方法，分配诸子照顾自己，《史记》直接写出陆贾的原话，"有助于洞明人情世故"。

钱钟书又进而指出，《史》《汉》意异，即《汉书》略作改写后"语意大异"。《汉书》"数击鲜"，郑玄皆注"数"为"速"。"数击鲜"者，"速击鲜"也；贾乃命其子速治新好之食，己亦不勾留惹厌，客即去、快杀鸡耳。

钱钟书洞见人物的两重性格。例如项羽典型的两重性格：

242

"范增起，出，召项庄谓曰：'君王为人不忍'。"按《高祖本纪》王陵曰："陛下慢而侮人，项羽仁而爱人……妒贤疾能，有功者害之，贤者疑之。"《陈相国世家》陈平曰："项王为人恭敬爱人，士之廉节好礼者多归之；至于行功爵邑重之，士亦以此不附。"《淮阴侯列传》韩信曰："请言项王之为人也。项王喑恶叱咤，千人皆废；然不能任属贤将，此特匹夫之勇耳。项王见人恭敬慈爱，言语呕呕，人有疾病，涕泣分食饮；至使人有功，当封爵者，印刓敝，忍不能予，此所谓妇人之仁也。"《项羽本纪》历记羽拔襄城皆阬之，阬秦卒二十余万人，引兵西屠咸阳。《高祖本纪》："怀王诸老将皆曰：'项羽为人僄悍滑贼，诸所过无不残灭。'"《高祖本纪》于刘邦隆准龙颜等形貌外，并言其心性："仁而爱人，喜施，意豁如也，常有大度。"《项羽本纪》仅曰："长八尺余，力能扛鼎，才气过人"，至其性情气质，都未直叙，当从范增等语中得之。"言语呕呕"与"喑恶叱咤","恭敬慈爱"与"僄悍滑贼","爱人礼士"与"妒贤嫉能","妇人之仁"与"屠阬残灭","分食推饮"与"玩印不予",皆若相反相违;而既具在羽一人之身,有似两手分书、一喉异曲,则又莫不同条共贯,科以心学性理,犁然有当。《史记》写人物性格,无复综如此者。谈士每以"虞兮"之歌,谓羽风云之气而兼儿女之情,尚粗浅乎言之也①。

钱钟书将《史记》评论项羽外表是妇人心肠,而内心凶恶歹毒的语句,集中在一起,做鲜明对比,以见此人的本质;最后揭示项羽对虞姬的虚情假意和恶毒心肠,是十分深刻的。

即使像汉文帝这样的明君,钱钟书也指责他称赞李广,口惠而实不至②。

有不少杰出人才,工于谋人,拙于卫己:

> "余独悲韩子为《说难》,而不能自脱耳。"按《孙子、吴起列传》:"语曰:'能行之者,未必能言;能言之者,未必能行。'孙子筹策庞涓明矣,然不能蚤救患于被刑。吴起说武侯以形势不如德,然行之于楚,以刻暴少恩亡其躯。悲夫!"《白起、王翦列传》:"白起料敌合变,出奇无穷,声震天下,然不能救患于应侯。"皆工于谋人,拙于卫己。马迁反复致意于此,智不如葵之感深矣。参观前论《始皇本纪》③。

韩非被李斯陷害,孙膑遭庞涓暗算,皆因对方是同门师兄弟而放松警惕;吴起和白起,则忠于职守,投身事业,不计利害,

---

① 《管锥编》第一册第275页。
② 《管锥编》第一册第351页。
③ 《管锥编》第一册第311页。

心无旁骛，且过分信任其君主，受到迫害，情况是不同的，但轻信而忽略防卫，则是他们共同的弱点。

其事可喜，其人可憎：

> 如《史记·季布，乐布列传》记项羽将丁公逐窘高祖，事急，高祖顾曰："两贤岂相阨哉！"丁公遂私释之。及项王灭，丁公来归，高祖以徇军中曰："丁公为项王臣不忠，使项王失天下者，丁公也，后世为人臣者无效丁公！"遂斩之。盖知其因我背人，将无亦因人背我也，居彼而许我，则亦未必为我而誊人也。古希腊大将（Anti gonus）、罗马大帝（Julius Caesar），论敌之不忠其主而私与己通者，皆曰："其事可喜，其人可憎"（he loved treachery but hated atraitor）；正汉高于丁公之谓矣①。

丁公原是项羽部将，他在围攻刘邦时，刘邦难以逃脱，就恳请他放自己一马。丁公放了他，项羽灭亡后，丁公来投奔刘邦，刘邦杀了他，并向军中解释说，丁公当年背叛项羽，就是丁公这样的人使项羽失去天下，杀他，是警戒后世当臣子的不要学他。

钱钟书在分析《史记》"世态洞悉曲传，洞明人情世故"方面，精彩的观点很多，例如"世事初无固必也"②"成败论人"③ 等等。

世态炎凉

司马迁为李陵失败投降所面临的世态炎凉而愤怒，奋起为其辩护，惨遭宫刑，他自己也受尽了世态炎凉之苦。《史记》关于世态炎凉的记载非常多，而感慨也非常之深。钱钟书还将后世和西

---

① 《管锥编》第一册第341页。
② 《管锥编》第一册第301页。
③ 《管锥编》第一册第370页。

方的同类事迹与之类比。

例如《苏秦列传》，"苏秦笑谓其嫂曰：'何前倨而后恭也？'嫂委蛇蒲服，以面掩地以谢。"这便是"前倨后恭"这个著名成语的出处。

又如《高祖本纪》："太公拥篲迎门却行"，而高祖曰："始大人常以臣无赖，今某之所业孰与仲多？"《南史·沈庆之传》："庆之既通贵，乡里老旧素轻庆之者，后见皆膝下而前，庆之叹曰：'故是昔时沈公！'"正苏秦所叹"此一人之身，富贵则亲戚畏惧之，贫贱则轻易之"；而"故是昔时沈公"又即俗谚之"苏秦还是旧苏秦"也。世态炎凉，有如践迹依样；盖事有此势，人有此情，不必凿凿实有其事，——真有其人①。

钱钟书读书仔细，选例丰富而精当。但也有未曾举到的人情势利和世态炎凉的精彩记载。《汲郑列传》太史公曰：

> 夫以汲、郑之贤，有势则宾客十倍，无势则否，况众人乎！下邽翟公有言，始翟公为廷尉，宾客阗（充满）门；及废，门外可设雀罗。翟公复为廷尉，宾客欲往，翟公乃大署（题写）其门曰："一死一生，乃知交情。一贫一富，乃知交态（结交的状况，指交情的真伪深浅）。一贵一贱，交情乃见（同"现"，显现）。"汲、郑亦云，悲夫！

这段言论所反映的人情势利和世态炎凉的状况，非常有代表性。而太史公引用翟公门上的告示，概括世态，显示"患难见真交"的极度可贵，比西谚"A friend in need, is a friend indeed."（需要时的朋友，是真正的朋友。）表达得更为完整和深入。

世态炎凉常见的一个现象是狱吏之凶恶。狱吏对落难入狱的高官极为凶恶：

---

① 《管锥编》第一册第314、317—318、357页。

"吾（丞相周勃）尝将百万军，然安知狱吏之贵乎？"按《汉书·贾、邹、枚、路传》路温舒上书详陈汉高以来狱事之烦、吏人之酷，至曰："秦有十失，其一尚存，治狱之吏是也。"马迁曾下于理，弃槛棰楚，目验身经，《报任少卿书》痛乎言之，所谓"见狱吏则头抢地，视徒隶则心惕息"者。然此篇记周勃系狱事，仅曰"吏稍侵辱"，记周亚夫下吏事，仅曰"侵之益急"，《韩长孺列传》亦祇曰，"蒙狱吏田甲辱安国"。均未尝本已遭受，稍事煊染，真节制之师也。将创巨痛深，欲言而有余怖耶，抑以汉承秦失，积重效尤，"被刑之徒比肩而立"，狱吏之"深刻残贼"，路人皆知，故不须数说圜墙况味乎？[①]。

世态炎凉这一类中，还有"贫贱之交，难以处置"。"苟富贵莫相忘与贫贱之交之相处之难。"如果发达后，不理贫贱之交，要遭人谴责，但接待和照应贫贱之交，则往往也会遭受尴尬和伤害。钱钟书先举例说：

"（陈胜）辍耕之垄上，帐恨久之，曰：'苟富贵，毋相忘！'"按《外戚世家》记薄姬"少时与管夫人，赵子儿相爱，约曰：'先贵毋相忘！'"又记卫子夫"上车，平阳主拊其背曰：'行矣，彊饭，勉之！即富贵，毋相忘！'""即"可作"若"解（见前论《赵世家》），即"苟"义，而此处又无妨作"立即"解。盖皆冀交游之能富贵，而更冀其富贵而不弃置贫贱之交也。《后汉书·宋弘传》光武帝引谚曰："贵易交"；《唐摭言》卷二王冷然《与御史高昌宇书》曰："倘也贵人多忘，国土难期。"《全唐文》卷二一四陈子昂《为苏本与岑内史启》曰："然亲贵盈朝，岂忘提奖？"盖人既得志，

① 《管锥编》303—304页。

又每弃置微时故旧之失意未遇者也。二事皆人情世道之常。

富贵以后不要忘记贫贱之交，尤其是帮助过自己的人，但得志后抛弃贫贱时的朋友故交，也非常常见。然而天下的事情是复杂的：

> 然伙涉为王，初未失故。同耕者遮道而呼，涉即载与偕归；客自"妄言轻威"，致干罪谴，乃累涉亦被恶名。《西京杂记》卷二记公孙弘起家为丞相，旧交高贺从之，怨相待之薄，曰："何用故人富贵为！"扬言弘之矫饰，弘叹曰："宁逢恶宾，不逢故人！"是则微时旧交，正复难处，富贵而相忘易交，亦有以哉①。

陈胜的故友，素质差，陈胜热情接待他们后，他们乱说话，甚至揭短、"翻底牌"，损害陈胜的威权；陈胜无法忍受，驱除他们，又害得陈胜的声名受累。公孙弘的旧交还怪怨他招待得不够优厚，在外讲他的坏话。钱钟书因此感慨："微时旧交，正复难处。"因此富贵后放弃旧游，另交新友，也是有道理的。

批评《史记》的错误、失误和不足

钱钟书对《史记》是非常崇敬和赞赏的，《管锥编》将《史记》作为古代最重要的经典来研究，但也多次揭示其错误或不足，提出批评或纠正。

例如司马迁包庇屈原、韩非和司马相如等人，全录其文，而不录别人的文章。

> "至其书世多有之，是以不论，论其轶事。"按《司马穰苴列传》："世既多《司马兵法》，以故不论，着穰苴之列传

屈原

深思高举洁自清忠
汨罗江工为古悲风

原像（明刻《历代帝贤像》）

焉"；《孙子·吴起列传》："世俗所称师旅，皆道《孙子十三篇》《吴起兵法》。世多有，故弗论，论其行事所施设者。"此可与前论《绛侯世家》参证，所谓世所周知，皆从省略。马迁于老、庄、孟、荀之书亦然。然《司马相如列传》于相如著作"采其尤著公卿者"，似自违其例。夫贾谊、司马相如词赋，当时亦必"多有"，或缘近代词章，行世未久，录之以示论定之意，许其江河万古耶？韩非著书，明云"学者多有"，即《说难》戚戚焉于心，何须全录？屈原之书，想属"多有"，既"与日月争光"，是垂世行远，已成定案，顾又不惜全篇牍载之。此中义例，当得善于横说竖说者披却导窍，自惭未达也①。

248 　　《史记》立下一个原则：传主的作品，凡世上多有流传的，一律不再抄录。《史记》不录《司马兵法》《孙子十三篇》和《吴起兵法》等；但"自违其例"，全录司马迁自己特别喜欢的诗人作家流传很广的作品。

　　《史记》的记载和描写时有漏洞。例如《项羽本纪》中"鸿门宴"一段：

　　"张良入谢曰：'沛公不胜桮杓，不能辞，'"；《考证》："董份曰：必有禁卫之士，诃迅出入，沛公恐不能辄自逃酒。且疾出二十里，亦已移时，公、良、哙三人俱出良久，何为竟不一问？……矧范增欲击沛公，惟恐失之，岂容在外良久，而不亟召之耶？此皆可疑者，史固难尽信哉！"按董氏献疑送

———————————

① 《管锥编》第309页。

难，入情合理。《本纪》言"沛公已出，项王使都尉陈平召沛公"，则项羽固未尝"竟不一问"。然平如"赵老送灯台，一去更不来"，一似未复命者，亦漏笔也。《三国志·蜀书·先主传》裴注引《世语》曰："曾请备宴会，蒯越、蔡瑁欲因会取备，备觉之，伪如厕，潜遁出。"孙盛斥为"世俗妄说，非事实"。疑即仿《史记》此节而附会者。"沛公起如厕"，刘备遂师乃祖故智；顾蒯、蔡欲师范增故智，岂不鉴前事之失，而仍疏于防范、懈于追踪耶？钱谦益《牧斋初学集》卷八三《书<史记·项羽、高祖本纪>后》两首推马之史笔胜班逮甚。如写鸿门之事，马备载沛公、张良、项羽、樊哙等对答之"家人絮语""娓娓情语""誺诿相属语""惶骇偶语"之类，班胥略去，遂尔"不逮"。其论文笔之绘声传神，是也；苟衡量史笔之足征可信，则尚未探本。此类语皆如见象骨而想生象，古史记言，太半出于想当然（参观《左传》卷论杜预《序》）。马善设身处地、代作喉舌而已，即刘知几恐亦不敢遽谓当时有左、右史珥笔备录，供马依据。然则班书删削，或识记言之为增饰，不妨略马所详，谓之谨严，亦无伤耳。马能曲传口角，而记事破绽，为董氏所纠，正如小说戏曲有对话栩栩欲活而情节布局未始盛水不漏。①。

249

上述批评，既指出鸿门宴事件的记载多处有可疑的漏洞，缺乏真实性；同时也指出"文笔之绘声传神"固可赞赏，"马善设身处地、代作喉舌"，即虚构人物的对话，添油加酱，真实性大为可疑。

另如，项羽在四面楚歌、垓下兵败之时——

① 《管锥编》275—276 页。

"项王乃悲歌慷慨。……美人和之"。按周亮工《尺牍新钞》三集卷二释道盛《与某》:"余独谓垓下是何等时,虞姬死而子弟散,匹马逃亡,身迷大泽,亦何暇更作歌诗,即有作,亦谁闻之而谁记之欤? 吾谓此数语者,无论事之有无,应是太史公'补笔造化',代为传神。"语虽过当,而引李贺"笔补造化"句,则颇窥"伟其事""详其迹"① 之理,故取之。

项羽、虞姬和当时帐篷里的那些他最亲信的人,既然没有一个人活下来,当时的歌舞景象何能让后人知晓,司马迁凭何根据记载和描写这个故事? 而且当时也无闲暇时间发生这个故事。钱钟书认为周亮工看穿了司马迁为神化项羽、强化项羽的传奇性而"笔补造化""代为传神",伪造了这个故事。

钱先生在评论《史记》时,连带论述的一些问题,也给人以很大的启发,例如批评有些著作"有心翻案,不能自圆其说"②。而有时"依样葫芦,犹胜画蛇添足"③,等等。

第四节 文无十全:《史记》的失误举隅

阅读、学习和研究经典著作,要能抓住其要点,既要看到其成就,又要发现其不足和错误。这样才能理解得比较深,研究得比较透。凡阅读、学习和研究经典著作,总要能看出其不到之处,才算是真懂得此书。我们对于《史记》也应该如此。

《史记》是伟大的史著,取得辉煌的伟大成就。但天下的人事绝无十全,《史记》也有颇多失误和重大失误。

---

① 《文心雕龙·史传》。
② 《管锥编》第 368 页。
③ 《管锥编》第 369 页。

前人已经有多种书文，整理和总结《史记》的错误。

例如清牛运震《空山堂史记评注校释》附《史记纠谬》，提出的史实错误如：

《司马穰苴列传》："至常曾孙和，因自立为齐威王。"此文误也。和自立为齐太公，其孙乃称威王也。

《李斯列传》：二世责问李斯语，本纪亦载其文，而辞稍不同，此太史公不及整顿处，宜删其一。

指出其评价错误如：

《孙吴列传》："起贪而好色"。"起为人节廉而自喜名"。一传之中，称起者互异，必有一误。

《白起王翦列传》：王翦长于用兵，为秦并国拓地功亦至矣。太史公责以不能建德固本，此自王者宰相之事，翦何与焉？以此责翦，亦殊太过。

可见《史记》的失误不少，其失误可以分为三类，史实失误、判断失误和评价失误。

史实失误

《史记》记载的史实错误，著名的如商朝即有 2 则。

其一，《史记·殷本纪》商王的次序有一个错误。王国维纠正。

《史记》依据何种原始文献传录殷商帝王世系，现已无法确知。但商王世系的真实和准确性，由于河南安阳殷墟甲骨文的发现与研究，已经得到确认。1917 年，王国维发表了著名的《殷卜辞中所见先公先王考》和《殷卜辞中所见先公先王续考》，通过对甲骨文中相关卜辞的缀合释读，考证出自上甲（即《史记》中的微）至示癸（即《史记》中的主癸）的原来世次，应当是：上甲、报乙、报丙、报丁、示壬、示癸。其中报丁的时代误置在报乙之前，王国维做了纠正。

其二，伊尹放太甲于桐宫的结局之误。

成汤去世之后，王位经过两世的更替，又传到了他的嫡长孙

太甲。太甲处事之昏乱，达到"暴虐""乱德"的地步。这时成汤的旧臣伊尹还在世，辅佐新王行政令。伊尹只得把太甲放逐到桐宫软禁起来，"伊尹摄行政当国"，自己做了不称帝王却管着帝王事务的摄政王，让诸侯给他朝贡。"太甲居桐宫三年，悔过自责"，"伊尹乃迎帝太甲而授之政"。三年以后，幽闭在桐宫里的太甲终因悔过自新，而获得了伊尹的谅解，并被迎归，重新执政。

这个故事中，大臣伊尹摄政磊落无私，君王太甲知过善改，成为三代君臣理想关系的典范。

可是魏晋时代出土、相传是战国时代魏国人所作的编年体史书《竹书纪年》中，保存着与《史记》记载大相径庭的两条商代史料：

> 仲壬崩。伊尹放大甲于桐，乃自立。
> 伊即位放大甲七年，大甲潜出桐，杀伊尹[①]。

大甲的"大"，即"太"的本字，所以大甲就是太甲。依照《竹书纪年》的记载，史实与《史记》所记完全不同：伊尹放逐太甲后篡位自立，而太甲被关了七年后，设法逃出桐宫，杀了伊尹，夺回王位。这就刺破了他们君臣融洽关系的美好景象，暴露了血腥杀戮的真相。

《竹书纪年》可以订正《史记》错误的记载很多。司马迁的时代，他所能看到的许多史料早已散佚，今日只能依据《史记》的记载，让我们看到大量的系统的史实。那么司马迁会否因取舍不当，许多史料未能采入《史记》，而丢失了许多珍贵的呢？关于这个问题，我们无从了解了。

但我们有时还是可以找到疑问的，例如《史记》对中华民族

---

① 王国维《古本竹书记年辑证》，《王国维集》第四册第 4 页，中国社会科学出版社 2008、2012、2015。

最早的远祖伏羲、女娲，皆不予记载，理由是古代的不少传说"不雅驯"。王国维针对《史记》远古记载的这个失误，纠正说："史实之中，固不免有所缘饰，与传说无异；而传说中，亦往往有史实之素地：二者不易区别，此世界各国之所同也。""即百家不雅驯之言，亦不无表示一面之事实。"① 指出神话、传说，即使荒诞不经，里面也保存了当时史实的痕迹或孑遗。司马迁当时留存的传说和记载必多于今日，《史记》放弃，就都流失了。这可以说是《史记》的一个失误。

钱穆《先秦诸子系年考辨》（1935），被顾颉刚誉为不朽之作，也几度受到陈寅恪的推崇。陈寅恪非常赞赏《先秦诸子系年考辨》的优点在于运用《竹书纪年》，有许多重大的发现，改正了《史记》的不少错误。

例如，此书的《苏秦考》指出：一，《史记》记载在苏秦身上的事情，多数都是苏秦死后之事。二，不存在张仪与苏秦为好友之事，更不存在苏秦送张仪入秦国的可能。三，苏秦的事迹，可考的只有仕燕，避罪到齐国，为反间计，被齐王所杀。四，指出苏代的事迹费解，忽前忽后。五，合纵攻秦之事皆在秦昭王、齐湣王、燕昭王、赵惠文王时，且只有五国攻秦，并无六国攻秦之事，而且这事发生时苏秦已经死了。苏氏家族可能精通纵横之学，所以，人们将其家族之事都算到苏秦一人身上了。苏秦事迹中的重要疑点和可能的情况，钱穆基本上排查到了。在钱穆考证的基础上，唐兰、杨宽、徐中舒进一步探索，比较一致地认为，苏秦实际上生活于张仪之后。

《史记》记载张仪、苏秦是同时代之人，是好友，在七国中施展合纵连横之术。苏秦死后，有弟苏代活跃于世。《史记》把张仪、苏秦的顺序错为苏秦、张仪，把五国伐秦错成了六国合纵，

---

① 王国维《古史新证》，周锡山编校《王国维集》第四册第71、72页，中国社会科学出版社2008、2012。

还推早了 45 年（前 288—前 333）。《史记》记载是错误的。

　　1973 年长沙马王堆西汉墓的出土物中有一件《战国纵横家书》，此帛书共 27 章，其中前 14 章的内容全与苏秦有关，或是苏秦的书信，或是苏秦的游说之辞。这些都是司马迁所没有看到过的材料。至此，苏秦的事迹真相大白。司马迁《史记》记载的苏秦事迹中既有弄错的，又有假造的。从出土材料来看，苏秦的一生，主要是为燕昭王在齐国作间谍活动。苏秦的年辈要比张仪晚得多，张仪死在公元前 310 年，苏秦要晚死 25 年左右。钱穆、唐兰、杨宽、徐中舒等人的研究成果得到了证实。

　　史实错误中，最大的毛病是采用了伪造的史料。

　　上面谈及司马迁《史记》记载的苏秦事迹中既有弄错的，又有假造的。假造这种事，司马迁是不会干的，《史记》是信史，他是误信和采信了假造的、伪造的史料。其中最严重的是明代王世贞和钱钟书批评《史记·廉颇蔺相如列传》中伪造了蔺相如的英勇事迹。

蔺相如（东周列国志人物，香烟牌子，中国瑞伦烟公司）

　　《史记·廉颇蔺相如传》并不记载蔺相如的一生，只介绍他的来历："蔺相如者，赵人也，为赵宦者令缪贤舍人。"（蔺相如是赵国人，是赵国宦者令缪贤家的门客。）然后记叙他一生中的三件事：完璧归赵、渑池会逼令秦王击缶、维护"将相和"而折服廉颇使之负荆请罪。

　　史学界公认，蔺相如是太史公所景仰的杰出历史人物之一，因而在这篇传记中大力表彰、热情歌颂他的大智大勇，通过"完璧归赵""渑池会"两事，有声有色地描绘了他面对强暴的大无畏精神，临危不惧的机智与果敢。渑池会结束以后，相如由于功劳大，被封为上卿，位在廉颇之上。廉颇不服，要羞辱相如，相如因"强秦之所以不敢加兵于赵者，徒以吾两人在也。今两虎共斗，其势不俱生。吾所以为此者，以先国家之急而后私仇也"，而一再忍让，赞誉蔺相如在"廉蔺交欢"事件中的高尚品格。

其中最有名的是"完璧归赵"，后世已作为成语而家喻户晓。

对于完璧归赵这件千古闻名的事件，明代王世贞特作《蔺相如完璧归赵论》这篇有名的史论，发表异见。

当今学者认为王世贞《蔺相如完璧归赵论》从当时的形势大局着眼，分析秦赵两国强弱关系，指摘蔺相如看似高明实则智短而失策，其侥幸成功，带有极大的偶然性。该文开始即抓住和氏璧事件的本质方面，撇开令人眼花缭乱的具体过程，不牵涉蔺相如个人品德优劣，根据当时的实际形势，分析并推出论断。作者也不用事后旁观者清的认识去苛求古人，而是允许赵国对秦的实情本意有"得"与"不得"的两种选择；对秦的威胁有"畏"与"弗畏"的不同反应。又分析赵国的"得"与"不得"，"畏"与"弗畏"都无可非议，批评蔺相如"既畏之而复挑其怒"的自相矛盾的做法。又推断无论蔺相如如何智勇，而做出可能招致"武安君十万众压邯郸"的事，也是不足取法的。作者以严密的逻辑推理与卓越的史识做翻案文章。

但是钱钟书则更彻底地否定了《史记》此文。他认为"此亦《史记》中迥出之篇，有声有色，或多本于马迁之增饰渲染，未必信实有征。写相如'持璧却立，倚柱，怒发上冲冠'，是何意态雄且杰！后世小说刻划精能处无以过之。"① 认为其中蔺相如出色的表现是司马迁虚构的，是不可能真实的。而对渑池之会，批评更其严厉：

> 赵王与秦王会于渑池一节，历世流传，以为美谈，至谱入传奇。使情节果若所写，则樽俎折冲真同儿戏，抑岂人事

---

① 《管锥编》第一册第319页。

原如逢场串剧耶？武亿《授堂文钞》卷四《蔺相如渑池之会》深为赵王危之，有曰"殆哉！此以其君为试也！"又曰："乃匹夫能无惧者之所为，适以成之，而后遂喷然叹为奇也！"其论事理甚当，然窃恐为马迁所弄而枉替古人担忧耳。司马光《涑水纪闻》卷六记澶渊之役，王钦若谮于宋真宗曰："寇准以陛下为孤注与虏搏耳！"武氏斥如行险侥幸，即亦以其君为"孤注"之意矣①。

这个论断是严厉批评司马迁未能掌握历史事件的发生形势和必然趋向，将其极度赞誉的历史人物的重要经历做了不实虚构，缺乏真实性——在秦赵两国的强弱极度不对称的情况下，蔺相如完璧归赵和渑池之会的出色表现是不可能发生的，将国家间激烈的冲突，写得犹如儿戏！赵国国王绝对不可能让自己作为蔺相如"孤注一掷"的砝码！

苏武（清上官周《晚笑堂竹庄画传》）

王世贞的批评着眼于蔺相如的言行不智，司马迁的歌颂是错误的；而钱钟书则严厉批评"马迁所弄"，指责司马迁虚构或者说伪造了蔺相如的故事。

司马迁在《报任安书》中说得很清楚，他"网罗天下放失旧闻，略考其行事，综其终始"，依此写成《史记》。他在这个过程中，有时因有些"旧闻"极其有趣、精彩，而未辨真假，造成失误。因此，是钱钟书因平生多疑而误读《史记》呢，还是被誉

---

① 《管锥编》第一册第319—320页。

为文化昆仑的钱钟书看穿了司马迁为了追求精彩动人的效果而虚构故事呢？对于此类错误的批评，往往还不能成为定论，颇有讨论的余地。

有的记载错误，是可以确准的。我在拙著《汉匈四千年之战》中，指出了《史记》的一个失误：

司马迁《史记·匈奴列传》说："匈奴，其先祖，夏后氏之苗裔也，曰淳维。"说夏灭亡后，夏桀的儿子淳维带着夏桀的众妾逃到匈奴，成为匈奴的祖先。可是《史记·太史公自序》又说："自三代以来，匈奴常为中国患害。""三代"，即夏商周三代的简称。那么，匈奴在夏代已经存在，并侵害夏朝。也即在夏桀的儿子之前，匈奴已经存在，因此，司马迁的这两种说法就显得自相矛盾了。我认为实际情况是，淳维不是匈奴的唯一祖先，更不是最早的"先祖"，而是后世匈奴的祖先之一。

细节和秘密对话真实性质疑

史实失误中，虚构细节和对话，是一个严重的错误。当代不少学者认为，《史记》中所记故事有些细节和对话一定是虚构的，然而，却仍有不少人对这些细节和对话大加赞誉。

例如不少人赞誉《史记》有关"霸王别姬""项王乃悲歌慷慨。……美人和之"历史场景的描述。古人早就提出疑问。清周亮工《尺牍新钞》三集卷二释道盛《与某》："余独谓垓下是何等时，虞姬死而子弟散，匹马逃亡，身迷大泽，亦何暇更作歌诗，即有作，亦谁闻之而谁记之欤？吾谓此数语者，无论事之有无，应是太史公'补笔造化'，代为传神。"

钱钟书表示赞同，说："语虽过当，而引李贺'笔补造化'句，则颇窥'伟其事''详其迹'① 之理，故取之。"②

---

① 《文心雕龙·史传》。
② 《管锥编》278 页。

星汉灿烂 《史记》纵览新说

我认为，司马迁本人不会虚构此类情节和对话，很可能是他听来的传闻有虚构的嫌疑。但也可能不是虚构，例如刘邦和项羽看到秦始皇时的自言自语是他们自己后来向人家介绍或透露的。这样的情况，可能很多。而在几十年、几百年流传下来的逸闻轶事中，在传说的过程中有人无意或有意改变、改编或添造了事实或对话，这是常见的现象。

判断错误

《史记》的议论、论述和判断错误，也受到不少批评。

例如钱钟书赞同金朝王若虚，批评司马迁关于项羽重瞳的判断错误；

> "吾闻之周生曰：'舜目盖重瞳子，又闻羽又重瞳子'。羽岂其苗裔耶？何兴之暴耶！"按舜之重瞳，何待"闻之周生"？故周生语少不能减于两句也。《滹南遗老集》卷一二指斥《史记》议论之谬，有曰："陋哉此论！人之容貌，偶有相似。商均、舜之亲子，不闻其亦重瞳，而千余年之远，乃必重瞳耶？舜玄德升闻，岂专以异相之故而暴兴？后世状人君之相者，类以舜重瞳为美谈，皆迁启之也。后梁朱友敬自恃重瞳当为天子，作乱伏诛，亦本此之误也。悲夫！"王若虚论文每苦拘墟，而说理多明允可取，此其一例①。

司马迁因为项羽与大舜一样是重瞳，就推断他是大舜的后裔。当然，他用疑问句，表示其不确定性。项羽是个残害百姓和妇女的暴君，所以评论者还带有这种推断有污于圣君大舜的潜意识在内。

---

① 《管锥编》第一册第 278 页。

评价失误

评价失误，尤其是对重要人物和重大事件的评价失误，是重大失误。《史记》的重大失误有两个，其一是汉高祖记载的失误，其二是汉武帝及他发动的汉匈战争中有关人物的评价失误。

《史记》对刘邦的伟大历史贡献和巨大才华的记载和评价，写作处理上的失误，要重视。

当代史家和文学家多错以为刘邦无能，全靠韩信打天下。又因之而认为韩信功高震主，刘邦处心积虑地剪灭这位彪炳史册的特大功臣。他们都视而不见《史记》的正确评价。

《史记》评论刘邦："夫高祖起微细，定海内，谋计用兵，可谓尽之矣。"① 给汉高祖的军事指挥水平以最高评价：高祖从低微的平民起事，平定了天下，谋划大计，用兵作战，可以说极尽能事，也即达到最高水平了。

本书前已指出此因刘邦承担汉军的最高指挥重任，接连获胜，《高祖本纪》记载：反秦起义时，10 胜 4 平；西进灭秦战争中，12 胜 4 平，此时韩信尚未投汉。在楚汉战争中，刘邦自己亲自与项羽对垒，承担主战场的重任：战绩为 6 胜 4 败，消灭项羽军的大部和主力之后，将其团团围困在垓下。西汉统一天下后，诸王叛乱，汉高祖亲自指挥军队，7 战 7 胜（又派部将乘胜出征，4 战 4 胜）。刘邦一生指挥 52 次战争，40 胜、9 平、3 败，战绩辉煌。他与霸王项羽正面作战仅有过 3 次败仗，但战绩为 11 胜，遥遥领先，极为不易。

刘邦战绩的记载和评论，忠于事实和史实，并无不当，但是因方式不当，给读者以误解。对刘邦的极高评价，安排在《萧何世家》和表中，导致众多《史记》专家也不知司马迁的这些评价。

而司马迁没能写好和正确评价汉武帝及其重要大臣卫青等，

---

① 《刘敬叔孙通列传》篇末赞语。

星汉灿烂　《史记》纵览新说

则是重大失误。

朱东润《中国传叙文学之变迁》批评司马迁没能写好汉武帝：

> 史家对于所写的时代，根本不能明了，于是一切的叙述，都经过一种歪曲。这种情形，在《史记》里很容易看到。司马迁对于汉武帝一朝的史迹，充满了怨愤，因此也就不能理解。本来武帝这一朝，在中国史上是一个划时代的时期……但是像司马迁那样地不去了解所写的时代，不能不算一件少有的事。

苏武（清初金古良《无双谱》）

> ……自汉高祖以来，经过了孝惠、吕后、孝文、孝景诸朝，以至武帝的初年，中国不断地用纳宗女、献岁币的政策对付匈奴，然而匈奴还是继续地南侵，沿边诸郡，自辽东、辽西、右北平、雁门、云中、九原，以至北地、上郡，没有一处不受到匈奴的屠戮。最后武帝才决定采用贾生的策略，实现文帝的决心。

> ……这个民族生存的大功，还是在武帝手内奠定的。要说将相的人才，……当时的汉武帝便是第一等的相才，第一等的将才。

> 以第一等的人才，当着民族存亡的关头，领导民族抗战的事业，偏偏遇着一个不能理解的史家，认为好大喜功，认为将相无人，实在是历史上的奇事。司马迁对于当时的认识，既然不够，于是认定卫青、霍去病阿谀顺旨，以和柔自媚于主上，当然两人的列传，也止写成了这么可怜相的篇幅。幸亏《武帝本纪》失去了，后来拿着半篇《封禅书》权行代用，否则要是司马迁的原本俱在，那么不仅是武帝的生平会写得全不对题，连带地也更加降低了《史记》的价值。

朱东润先生以上的批评是严厉的，但也是符合事实的。

我还认为《史记》对卫氏家族的良好品质和巨大历史贡献的记载和评价，处理不当。首先是记载不够详尽，其次与汉高祖的记载和评论一样，卫青和卫氏家族的记载和评论，因方式不当，未起效果。卫青的战绩只有一次具体记载。给卫青的极高评价，放在《淮南王列传》中（《汉书》放在《伍被列传》中），不能引起读者注意，学者也大多失察。未能给卫氏家族以正确和充分的评价。

《汉武帝传》① 首先提供正确评价，但还不够全面，未能将卫皇后的重孙子汉宣帝归入其中。拙著《汉匈四千年之战》② 对大汉贤后卫子夫及其弟弟卫青、外甥霍去病及其同父异母弟霍光，尤其是卫皇后与汉武帝生的太子刘据的孙子汉宣帝——汉匈战争第二阶段的英明统帅和开创昭宣中兴的英明皇帝，统称为"卫氏家族"，梳理其对汉朝和汉匈战争的巨大贡献，读者可以参阅。

总之，《史记》是一部无与伦比的伟大史著，即使这样一部看似完美的巨著，错误和失误也很多，有的甚至还是重大失误，可见著书立说之极度不易。

不仅是《史记》，世界上所有的伟大作家和伟大著作，例如莎士比亚、托尔斯泰的《战争与和平》和高尔基《母亲》等③，都有失误和重大失误。

《史记》的漏洞和留下的疑问

撰写本书，我更进一步感到，学习历史不易，读懂《史记》

261

---

① 杨生民《汉武帝传》，人民出版社 2001。

② 周锡山《汉匈四千年之战》，上海锦绣文章出版社 2004、2012。

③ 周锡山《西方名著的（重大）失误及其接受效应》，《外国文学研究》1992 年第 2 期，中国人民大学资料研究中心《外国文学研究》1992 年第 7 期。

不易。当今学者和读者对《史记》记叙和评论的人物有着极大的误解。尤其是对秦末汉初三巨头秦始皇、楚霸王和汉高祖刘邦，以及对韩信、汉武帝与卫青等人的评价，争议很大。人们对《史记》的记载之理解颇有问题，误解很多。

像项羽在巨鹿之战，"诸将皆从壁上观。楚战士无不一以当十，楚兵呼声动天，诸侯军无不人人惴恐。于是已破秦军，项羽召见诸侯将，入辕门，无不膝行而前，莫敢仰视。项羽由是始为诸侯上将军，诸侯皆属焉"。司马迁的如椽之笔写出项羽的巨大勇气和卓越功勋，千载之下，依旧令人钦佩。可惜，实际效果不大，项羽的这次战绩毫无震慑作用。秦朝灭亡，分封诸侯之后，各路诸侯并未被项羽吓破胆，而是马上集体反叛、围攻项羽。大家都不服项羽，都要独立为王，不怕项羽前来攻掠。项羽面临群敌，虽曾一一对付，竟然并未所向披靡、各个击破，而是顾此失彼，终于灭亡。

刘邦带领的起义军队进攻长安，与秦军主力决战，其艰辛不亚于项羽，《史记》没有具体记载，所以波澜不惊。可是《高祖本纪》记载：反秦起义时，10胜4平；西进灭秦战争中，12胜4平，从未吃过败仗，战果累累啊！此时韩信尚未投汉。秦军主力的大部，不应在巨鹿，而应该守卫京师咸阳，但秦军不战而降，未曾血战，因知战而必败也。后来汉军从汉中回攻，果然轻易占领咸阳，而后东进。人们都没有注意到秦军主力的大部，参加了汉军，一起攻打项羽，而最后抢得项羽尸首而封侯的主将，都是过去的秦将。"楚虽三户，亡秦必楚。"项羽和刘邦都是楚人。但刘邦以秦地为后方（他原本应封秦王）坚实根据地，东向灭楚；而灭掉项羽的又有大批秦军将士，以秦灭楚，汉得天下。天道轮回，莫此为甚。

在楚汉战争中，刘邦亲自指挥汉军与项羽在正面战场连年作战，战绩为6胜4败，消灭项羽军的大部和主力之后，将其团团围困在垓下。在楚汉战争中，项羽军从未再有过巨鹿之战时的威风。

他到临死还自吹"力拔山兮气盖世",此句自吹之后,就一路哀叹名马不逝,美人不保——他既拔不动山,更未豪气盖世,所以他所封之王,大多反叛,支持他的少数诸侯迅即被汉军所灭。他虽有匹夫之勇,临死前连杀多人,但他既然有此能耐,在冷兵器时代,靠将领对杀决定胜负,怎么会接连兵败,直至狼狈到这个地步?他有这么大的杀伤力,为何会仅胜3仗,连败11仗?

再具体看最后决战,《高祖本纪》记载:垓下之战,项羽战败突围逃走,楚军因此全部崩溃。汉王派骑将灌婴追杀项羽,一直追到东城,杀了八万楚兵,终于攻占平定了楚地。《项羽本纪》记载更详:

(唱了《垓下歌》之后)于是项王乃上马骑,麾下壮士骑从者八百余人,直夜(趁夜)溃围南出,驰走。平明,汉军乃觉之,令骑将灌婴以五千骑追之。项王渡淮,骑能属(跟上)者百余人耳。项王至阴陵,迷失道,问一田父(老农),田父绐(欺骗他)曰"左。(向左边走。)"左,乃陷大泽中。以故汉追及之。项王乃复引兵而东,至东城,乃有二十八骑。汉骑追者数千人。项王自度不得脱。谓其骑曰:"吾起兵至今八岁矣,身七十余战,所当者破,所击者服,未尝败北,遂霸有天下。然今卒困于此,此天之亡我,非战之罪也。今日固决死,愿为诸君快战,必三胜之,为诸君溃围,斩将,刈(yì,砍)旗,令诸君知天亡我,非战之罪也。"乃分其骑以为四队,四向(面向四方)。汉军围之数重。项王谓其骑曰:"吾为公取彼一将。"令四面骑驰下,期山东为三处。于是项王大呼驰下,汉军皆披靡(避让),遂斩汉一将。是时,赤泉侯为骑将,追项王,项王瞋目而叱之,赤泉侯人马俱惊,辟易(倒退)数里。与其骑会为三处。汉军不知项王所在,乃分军为三,复围之。项王乃驰,复斩汉一都尉,杀数十百人,复聚其骑,亡其两骑耳。乃谓其骑曰:"何如?"骑皆伏曰:"如大王言。"……乃令骑皆下马步行,持短兵接战。独籍所杀汉军数百人。项王身亦被十余创(受伤十余处)。顾见汉骑司马吕马童,曰:"若非吾故人乎?"……乃自刎而死。王翳取其头,……最其后,郎中骑杨喜,骑司马吕马童,郎中吕胜、杨武各得其一体。

从这一段记载,可见指挥汉军的主将灌婴并不对阵项羽,而是让无名小将立功。小将率兵前仆后继,紧紧包围项羽,项羽只杀死了一个无名小将和一个都尉,其他都是士兵。无名小将和汉兵都不怕项羽,继续紧追不舍。刚才吓退的郎中骑将杨喜,并不逃跑,又追杀项羽至此,与骑司马吕马童,郎中吕胜、杨武等各争得一个肢体,皆封为侯。这五名小将,因为封侯,在《史记》中才有记载。而杨喜的第五代孙杨敞,就是司马迁的女婿!

已经兵败如山倒,还自吹八年中"亲自打了七十多仗,抵挡我的敌人都被打垮,我所攻击的敌人无不降服",既如此,怎么现在会一败涂地?此前如不败给刘邦,会有今天吗?项羽最后精疲力尽而只得自杀,却讲得漂亮:"我听说汉王用黄金千斤,封邑万户悬赏征求我的脑袋,我就把这份好处送你吧!"

连农夫也骗项羽步入死路,可见项羽失尽民心,还自我安慰"天亡我,非用兵之罪也",司马迁批评他"岂不谬(荒谬)哉!"。

因此项羽临死前杀敌的景况,并不威武,而是惨烈。司马迁将项羽的惨败写得非常了不起,妙笔生花,感动千古以来读者,如果冷静分析,诚属虚张声势。《史记》关于项羽的记载,"不隐恶",但违背了"不虚美"的原则,给我们留下了疑问。

《史记》记载汉高祖却波澜不惊,极度歌颂刘邦"夫高祖起微细,定海内,谋计用兵,可谓尽之矣",因此是"大圣"。给了他至高无上的评价,却在不起眼的地方,不仅一般读者不知,专家也大多视而未见。高祖将功劳全都推奖给张良、萧何、韩信,从不归功自己。孙悟空面对不公而不服帖,要自封为"齐天大圣",可以理解;而众多专家、读者也都以为刘邦自己没有本事,更没有功劳,全靠韩信等打天下。还有一些人骂他是骗子和无赖,骗来了天下,而赞美毁灭城池宫殿、屠杀人民、摧残妇女、杀害领导、欺压下属的项羽，逼迫虞姬自杀甚或是他亲自杀了虞姬的项羽，将这个真正的骗子和无赖吹捧为大英雄，为他失败而可惜。他在巨鹿之战时，是一个英雄，他后来怎么不英雄了？而且他的以上行径，是不是骗子和无赖，甚至是恶霸？

有兴趣的读者，除了本书，请参阅"历史新观察"书系三书，其中有对汉高祖、汉武帝和卫青等人，对秦始皇和楚霸王等人，较为详尽的分析和评价。

本书对《史记》中记载和歌颂的一些人物或事件，提出了疑问，例如竟然毫无孙子本人使用他的伟大兵法的实例，季札预见多国的前景，却对吴国正在发生的政变毫无感觉，等等。可见读懂伟大的史著《史记》，必须长年反复思索，我们还要好好下功夫！

星汉灿烂　《史记》纵览新说

主要参考书目

《史记》（修订本），中华书局，2013 年。

《史记会注考证附校补》，（日）泷川资言，（日）水泽利忠校补，上海古籍出版社，1986 年。

《史记全译》，解惠全、刘洪涛、赵季、王连升、王延海等译注。

《史记评林》，明李光缙增补本影印本，天津古籍出版社，1998 年。

《史记志疑》，清梁玉绳，中华书局，1981 年。

《史记探源》，清崔适，中华书局，1986 年。

《史记论文》，清吴见思，清刻本、上海古籍出版社，2008 年。

《史记评议》，清李景星，清刻本、上海古籍出版社，2008 年。

《史记评注》，（空山堂校释本），清牛运震，崔凡芝校释，中华书局，2012 年。

《汉书》，中华书局，1962 年。

《资治通鉴》，中华书局，1956 年。

《春秋左传注》，杨伯峻注，中华书局，1981 年。

《战国策》，上海古籍出版社，1975 年。

《国语》，上海古籍出版社，1975 年。

《史通》，唐刘知几，清蒲起龙释，上海古籍出版社，1978 年。

《文史通义通注》，清章学诚，叶瑛校注，中华书局，1985 年。

《十七史商榷》，清王鸣盛，上海文瑞楼，中国书店影印本，1987年。

《廿二史考异》，清钱大昕，上海古籍出版社，2004年。

《廿二史札记校证》（订补本），清赵翼，王树民校证，中华书局，1984年。

《读通鉴论》，清王夫之，中华书局，1975年。

《史记考索》，朱东润，武汉大学出版社，2009年。

《史记之人格与风格》，李长之，天津人民出版社，2007年。

《史记新论》，白寿彝，求实出版社，1981年。

《史记研究集成》，张大可、安平秋、俞樟华主编，华文出版社，2005年。

《管锥编》，钱钟书，中华书局1986年第二版。

百度百科有关条目

《金圣叹全集》（4册、7册，周锡山编校），江苏古籍出版社1985年、万卷出版公司2009年。

《王国维集》（4册，周锡山编校），中国社会科学出版社，2008年、2012年、2016年。

《流民皇帝——从刘邦到朱元璋》，周锡山，上海画报出版社2004年，上海锦绣文章出版社2012年。

《临朝太后——从吕太后到慈禧》，周锡山，上海画报出版社2004年，上海锦绣文章出版社2012年。

《汉匈四千年之战》，周锡山，上海画报出版社2004年，上海锦绣文章出版社2012年。

267

后　记

　　我国的中小学教育，对历史教育是很重视的。自小学五年级开设历史课，经过初中，一直到高中还有历史课。我自小喜欢这门课程。我在设立于上海著名妈祖庙（天妃宫）中的河南北路小学学习时，学校有历史课外活动小组，我自然就积极参与。教历史的方老师曾带领我们课后到闸北公园（原称宋公园，1950年改今名）宋教仁墓前的大树荫下，谈辛亥革命和宋烈士。同学孙梅英还鼓励我："你将来会当历史学家！"当年情景至今历历在目。"文革"中无书可读，后来因为政治需要，开放了古代历史书和哲学书。我陆续买了中华书局版的《史记》与前四史，和已经完成整理的二十四史出版本；买了《资治通鉴》，还有《读通鉴论》等，通读了这些大部头书籍，也自学了一些大学历史教材。文革后，我国开始公开招收研究生的1978年，我曾考虑报考历史专业。后来决定报考华东师范大学古籍研究所（全国首家，当时按文革时的规定，称为古籍组）的古籍整理研究专业（研究方向为唐宋文史）。虽可以以较前的名次录取，惜因"单位不放"，而未成。次年再考，古籍所不招生，就改考华东师大中文系徐中玉师为导师、陈谦豫师为副导师的首届古代文艺理论专业（后由教育部统一定名为中国文学批评史专业，还是与"史"有关）的研究生。毕业后，除了继续从事古代文艺理论和古籍整理研究专业的研究和著述外，因王智量师本约定我毕业后留校跟随他研究比较文学，此事因故未成；又因复旦大学赵景深（1902—1985）教授和朱东润教授（1896—1988）先后希望我报考其创立中国首批博士点的元明清文学（戏曲小说研究方向）和传记文学专业的博士生（至1987年之前，上海首批文学博导仅3人，皆是复旦教授；另一位是中国文学批评史专业的郭绍虞，他因年已九十，健康不佳，从未招生），又因故不成；但我切记恩师们对我的深切关爱、极大信任和殷切期望，也从事比较文学、戏曲小说的研究。至上世纪末，我拟写《汉匈四千年之战》，至本世纪初乔力先生约我撰写《流民皇帝——从刘邦到朱元璋》和《临朝太后——从吕太后到慈禧》，皆与朱东润师的传记文学专业有关，此亦可向已故的恩师朱东润做一个成果汇报，所以勉力完成。于是我在本世纪已经出版了三本历史书。三书合编为"历史新观察"书系，列入上海首届（2004）书展作者签名重点书，《上海文化年鉴》2005卷列出专条，给以介绍和评论。教育部大学生在线网和中国社会科学院网还都给《汉匈四千年之战》以极高评价，尚可告慰先师朱东润先生。

　　这次乔力先生又约请我写本书，这是我的第四本历史著作。先师朱东润著有名著《史记考索》，是纯学术的专著，本书不敢狗尾续貂，是以学术研究为基础、带有导读性质的评论著作。

　　"历史新观察"书系三书，皆与《史记》有很大关系。本书研究和谈论《史记》，前三书的有关内容略作引用，而前三书叙及或论及的先秦和西汉前期的全部内容，与本书有很大的互补关系。

　　"历史新观察"书系三书完成于2001—2003年初，我近年的研究有时也与《史记》有关。应胡中行教授之邀，我还曾为复旦大学中文系所举办的上海市静安区教师在职研究生班和上海市黄浦区语文教师高级进修班讲授"《史记》精读指导"，很受欢迎。我赠送他们的讲稿全文，至今挂在黄浦区教育网上。因此我一直不断地在思考《史记》的得失。《史记》的伟大成就，值得我们长年反复研究，这是一部值得我们终身学习和思考的伟大巨著。

本书中的插图，有多幅选自民国时期的连环画和香烟牌子，请读者注意和欣赏。香烟牌子是民国时期烟草公司特制的彩色小图片，每包香烟内安放一张，赠给消费者助兴。有不少成套的香烟牌子，当时即有收藏价值。厂家每套制作一百张，编排号码，印在香烟牌子上。如美人、京戏剧照、历史人物等等，吸烟者凑齐一百张非常不易，要买许多包烟，而错过了，厂家推出新的一套，旧的就凑不齐了。这引起年轻的吸烟者很大兴趣，被吊足胃口。厂家预告买齐一百张者有巨奖，这比任何巧言蜜语的广告词更有号召力。可惜书中插图只能印成黑白色了。

本书在写作中学习、参考和吸收了当今学者的不少成果，在注解和参考书目中列出了一些。我的写作极忙，没有时间翻译《史记》的原文，因此参考和使用了《史记全译》（解惠全、刘洪涛、赵季、王连升、安砚方、宋尚斋、支菊生、王学孟、王淑艳、张凤岭、张连科、纪淑敏、王延海、邱永山、史有为、范君石、郝永娟等所合撰）的译文和短评，在此专致谢忱！

感谢乔力先生的多次热忱约稿，感谢济南出版社将本书和《诚挚情缘，千古遗恨〈长生殿〉》、《曹雪芹：从忆念到永恒》列入著名的"文化中国"书系，给以出版！

本书的写作受"上海高校高峰高原学科建设计划"资助。

中国作家协会会员

上海戏剧学院兼职教授、上海艺术研究所研究员周锡山

乙未秋于上海静安九思斋

图书在版编目（CIP）数据

星汉灿烂：《史记》纵览新说/周锡山著．—济南：
济南出版社，2016.7
（文化中国．永恒的话题．第五辑）
ISBN 978-7-5488-2214-1

Ⅰ.①星… Ⅱ.①周… Ⅲ.①中国历史—古代史
—纪传体 ②《史记》—研究 Ⅳ.①K204.2

中国版本图书馆 CIP 数据核字（2016）第 164475 号

出 版 人　崔　刚
整体策划　丁少伦
责任编辑　吴敬华
装帧设计　侯文英

出版发行　济南出版社
地　　址　济南市二环南路 1 号（250002）
发行热线　0531-86131731　86131730　86116641
编辑热线　0531-86131721　86131722
网　　址　www.jnpub.com
经　　销　新华书店
印　　刷　山东省东营市新华印刷厂
版　　次　2017 年 1 月第 1 版
印　　次　2017 年 1 月第 1 次印刷
规　　格　150 毫米×230 毫米　16 开
印　　张　18.5
字　　数　240 千字
印　　数　1-5000 册
定　　价　56.00 元

济南版图书，如有印装错误，请与出版社联系调换。
联系电话：0531-86131736